GÜTERSLOHER
VERLAGSHAUS

Gütersloher Verlagshaus. Dem Leben vertrauen

Arno Schmitt

Bind deinen Karren an die Sterne

Ein liturgisches Werkbuch zu Advent und Weihnachten, Jahreswechsel und Epiphanias

Gütersloher Verlagshaus

Bibliografische Information der Deutschen Nationalbibliothek
Die Deutsche Nationalbibliothek verzeichnet diese Publikation
in der Deutschen Nationalbibliografie; detaillierte bibliografische Daten
sind im Internet über http://dnb.d-nb.de abrufbar.

FSC
Mix
Produktgruppe aus vorbildlich bewirtschafteten Wäldern, kontrollierten Herkünften und Recyclingholz oder -fasern
Zert.-Nr. SGS-COC-004278
www.fsc.org
© 1996 Forest Stewardship Council

Verlagsgruppe Random House FSC-DEU-0100
Das FSC-zertifizierte Papier *Munken Premium* für dieses Buch
liefert Arctic Paper Munkedals AB, Schweden.

Die beiliegende CD-ROM enthält in digitaler Form alle Texte dieses Buches sowie alle Bildvorlagen.
Die Text-Daten auf der CD-ROM sind als offene PDF-Datei abgelegt, so dass sie auf den meisten Computern zu lesen und in allen gängigen Textverarbeitungsprogrammen (z.B. »Word« oder »Open Office«) über die Zwischenablage einzufügen und nachzubearbeiten sind. Benötigt wird dafür lediglich der Adobe Acrobat® Reader 5 oder höher.
Die Bild-Daten sind im jpeg-Format abgespeichert.

1. Auflage

Umschlagmotiv: Gabriele Schneider
Satz: Satz!zeichen, Landesbergen
Druck und Einband: Těšínská tiskárna, a.s., Český Těšín
Printed in Czech Republic
ISBN 978-3-579-05923-5

www.gtvh.de

Inhalt

Einführung

Wie das Ganze überschreiben? Leonardo da Vinci fällt mir ein. Gerade hat er einen fürstlichen Auftrag erhalten. Doch er kommt nicht voran: Der Karren ist schwer. »Bind ihn an die Sterne«, so der Meister zum Schüler. Wie es der eine meinte und der andere tat, niemand weiß es so recht, aber die Sache lief.
Nicht mehr lange, dann ist Advent. »Über dem Wasser ein Lied, singt von Heimkehr und Geborgenheit«, lese ich im Hamburger Kalender. Doch wie es klingen lassen? Sie willkommen heißen, die draußen stehen? Sie einlassen zum Fest, das noch immer zu den weltweit größten und schönsten gehört? Die am Altar und auf der Kanzel, im Konfirmandenkurs und in der Schule, in der Kinderkirche und in den Gemeindegruppen, beim Hausbesuch und den letzten Tagesordnungen des Jahres, auf die es ankommt also – mit »Reformation«, »Buß- und Bettag«, »Ewigkeitssonntag« gerade mal durch sollen sie es, ganz ohne Übergang, gleich mit dem Neuen können. Einfühlsam und differenziert. Mit Gottesdiensten anders. Mit den Konfirmanden im Advent, den Kindergartenfamilien an Heiligabend, der Mette spät in der Nacht. Und an den Feiertagen abwechslungsreich. Und zum Jahreswechsel ebenso. Und der Dreikönigstag ökumenisch. Und auch zur »Erscheinung des Herrn« soll es was Besonderes sein. Der Karren, in der Tat, hat es in sich. Und weil es mit Weihnachten und den Wochen davor insgesamt nicht einfach ist, noch einmal zusätzlich: »Tage der Stille, in denen man einen inneren Weg ging, der Krippe entgegen, Schritt für Schritt, sie sind nicht mehr. Es ist, als wäre uns das Heilige abhanden gekommen. Vielleicht sind die Wochen vor Weihnachten tatsächlich verloren, zumindest für eine Reihe von Jahren« (Jörg Zink). Man kann es so sehen.
Aber auch anders. Denn von den Feiern und Gottesdiensten erlebe ich die an Advent und Weihnachten als die mit dem besten Besuch. Zusammenrücken und Stühle besorgen, lange schon, gehören zum festen Ritual. »Vielleicht ja braucht uns das Fest gerade deshalb«, höre ich den Freund sagen. »Irgendwer muss den Leuten doch sagen, dass Weihnachten das Christkind kommt und alles seinen Sinn hat.«
Entlastung also. Halt deine Ohren auf und tu, was du kannst. Und vergiss nicht die Kerze: Manche brauchen das kleine Licht, um vor dem großen bewahrt zu bleiben. Und Entlastung auch so: Die »großen Taten Gottes erzählen« (Psalm 106.2)? Für einen allein oder ein paar wenige ist das nichts. Mit »seinem Volk« will Gott zusammen. Nicht der »Profi« bestimmt das Zusammenspiel, sondern die ganze »priesterliche Gemeinde«. Sprache finden, Form? Ja, Prediger(in), du hast es gelernt und du lernst es noch immer. Aber hör nicht auf, mit anderen gemeinsam zu lernen. Und scheu dich nicht anzuklopfen: Da ist wer, den du fragen kannst, manchmal gleich um die Ecke. Musik gibt es immer. Und Menschen, die mit Texten können, auch. Und Hirten fürs Krippenspiel wirst du in der Schule finden. Und die Kurrende hat reichlich Lieder und sicher auch einen Sternentanz im Repertoire. Und für die Kulissen und Kleider sorgen die Eltern. Und für den Einzug des Königs in Jerusalem kannst du die Konfirmandinnen und Konfirman-

den gewinnen: Mach es zum Thema und richte über das Wochenende eine Werkstatt ein. Und an Altjahrsabend? Frag bei Thomas und Sybille nach, den beiden Neuen in deiner Gemeinde: Wie die das neulich in der Gemeindebibliothek gemacht haben, das war was. Allein mit dir und der Aufgabe? Glaub dir nicht, du bist es nicht. Glaub der Verheißung und schau dich um. Und befrei dich davon, von Gottesdienst nur immer in fertigen Mustern zu denken. Der Gottesdienst lebt. Und wenn er wie alle Jahre gefeiert wird, dann ist das in Ordnung. Aber wenn es mal ganz anders sein soll, nachmittags statt morgens, mit Akkordeon statt Orgel, mit einem Bühnenstück statt Predigt und gar nicht in der Kirche, sondern im Häuschen am See oder in die Scheune bei Bauer Kastner oder auf die Berghütte im Schwarzwald oder im Musiksaal der Schule oder im Krankenzimmer der Klinik, dann ist das auch in Ordnung und Gottesdienst pur.

Gott-gerne-klein feiern: Die Sache ist groß. Aber erschrecken soll uns das nicht. »Bind deinen Karren an die Sterne.« Dann aber geh los und schau, wo du ankommst, an Wegweisern fehlt es nicht. Auch das »Werkbuch« will ein solcher sein, entstanden in Gemeinde und Schule, Kinder-, Konfirmanden- und Familiengruppen, Seelsorge und Erwachsenenbildung, aus der Probe und Praxis vieler Jahre. Auf Ideen sollst du kommen, thematisch, liturgisch, gestalterisch. Manches wird sich dir nahelegen: Nimm es. Bei anderem wirst du Zwischenschritte benötigen: Mach sie und schau, ob es passt. Den Festintervallen zugeordnet sind drei große Textabschnitte. Im ersten finden sich Gottesdienste, Feiern und Kleinliturgien, ausformuliert, mit einem liturgischen Baukasten und gestalterischen Varianten versehen. Im zweiten sind Kolumnen, Zugänge, Anreden und Predigten zusammengetragen, die meisten komplett, andere skizziert und dem persönlichen Weiterbau überlassen. Der dritte Abschnitt umfasst liturgische Miniaturen, Gebete und allerlei Fundstücke, zur unmittelbaren Verwendung oder persönlichen Anregung.

Der Großteil der Entwürfe ist in der »GottesdienstWerkstatt« entstanden. Unter Leuten, jungen, mittleren, alten, aus der Mitte der Gemeinde, aber auch weit von ihr entfernt, alle mit Neugier und Lust, Gott und das Leben zu feiern und dafür nach Sprache und Bildern, Tönen, Farben und Formen zu suchen. Zu ganz eigenem Gebrauch, am liebsten aber mit Gruppen und Grüppchen der Gemeinde(n) vor Ort oder der Region.

Dank dem Gütersloher Verlagshaus, das dieses Buch ermöglicht. Dank den »Werkstatt«Ensembles in all den Jahren. Dank allen denen, die nicht müde werden, »nach den schönen Gottesdiensten des Herrn zu schauen« (Psalm 27.4) und sie von ganzem Herzen, wach und mit Lust zu feiern. Widmen möchte ich die Collage meinen Kindern Steffi, Laurenz und Lea: Oft haben sie mitgefeiert, aber manchmal hätten sie den Vater gerne ein bisschen mehr für sich selbst gehabt!

Arno Schmitt — Mannheim, Februar 2010

Advent I

Gottesdienste, Andachten, Kleinliturgien

(1)
Knospen und Zweige
Einkehr in den frühen Advent

Liturgischer Baukasten

- Die Gelegenheit
  - Eine Seniorengruppe begrüßt den Advent
  - Zentrales Motiv: die Legende der Heiligen Barbara
  - Das Grundmodell der Einkehr ist leicht auf andere Gruppen der (ökumenischen) Gemeinde übertragbar
- Der Raum
  - Die Einkehr braucht den besonderen Raum
  - Gut geeignet: der Altarraum der Kirche, die Kapelle des Freizeitzentrums, der gestaltete Raum des Gemeindehauses
  - Aber auch: das Forsthaus am Waldrand, das Fischerhäuschen am See, die leer geräumte Tenne des Bauernhofs
- Materialien
  - Ein großes Tuch
  - 12 kleine Windlichter
  - Eine gläserne Vase mit Kirschzweigen
  - Programmblätter mit Psalm 24, Marienhymnus und den beiden Liedern
  - Kleine Zweige mit »Texttröllchen«
- Musik
  - Kleinorgel oder Klavier (Keyboard)
  - Wenn möglich: Instrumentalgruppe (Klarinette, Gitarre, Drum)
  - Wenn die beiden neuen Lieder nicht selbst gesungen, sondern nur gehört werden: entsprechende CD und Player

- Beteiligte Personen
  - Liturg(in)
  - Sprecher(in) in der Mitte der beiden Halbkreise
  - Sprecher(in) im Halbkreis rechts
  - Sprecher(in) im Halbkreis links
  - Zwei Schlusssprecher(innen)

- Sonstiges
  - Vor Beginn der Einkehr: Mit den Feiernden das Programmblatt lesen und auf die Besonderheiten des Psalms und des Marienhymnus aufmerksam zu machen
  - Nach der Einkehr bietet sich zur Begrüßung des neuen Kirchenjahrs ein Empfang der Gemeinde an

Gottesdienst

Wir zünden Kerzen an

Im Halbkreis stehen Stühle. Auf einem aufgeworfenen roten Tuch auf der Mittellinie eine große gläserne Vase mit Kirschzweigen. Die Einkehrenden treten ein und nehmen Platz. Gute Gelegenheit, noch einmal ins Programmblatt zu schauen und sich zu vergewissern. Gute Gelegenheit auch dazu, die beiden nicht ganz so bekannten Lieder (»Es werde, es werde« und »Wir messen mit knospenden Zweigen die Zeit«) zu festigen. Das alles dauert eine Weile. Um die Vase sind Windlichter angeordnet, die zur Melodie des Eingangsliedes entfacht werden.

Sachte Töne
Kleinorgel, Klavier oder Instrumente

Eingang

Liturg(in)

Wir zünden Kerzen an, machen Licht, unterbrechen die dunkle und kalte Jahreszeit für einen Augenblick und zählen die Tage. Und tun es, wie wir es gewohnt sind: mit Uhren, mit Geräten, Früherem, Hochmodernem. Heute wollen wir es einmal ganz anders tun: die Zeit mit Leben messen. Von Kirschzweigen uns berühren lassen. Das Knospen Hoffnung nennen, neue Geburt. Denn fertig ist gar nichts, alles unterwegs: auf Verwandlung aus, Vollendung.

»Wie soll ich dich empfangen«
(Gemeinsames Lied EG 11.1)

Der Tagespsalm
(Psalm 24)

Sprecher 1
In der Mitte der beiden Halbkreise

Die Erde und was zu ihr gehört/
Der Erdkreis und die darauf wohnen/
Gott ist's, der alles gegründet/
Über den Wassern alles bereitet hat!

Sprecherin 2
Auf der linken Seite des Halbkreises

Wer darf hinauf auf Gottes Berg?/
Stehen an seinem heiligen Ort?

Sprecher 3

Der reinen Herzens ist/
Und dessen Hände unschuldig sind/
Der nicht betrügt und keinen Meineid schwört/
Segen wird er empfangen/
Gerechtigkeit vom Gott seines Heils!

Kleine Pause

Gruppe a
Linke Hälfte

Machet die Tore weit/
Und die Türen in der Welt hoch/
Dass der König einziehe/
Der König der Ehre!

Gruppe b
Rechte Hälfte

Wer ist der König der Ehre?

Sprecher 1
In der Mitte der beiden Halbkreise

Gott ist's/
Stark und mächtig/
Jedem Streit überlegen!

Kleine Pause

»Macht hoch die Tür«
(Gemeinsames Lied EG 1.1)

Gruppe b
Linke Hälfte

Machet die Tore weit/
Und die Türen in der Welt hoch/
Dass der König einziehe/
Der König der Ehre!

Gruppe a Rechte Hälfte	Wer ist der König der Ehre?
Sprecher 1 In der Mitte der beiden Halbkreise	Gott ist's/ Er ist's, in dem die Erde Bestand hat/ Und alles, was lebt!
	Kleine Pause
	»Macht hoch die Tür« (Gemeinsames Lied EG 1.3)
	Tageshymnus (Evangelium nach Lukas 1.46-56)
Im Wechsel der beiden Kreishälften gesprochen	
rechts	Meine Seele erhebt den Herrn/ Nie war meine Freude größer!
links	Denn Gott, mein Heil, hat angesehen/ Die Niedrigkeit seiner Magd!
rechts	Von nun an werden mich selig preisen/ Alle Kinder und Kindeskinder!
links	Der da mächtig ist und dessen Name heilig ist/ Große Dinge hat er an mir getan!
rechts	Macht übt er aus mit seinem Arm/ Und die hochmütig sind, zerstreut er in die Winde!
links	Die Gewalttätigen stößt er vom Thron/ Die Niedergedrückten erhebt er!
rechts	Die Hungrigen füllt er mit Gütern/ Die Reichen lässt er leer ausgehen!
links	Er gedenkt der Barmherzigkeit/ Wie er es zugesagt hat/ Abraham und seinen Kindern/ Von Anfang bis heute!

Zwischentöne
Kleinorgel, Klavier oder Instrumente

Barbara

Erste Erzählfolge

Liturg(in)

Barbara ist die Tochter eines reichen römischen Kaufmanns. Und der hat sie »versprochen«. Und weil er ein guter Vater ist, soll sie eine gute Partie machen. Er hat sich viel Mühe gegeben, für beste Bedingungen gesorgt. Noch ist nicht alles getan. Aber wenn er von seiner Reise zurückkommt, will er auch noch das Letzte klären. An nichts soll es fehlen. Er ist ein guter Vater. Für den »Richtigen« seiner Tochter hat er sich alle Mühe gegeben. Und bald soll Hochzeit sein ... Doch die Dinge entwickeln sich anders. Barbara lernt eine Gruppe von Leuten kennen, die an den »Fürsten des Friedens« glauben. Und Platz, so erfährt sie, ist dort für alle: für Große und Kleine, für Starke und Schwache, für Reiche und Arme, für Männer und Frauen. Und wenn sie sich treffen und feiern, dann kommen da Leute zusammen, die miteinander können, aber auch andere, viele andere, die es schwer haben miteinander und erst klarkommen müssen. Barbara ist wie elektrisiert. Sie mag diesen Glauben. Er hat es ihr angetan, kommt ihr wie von einer anderen Welt vor: stark wie das Leben. Aber ihr Vater würde sich querlegen: alles daran setzen, ihr den Umgang mit diesen seltsamen Heiligen zu verbieten!

Sprecher 1
In der Mitte der beiden Halbkreise

Glauben kostet. Einfach so geht nicht. Wer glaubt, zeigt Gesicht, hört auf mit dem Versteckspiel. Wer am Sonntag seine Nordic-Walking-Gruppe sausen lässt, weil er zum Gottesdienst geht, wird mit Fragen zu rechnen haben. Und die junge Familie, die sich entschlossen hat, ihr Kind, das behindert sein wird, trotz aller gut gemeinten Ratschläge zur Welt kommen zu lassen, noch viel mehr. Warum das? Üblich ist anders!

(Gestaltungsvorschlag: Murmelphase. Die Feiernden nehmen nach links und rechts Gespräche auf und tauschen persönliche Erfahrungen aus.)

Zwischentöne

»Es werde, es werde hell auf der Erde«
(Text und Melodie: Janssens/Willms, Telgte)

Von der Kleinorgel, dem Klavier oder den Instrumenten angespielt (oder über CD eingespielt)

Zweite Erzählfolge

Liturg(in)

Barbaras Ahnungen erfüllen sich. Ihre Lage spitzt sich zu. Der Vater ist außer sich. Die Planung seines Lebens zerrinnt ihm zwischen den Fingern. Er hat alles getan. Aber seine Tochter will nicht. Er kann sich das nicht bieten lassen. Er geht vor das kaiserliche Gericht. Barbara hat keine Chance. Sie bezahlt mit ihrem Leben.

Sprecher 1
In der Mitte der beiden Halbkreise

Ich erinnere mich an Nelson Mandela, Südafrikas ersten frei gewählten Präsidenten, von der weißen Minderheit des Landes jahrzehntelang weggesperrt. Was tun, als die Zeit eine andere, die Apartheid vorbei war? Nicht noch tiefere Wunden! Zwischen den verfeindeten Bevölkerungsgruppen müsse etwas beginnen, was zur Aussöhnung führe, so Mandelas großer Plan. Sein wichtigster Weggefährte? Bischof Desmond Tutu. Glauben ist nicht umsonst. Er kostet. Aber er klärt auch: denn er setzt auf mehr als Pose, Macht und schnellen Erfolg. Gut, von Menschen zu wissen, die sich auskennen mit solcher Währung ... Und auch das kommt mir wieder: wie sich in Leipzig und anderen ostdeutschen Städten vor 20 Jahren mit Kerzen und Gebeten die Welt zu verändern begann und es Mut macht und Sinn, mit dem Begonnenen fortzufahren.

(Gestaltungsvorschlag: Murmelphase. Die Feiernden nehmen nach links und rechts Gespräche auf und tauschen persönliche Erfahrungen aus.)

Zwischentöne

»Es werde, es werde hell auf der Erde«

Von der Kleinorgel, dem Klavier oder den Instrumenten eingespielt, von allen gesungen (oder über CD)

Dritte Erzählfolge

Liturg(in)

Vielleicht hatte es der Vater gar nicht gewollt! Vielleicht nur gewaltig drohen, mit aller Macht zurückholen wollen, was längst ihm entglitten war! War es anders nie gewohnt. Mag sein: wir wissen es nicht. Tatsache nur, römischer Usus lange auch das: Das kaiserliche Gericht konnte nicht mehr zurück, musste zu einem Urteil kommen, nach Antrag und Augenschein, wenn es sich nicht lächerlich machen wollte. Und wenn sich die Tochter eines römischen Vaters dessen Anordnungen widersetzt, dann konnte das eine Zeit lang ungesühnt bleiben. Aber in Ordnung war das nicht. Und am Ende, klar, bedeutete es den Tod. Und so dann kam's und ging auf einmal sehr, sehr schnell. Nur einmal noch kam es zu einem seltsamen Stopp der tödlichen Maschinerie: Als wollten sie das Mädchen gerade jetzt nicht und dann sich selbst überlassen, ihr jetzt noch und für immer ihr »Fürchte dich nicht, gehörst dem Leben« zurufen, begannen sich die Knospen am Kirschzweig in Blüten zu verwandeln.

Sprecherin geht nach vorne, nimmt einen Kirschzweig aus der Vase, wendet sich den Feiernden zu

Sprecherin

Der aufblühende Zweig? Ich nehme ihn als Hinweis, dass es sich durchsetzt, das Leben: gegen alle Gewalt, alle Intrigen, alle Machtansprüche, allen Kleinglauben, alle Dummheit. Ja, die Gerechtigkeit und der Frieden auf dieser Welt: Ein Traum ist's, ein ganz, ganz großer. Aber unterhalb dessen geht es nicht. Nicht die Geschäftemacher und Traumlandverkäufer werden sich seiner bedienen dürfen, wenn er nicht Schaden an Kraft und Wirklichkeit nehmen und die Menschen in Verzweiflung stürzen soll. Gott selbst hat ihn sich wiedergeholt: zurück in den Anfang – ihn von allem gereinigt, was ihn in Menschenhand so laut, so billig, so durch und durch verwechselbar hat werden lassen, ihn zum *Schalom* gemacht, zur Klärung und Heilung des Lebens. Und mit diesem will er es noch einmal tun – lange Wege mit ihm gehen. Und auf diesen wird er auch uns brauchen – dich und mich und einen jeden von uns, jeden an seinem Ort und jede nach ihrer Kraft. Und wenn dann dieser Zweig in ein paar Tagen zu blühen beginnt, dann ist es so weit – und der Traum, ganz klein noch und Kind, auch bei mir angekommen.

Sprecherin gibt den Kirschzweig an Sprecher weiter

Sprecher

Noch ist der Zweig wie abgestorben, sein Leben nur zu erahnen. Aber wenn ich ihm ein *Stück von meinem* gäbe? Ein Quäntchen Wärme, ein Quäntchen Aufmerksamkeit? *Auch mein Leben lebt davon, dass andere sich neben mich stellen, mit mir leben.* (Jeder und jede wird nachher einen kleinen Zweig geschenkt bekommen mit der Geschichte der Barbara dran.)

Sprecherin und Sprecher gehen an ihre Plätze zurück

Kleinorgel, Klavier oder Instrumente

Zwischentöne

Mit knospenden Zweigen

Tagesgebet

Liturg(in)

Du/
Drängendes Leben/
Durchdringe den Schnee, zerschlage das Eis.

Du/
Drängendes Leben/
Grüne und knospe, keime und blühe.

Du/
Drängendes Leben/
Zwitschere und pfeife, hüpfe und springe.

Gott/
Drängendes Leben/
Lass mich wachsen zu neuem Anfang mit dir.
Anton Rotzetter

Vater Unser

Über Kleinorgel, Klavier oder Instrumente eingespielt (oder über CD)

»Wir messen mit knospenden Zweigen die Zeit«
(Text und Melodie: Janssens/Willms, Telgte)

Segen

Die Einkehrenden geben sich nach rechts und links die Hände

Es segne uns/
Gott, der Vater/
Er sei der Raum, in dem wir leben.

Liturg(in)

Es segne uns/
Jesus Christus, der Sohn/
Er ist der Weg, auf dem wir gehen.

Es segne uns/
Die Kraft des Heiligen Geistes/
Sie ist das Licht, das uns leitet, dem Ziel immer näher.

Sachte Töne begleiten nach draußen. Am Ausgang bekommen die Feiernden einen Zweig mit einem Textröllchen geschenkt.

(In der mit einem bunten Wollfaden verwahrten kleinen Papierrolle könnte die Barbaralegende wie folgt erzählt sein: Zur Zeit der Christenverfolgung lebte im Osten des Römischen Reiches ein reicher Kaufmann mit seiner Tochter Barbara. Seine Geschäfte ließen ihn oft wochenlang unterwegs sein. Als er wieder einmal von weither zurückkam, erfuhr er, dass sich Barbara zu einer Gruppe von Menschen gezogen fühlte, die sich Christen nannten. Darüber wurde der Kaufmann sehr zornig, denn er hatte für seine Tochter einen reichen Händler ausgesucht. Der aber würde sich weigern, eine Christin zur Frau zu nehmen. Deswegen gab es für ihn nur eines: Seine Tochter musste sich lösen von ihrem Glauben. Aber Barbara wollte nicht. Und sie wollte auch nach Wochen nicht. Da ließ sie der Vater in einen alten Wachturm sperren. Doch was er auch tat: Barbara blieb dabei. Schließlich ließ sie der Vater ins kaiserliche Gefängnis werfen. Was sie dort erwartete, konnte sie sich gar nicht recht vorstellen. Aber auf dem Weg dorthin verfing sich in ihrem Kleid ein Kirschzweig. In ihrem Verließ stellte sie ihn in einen Krug mit Wasser. Ob es zur gerichtlichen Verhandlung käme, war lange nicht klar. Doch der Vater drang darauf. Und als sich das Gericht versammelte, verurteilte es die Gefangene zum Tod. Tage vergingen. Der Kirschzweig aber blühte zur schönsten Blüte auf. Und als man sie nach draußen führte, auf ihren letzten Weg, da mochte sie der zur Blüte gewordene Zweig noch einmal daran erinnern: »Fürchte dich nicht, Gott hat dich beim Namen gerufen, du gehörst dem Leben, auch die Mächtigen und der Tod können daran nichts ändern!« Die Bergleute verehren die Heilige Barbara als ihre Schutzpatronin bis heute. Wie in den finsteren Turm des Gefängnisses fällt auch in den Kohleschacht kein Tageslicht. Beim Einfahren rufen sie die Heilige um Unterstützung an. Der nach ihr genannte Tag ist der 4. Dezember.)

(2)

Seine Majestät, der König auf dem Esel

Familiengottesdienst mit Konfirmandinnen und Konfirmanden

Liturgischer Baukasten

Die Gelegenheit

- Der Gottesdienst wurde mit der Konfirmandengruppe vorbereitet (Thema: »Gottesdienst selber machen«)
- In seiner Grundform eignet er sich auch für den Schulgottesdienst (der Sekundarstufen)

Der Raum

- Familiengottesdienste, zu denen persönlich eingeladen wird, sind gut besuchte Gottesdienste. Bei der Wahl des Raumes wird darauf zu achten sein
- Findet der Gottesdienst in der Kirche statt, muss der Altarraum ausreichend Platz für Kulissen und einen Mindestspielraum für Darsteller(innen) und Sprecher(innen) bieten

Materialien

- Im Altarraum: Adventskranz
- Seitlich des Altarraums: ein Opferaltar aus Steinen und Ziegeln, eine große Kerze darauf
- Im Altarraum verteilt: Steine und Ziegel
- Seitlich des Altarraums, zunächst liegend: die Silhouetten des Jerusalemer Tempels und des Löwentors, gemalt auf große Pappflächen
- Im hinteren Teil des Altarraums: ein einfaches Holzschwert mit »Sollbruchstelle«
- Programmblätter, die am Eingang ausgehändigt werden oder auf den Plätzen ausliegen

Musik

- Orgel
- Wenn möglich: Klavier und Instrumente (Gitarre/Klarinetten/Drums)

Beteiligte Personen

- Eingangsgedicht (zwei Konfirmandinnen oder Konfirmanden)
- Errichten Kulissen und Opferaltar (drei Konfirmandinnen oder Konfirmanden)
- Verse im Spiel (zwei Konfirmandinnen oder Konfirmanden)

- Seherin (Konfirmandin)
- »Prophet« im grauen Umhang mit Kordel (Konfirmand)
- »Wächter« mit Helm, Lanze und Harnisch (Konfirmand)
- »Priester« im schwarzen Gewand (Konfirmand)
- Einfache Texte (vier Sprecherinnen und Sprecher)
- Schwierige Texte (zwei geübte Erzählerinnen oder Erzähler)

■ Sonstiges

- Mit einer gut gestalteten Collage am Kirchenportal oder im Zugangsbereich zum Gottesdienstraum kann auf das Besondere des Sonntags aufmerksam gemacht werden
- Wenn möglich: die markanten Orte und Figuren des Erzählspiels mit Scheinwerferlicht ausleuchten

Gottesdienst

Es kommt die Zeit

Die Altarkerzen brennen bereits, nicht aber die auf dem großen Adventskranz im Altarraum und die auf dem alten Opferaltar weiter seitlich. Die Konfirmand(innen) kommen durch den Mittelgang und setzen sich auf die reservierten Stühle seitwärts des Altarraums oder die Plätze in der ersten Bank. Zwei Konfirmanden gehen in den Altarraum, entzünden die Adventskerze(n) und grüßen die Gekommenen mit einem Gedicht.

Eröffnung

Konfirmand(in)

alle knospen springen auf
fangen an zu blühen
alle nächte werden hell
fangen an zu glühen
knospen blühen
nächte glühen

Konfirmand(in)

alle menschen auf der welt
fangen an zu teilen
alle wunden nah und fern
fangen an zu heilen
menschen teilen
wunden heilen
[...]

Konfirmand(in)

alle augen springen auf
fangen an zu sehen
alle lahmen stehen auf
fangen an zu gehen
augen sehen
lahme gehen
[...]

Konfirmand(in)

alle stummen hier und da
fangen an zu grüßen
alle mauern tot und hart
werden weich und fließen
stumme grüßen
mauern fließen
[...]
Wilhelm Willms

Orgel und Gemeinde

»O Heiland, reiß die Himmel auf«
(EG 7.1-3.5)

Liturg(in)

Nächte glühen, Knospen blühen, Menschen teilen, Wunden heilen. So wird es sein, wenn er kommt. Also hört endlich auf, eure Rechnungen ohne den Wirt zu machen! Ich will den Dingen nicht vorgreifen. Aber was gibt es Schöneres, als so viel Advent mit einem Gottesdienst der Überraschungen zu feiern? Dazu begrüße ich euch ganz herzlich. Wir tun es im Namen Gottes, des Vaters und des Sohnes und der heiligen Kraft des Geistes.

Gemeinde

Amen

Sprecher(in)

»Siehe, es kommt die Zeit, spricht Gott Adonai, da will ich aus dem Königshaus David einen Nachkommen hervorgehen lassen, wie ihn noch keiner gesehen hat. Recht und Gerechtigkeit werden von ihm ausgehen, und seine Herrschaft wird für das ganze Land ein Segen sein. Juda soll es wohl ergehen und Israel in sicheren Grenzen wohnen. Und sein Name soll Brunnen der Gerechtigkeit sein!« (Sacharja 9.9-12)

Orgel oder Instrumente

»Laudate omnes gentes«
(Gesang in zweifacher Wiederholung: EG 181.6)

Liturg(in)

Tagesgebet

Dass du den Himmel zerrissest, Barmherziger, und in unser Leben kämest, das am Ersticken ist, weil wir es nicht frei bekommen aus der Enge seiner Verhältnisse! Dass du den Himmel zerrissest und dich unserer Lust entgegenstelltest, anderen unsere Worte und Gedanken, unseren Glauben und unsere Handlungsweisen aufzudrängen, anstatt sie nur sein und wirken zu lassen! Dass du den Himmel zerrissest und zu uns kämest, in diese Stadt, in diese Kirche, in jedes Haus, in jede Wohnung und uns die Augen und Ohren, die Herzen und Köpfe auftätest und wir anfingen endlich, vom Leben Größeres zu glauben als das, was die Spatzen längst von den Dächern pfeifen! Dass du den Himmel zerrissest, Lebendiger, und wir dich nicht länger warten ließen, uns einzustellen am Haus deines Friedens und mit zu bauen!

Orgel oder Instrumente

»Kyrie«
(EG 178.9/mehrfach wiederholt)

Sachtes Weiterspiel der Orgel oder Instrumente

Schon während des Weiterspiels machen sich einige Konfirmandinnen und Konfirmanden auf den Weg in den Altarraum, nehmen die dort verstreuten Steinbrocken, tragen sie zum steinernen Opferaltar, schichten sie dazu und entfachen die Kerze. Die auf dem Boden liegenden bemalten Pappflächen werden von ihnen so zusammengebaut, dass die Umrisse des Jerusalemer Tempels und im Altarraum weiter vorne die Silhouette des Löwentors zu sehen sind. Während die Kulissenbauer zu ihren Plätzen zurückgehen, treten zwei Konfirmandinnen oder Konfirmanden und zwei geübte Sprecher(innen) in den vorderen Teil des Altarraumes und sprechen über den Tempelplatz ein paar Verse.

Konfirmand(in)

Das wäre schön,
auf etwas hoffen zu können, was das Leben lichter macht
und das Herz, das ängstliche,
leichter!

Und dann den Mut haben,
die Türen weit zu machen und auch die Ohren und Augen
und auch den Mund nicht länger
verschließen!

Konfirmand(in)

Wenn Schiffe auftauchten am Horizont,
eines nach dem anderen, beladen mit Hoffnungsbrot bis an
den Rand, das mehr wird, wenn man es
teilt!

Sprecher(in)

Und Gott nicht aufhörte,
in uns zu träumen vom vollen Leben
und einer Zukunft für alle, und der Himmel aufrisse
und hinterm Horizont sich Wege auftäten!

Sprecher(in)

Wege sich auftäten – für eine Zukunft – für alle!

Das wäre schön!

Konfirmand(in)

Einige Sekunden Pause

Sprecher(in)

Seine Majestät, der König auf dem Esel
(Erzählspiel in fünf Bildern)

Orgel und Gemeinde

»Wie soll ich dich empfangen«
(EG 11.1.2.5)

Lesung
(Evangelium nach Matthäus 21.1-9)

Sprecher(in)

Einige Sekunden Pause

Von hinten kommt eine Konfirmandin durch den Kirchenraum, ganz ruhig. Sie ist mit einem einfachen langen Gewand gekleidet und tritt vor den Altar. Im Raum gehen alle elektrischen Lichter aus. Nur noch die Altarkerzen, die Kerze(n) am Adventskranz, das Licht auf dem Opferaltar und das im Altarraum brennen. Die Konfirmandin steht im Licht des Altarraums (besser: eines flächigen Scheinwerfers von der Raumseite oder Empore), hält Ausschau und spricht:

Seherin Er kommt. Und dieses Mal wirklich. Kein Zweifel. Das Warten hat ein Ende. Mein Gott, wie lange schon haben wir diesen Tag herbeigesehnt. Und nicht nur wir. Schon Generationen vor uns. Aber nun ist er da, der Augenblick der Augenblicke. »Das Volk, das im Finstern wandelt, sieht ein großes Licht, und über denen, die im Dunkeln wohnen, scheint es hell ...« (Jesaja 9.1)

Geht aus der Szene, durch den Mittelgang nach hinten. Ein Erzähler kommt und nimmt den Faden auf.

Erzähler Dort von den Bergen würde er kommen. Und einziehen würde er hier durch das Tor. Wie ein König würde er kommen ... Wohnung machen ... Weisung geben ... sich bekannt machen unter den Völkern ... Jerusalem zur Quelle der Gerechtigkeit und des Friedens machen!

Kurze Pause

Erzähler geht einige Schritte nach vorne, an die Kante des Altarraums

Erzähler Und dann kam er. Aber zu sehen war da nichts. Denn kaum einer, der an diesem Tag nicht auf den Beinen gewesen wäre. Und alle liefen zusammen und drängten, hielten ihre Kinder hoch, winkten mit Palmzweigen und jubelten ihm zu: »Hosianna! Gelobt sei, der da kommt! Keiner ist größer, Gott, als du! Hast unser Klagen erhört, kommst uns zu erlösen!«

Kurze Pause

Wenn er doch nur schon ein Stückchen weiter wäre! Ja, gibt's denn das? Ihr dort, ihr dort am Tor: ja, meint ihr denn, ihr seid die Einzigen, die warten? Lasst ihn weiter: Auch wir wollen was haben »von dem, der da kommt«!

Kurze Pause

Und dann war er da. Abgespannt, müde, den Sand der Wüste im Gesicht und in den Haaren, kaum zu erkennen. Im Umhang der Armen, auf einem Esel, von Leuten umgeben, dass Gott erbarm!

Kurze Pause

»Der Israel erlösen wird.« Israel erlösen? Der? Auf einem Esel? Mit solchen Leuten? Das kann doch nicht wahr sein! Da treibt doch wer sein Spiel mit uns! Unruhe kam auf. Die Stimmung kippte bedrohlich. Was eben noch frohe Erwartung war, begann sich ins Gegenteil zu verwandeln. Ich kann euch sagen ... Viele hockten auf dem Boden, lagen sich in den Armen und weinten. Andere waren außer sich und konnten ihre Enttäuschung kaum verbergen. Wieder andere waren einfach nur sprachlos und konnten es nicht fassen.

Erzähler geht an seinen Platz zurück

Orgel oder Instrumente

Zwischentöne

Klänge der Schwere, der Enttäuschung, der Wut. Danach kommen zwei neue Darsteller in den Altarraum: ein Konfirmand in grauem Umhang mit Kordel in der Rolle des »Propheten«, dazu eine Erzählerin. Die Erzählerin geht an ihr Mikrofon im hinteren Teil des Altarraums, der »Prophet« bleibt im vorderen Bereich und hält Ausschau. Die gesprochene Szene spielt er körperlich mit. (Wenn möglich: »Prophet« im Scheinwerferlicht)

Erzählerin

Schon einmal wartete Israel auf seinen König und erlebte eine Überraschung, die sich gewaschen hatte. Schon damals war der Schauplatz Jerusalem, die Stadt mit den zwölf Toren. Und mitten auf dem großen Platz der Alte. Er mochte den Ort, dem Tempelaltar, wo die Menschen ihre Opfer darbrachten, direkt gegenüber. Ganz in der Nähe: der Basar, wo nach Herzenslust gefeilscht und noch das Letzte verscherbelt wurde.

Kleine Pause

Längst hatten sich die Leute an den Anblick dieses sonderbaren Mannes gewöhnt und gingen an ihm vorüber, ohne sich weiter um ihn zu kümmern. Nur die Kleinen, mit den Augen auch für die kleinen Dinge der Welt, zogen ihre Mütter manchmal an den Gewändern und wollten wissen, was das denn für einer sei dort drüben. Und die dann ein bisschen genervt: »Ach weißt du, das ist ein Prophet. Was er tut?

Schwer zu sagen. Er hat Zeit und schaut hin und hört zu. Den ganzen Tag. Und wenn er etwas zu fragen hat, dann fragt er. Und wenn er was zu sagen hat, dann sagt er's. Und wenn das die Leute gar nicht so gut finden, dann ist ihm das ziemlich egal!«

Der Prophet geht in die Stadt und bleibt für eine Weile unsichtbar

Kurze Pause

Erzählerin

Eines Tages aber war der Platz leer. Und auch der Markt und der ganze Tempel waren leer. Denn die Männer waren vor die Stadt gezogen, sich zum Angriff gegen den Feind zu rüsten, und hatten ihren Frauen und Kindern geboten, in den Häusern zu bleiben. »Man kann ihnen nicht trauen. Schon lange nicht. Mal ist es das Wasser, das sie uns nehmen, mal sind es die Übergriffe, mit denen sie uns provozieren. Wenn wir nicht kämpfen, werden sie uns verderben. Wir müssen dem Feind zuvorkommen!«

Kleine Pause

Und so waren sie aufgebrochen, mit Waffen behängt und mit Gesängen auf den Lippen. Und an den Toren standen die Priester und riefen ihnen zu: »Es segne euch Gott, es segne euch Gott!«

Erzählerin geht ein paar Schritte

Aber entweder war Gott gerade nicht erreichbar oder die Priester hatten Gott nicht recht verstanden! Denn nach ein paar Tagen kehrten die Männer zurück: müde und verzehrt und kaum mehr wiederzuerkennen. Und viele bluteten. Und viele fehlten. Und Lieder kamen ihnen keine mehr von den Lippen.

Erzählerin geht auf ihren Platz zurück.

Von irgendwoher kommt der Prophet wieder und geht an seinen Ort in der Mitte des Platzes zurück. Zwei weitere Darsteller treten ins Geschehen ein: der Wächter mit Helm, Lanze und Harnisch am Stadttor, der Priester in langem schwarzen Gewand und mit weißem Stirnband danach am Opferalter. (Wenn möglich: Der Scheinwerfer zunächst auf den »Propheten« gerichtet, ihn im Weiteren begleitend.)

Erzähler geht an seinen Platz mit Blick auf die Stadt

Wochenlang ging der Alte durch die Straßen, Gassen und Winkel der Stadt, langsam und ohne ein Wort zu sagen. Gerade so, als suche er etwas. Und lange schon gingen die Frauen wieder über den Basar, kauften ein und erzählten sich die neuesten Geschichten. Und auch die Männer brachten an den heiligen Stätten lange schon wieder ihre Opfer dar, da tat sich dann doch noch etwas durch und durch Sonderbares. Und auch dieses Mal waren es die Kinder, die es vor allen anderen bemerkten. Denn dort, wo er immer war, war er auch jetzt wieder, noch immer in sein gleiches Gewand gehüllt. Aber er saß nicht, sondern er stand. Und er tat es wie eine Säule und schaute nur immer in die gleiche Richtung, als sähe er nicht recht oder könne es nicht glauben. Mit seinen Händen bedeckte er sein Gesicht und war für keinen zu erreichen. »Schau, Mutter, schau! Der Alte, er weint! Er weint und er lacht!« — Erzähler

Kleine Pause

Das ging so einige Zeit. Bis er sich umwandte, an den Menschen vorbeiging, quer über den Platz bis zum Tor, das aus der Stadt führte. Dort traf er auf den Posten, bewehrt mit Helm und Lanze, ganz ohne Regung und angestrengt dabei, über die Felder und Hügel bis zu den Bergen und noch ein Stückchen weiter zu schauen. »Freund«, so der Alte, »worauf wartest du?«

»Worauf ich warte? Na, du stellst Fragen! Auf den Feind natürlich! Auf wen denn sonst? Er ist gerissen, falsch wie eine Schlange, man muss sich vor ihm in Acht nehmen. Wir waren nicht schlecht, neulich, als wir den Überraschungsangriff machten, aber besiegen konnten wir ihn noch nicht. Vielleicht ja sammelt er seine letzten Reserven gerade und will es wissen? Und ich bin hier, was immer ich sehe, den Offizieren zu melden. Die Stadt soll gerüstet sein!« — Konfirmand

Lacht und bleibt am Tor zurück

Kurze Pause

Lange schwieg der Alte. Doch auf einmal, hellwach und mit Worten wie Pfeile: »Die Stadt ist gerüstet, den Feind zu emp- — Erzähler fangen? Ich glaub es dir wohl! *Doch ist sie auch gerüstet, den Freund zu empfangen?* Vielleicht ja gibt es den Feind gar nicht: ist Feind nur in euren Köpfen? Und vielleicht ja ist er es nur, weil ihr es bis heute nicht für nötig findet, euch mit anderen zusammenzutun und einander in die Karten schauen zu lassen? Dass sie mit Waffen kommen: Vielleicht redet ihr euch das nur ein. *Hört endlich auf, nur alles nach gut und böse, richtig und falsch, schwarz und weiß, ehrenwert und schurkisch zu sortieren, und fangt endlich an, die Zwischentöne zu pflegen!*

Kleine Pause

Erzähler

Der Wächter schien überhaupt nicht zu begreifen. Der Alte spürte es und versuchte es noch einmal: »Ich will dich nicht überrumpeln, Freund. Aber bist du dir sicher, dass du es bist, der auf den Feind wartet, und nicht jemand ganz anders? Ich begegne ihm in der Stadt an allen Ecken und Enden. Es schaut aus den Augen der Menschen. Es spricht aus ihren Worten. Es klebt an ihren Bewegungen. Es beherrscht ihre Träume, raubt ihnen den Schlaf. Nein, Freund: nicht du wartest auf den Feind, deine Angst tut es – sie macht dir deine Seele kaputt!«

Kleine Pause

Der Posten antwortete nicht, schaute dem Alten nur immer in die Augen. Noch nie hatte einer so mit ihm gesprochen. Und als er ihm die Lanze abnahm und sie an die Stadtmauer lehnte, da ließ er das einfach zu, wehrte sich nicht.

Kleine Pause

Der Prophet geht zum Opferaltar

Ein paar Töne der Orgel oder Instrumente

Tage darauf erschien der Alte vor dem Tempel. Die Priester richteten gerade die Opfertiere. In ein paar Tagen würde das große Fest gefeiert, von überall her strömten Pilger in die Stadt. »Verzeih, Herr, aber was tust du da?«

Konfirmand

»Was ich tue«, entgegnete der Priester? Du siehst es doch. Ich bereite die große Begegnung vor. Bald wird dieser Platz voller Menschen sein. Und alle werden wir dann Gott für seine Freundlichkeit danken und ihn bitten, auch in Zukunft gut zu uns zu sein – zu uns selbst, unserer Stadt, unserem Land, allem, was uns lieb und wert ist. Dass endlich Frieden werde und die Feindschaft ein Ende habe!«

Kleine Pause

Der Alte hatte aufmerksam zugehört. Ein Stückchen ging er auf den Priester zu und sagte: »Auf Frieden wartest du? O ja, etwas Schöneres gibt es nicht. Wer aber ist es, der darauf wartet: Bist du es oder ist es dein Stolz? Beschwörst du nicht alle Tage, dir selbst und allen, die es hören wollen, dass es der ist, der dort draußen, der der Feind ist und uns Böses will und wir endlich einen Vollstrecker bräuchten, der draufhält und nicht lange überlegt? Bitte, nimm es mir nicht krumm, aber was ich sehe ist: dass er der Frieden gerade nicht ist, der deine Seele bewegt. Deine Lust ist's, die Menschen in Kästchen zu stecken: Sie einzuteilen in gute und böse, den einen die Krone aufzusetzen und den anderen mit dem Feuer der Hölle zu kommen. Lern von den Propheten. Von Gott denken sie anders: »Das geknickte Rohr? Ich werde es nicht zertreten. Und den glimmenden Docht? Ich werde ihn nicht auslöschen, spricht der Herr« (Jesaja 42.3) Und sicher kennst du auch das, Prophetengeschichte auch sie: dass Gott nicht mit dem Schwert in die Stadt einzieht, sondern mit was ganz anderem im Gepäck – mit Gnade und Barmherzigkeit auch für den, den du heute noch deinen Feind nennst! Erzähler

Die Darsteller bleiben an ihren Plätzen stehen: der »Priester« beim Opferaltar, der »Prophet« nahe dabei. Er kniet am Boden und verbirgt sein Gesicht in seinen Händen. (Wo möglich: Ein Scheinwerfer ist auf ihn, ein anderer auf den Erzähler im Hintergrund gerichtet.)

Jetzt wurde es unruhig auf dem Platz. Rufe, Geschrei: Gotteslästerer, Schlange, Schmierfink, Clown, Vaterlandsverräter! Erzähler

Kleine Pause

Der Prophet nahm es entgegen. Es traf ihn, aber sich widersetzen mochte er nicht. Wenig danach, als die Menge begann, auf ihn loszugehen, trat der Priester dazwischen und mahnte das Volk, endlich aufzuhören. »Du aber, Alter, geh fort. Du siehst, was du anrichtest. Die Leute wollen das nicht!«

Der »Prophet« geht aus der Szene. In den hinteren Altarraum, wo das Schwert bereitliegt.

Kurze Pause

Erzähler

Am nächsten Morgen, als das Treiben vor dem Tempel auf dem Höhepunkt war, trat er heraus, der Alte, aus seinem Haus und schritt durch die Menge. In seiner Rechten ein Schwert. Es war schwer. Er hatte Mühe, es zu tragen.

Aus dem hinteren Teil des Altarraumes kommt der »Prophet« auf den Platz zurück, in seiner Hand das Schwert.

Erzähler

In der Mitte des Platzes blieb er stehen, nahm das Schwert in beide Hände, legte es über sein Knie und brach es entzwei. Die Enden in die Höhe haltend rief er, so laut er konnte: »Freue dich, Zion! Und du, Tochter Jerusalem, jauchze! Denn siehe, dein König kommt, ein Gerechter und ein Helfer – arm und auf einem Esel. Jerusalem? Meine Wohnung soll es sein, zum Brunnen der Gerechtigkeit will ich sie machen. Ihre Plätze sollen voller Leben sein. Die Alten, auf ihre Stöcke gestützt, sollen es gut haben und den Jungen soll es eine Wonne sein, dort zu wohnen ...« (Sacharja 9.9 und 8.3-5)

Kurze Pause

Dann legte er die beiden Schwertteile übereinander, band sie mit einem Strick wie zu einem Kreuz zusammen, legte das Gebundene über seine Schulter – und ging, ohne ein Wort zu sagen, am Opferaltar vorbei durchs Tor.

Kurze Pause

Der Wächter, bewehrt mit Helm und Lanze, gewohnt, den Feind zu erwarten, sah ihm nach. Und sah ihn ohne Angst und ohne Waffen geradewegs nach dort ziehen, von wo Gutes bis eben nicht zu erwarten war. Und setzte seinen Helm ab und legte seine Lanze nieder und füllte seinen Lederbeutel mit Wasser – und folgte ihm nach.

Die Orgel oder Instrumente nehmen in ein paar Takten noch einmal den Choral »Wie soll ich dich empfangen« auf und begleiten den Kreuzträger und seinen Freund auf deren Weg.

Die »Seherin« kommt durch den Mittelgang der Kirche in den Altarraum zurück. Zwei Sprecher stellen sich hinter sie.

Seherin

Er kommt! Immer wenn ich davon höre, muss ich an diese Geschichte denken. An Jerusalem – die Königsstadt – die Stadt der Verheißungen und Gefährdungen – die Stadt der Hoffnungen und Ängste, der Vernunft und Verblendung. Und an diesen Alten – diesen sonderbaren Grenzgänger mit dem Kreuz auf dem Rücken, das einmal ein Schwert war. *Und auf einmal spüre ich, wie sich etwas seltsam in mir verwandelt.*

Sprecher

Frieden, der Freundschaft den Freunden bietet und an Feinde mit Fäusten verteilt wird? Was hilft uns ein Friede, reserviert nur für Freunde?

Sprecher

Frieden, der Reichtum und Wohlstand fördert und sicher auf Konten verteilt wird? Was hilft uns ein Friede, reserviert nur für Reiche?

Sprecher

Frieden, der dem Hunger mit Almosen begegnet, aber morgen schon wieder vergessen ist? Was hilft uns ein Friede, reserviert nur für den Augenblick?

Seherin

Komm, Gott, komm und lass uns erzählen!
Von deinem Frieden, der weiter geht als menschliche Vernunft!
Freunde und Feinde meint, Raum schafft!
Und gut für alle ist!

Orgel und Gemeinde

Zwischentöne

»Macht hoch die Tür, die Tor' macht weit«
(Gemeinsames Lied: EG 1-3)

Schalom Chaverim

Liturg(in)

Schlussgebet

Gott, in dieser Zeit deines Kommens verwandelt sich die Welt. Krummes wird gerade, Hungernde werden satt, Mächtige finden zur Demut und Gedemütigte zur Kraft ihres Lebens zurück. In dieser Zeit deines Kommens ist die Zeit auch meiner Eitelkeiten vorüber. Und wo ich mich, lange schon, nur im Gewohnten wiederfinde, löse ich mich und versuche es anders. In dieser Zeit deines Kommens, so ahne ich, wird aus meinem Leben, das fast schon verstummt ist, ein neues Lied zu deiner Ehre. Und dafür danke ich dir und lobe deine Herrlichkeit.

Vater Unser

Orgel oder Instrumente spielen die Melodie von »Schalom Chaverim« an. Die Feiernden bleiben stehen und geben sich nach rechts und links die Hand.

»Schalom Chaverim«
(EG 434/Badischer Anhang)

Liturg(in)

Segen

Was ich dir wünsche? Nicht dass jedes Leid dich verschonen möge. Nicht dass dein Weg stets Rosen trage. Nicht dass kein Schmerz dich quäle. Sondern du allezeit die Erinnerung bewahrst an gute Tage, du mutig durch Prüfungen gehst und du allemal einen Freund hast, der deiner Freundschaft wert. In der Freude aber und im Schweren sei es das Lächeln des menschgewordenen Gottes, das dich begleitet!

Orgel und Gemeinde

»Tochter, Zion«
(EG 13.1.2)

Orgel oder Instrumente spielen freie Improvisationen zu »Schalom Chaverim« und »Tochter Zion« und begleiten die Feiernden nach draußen

(3)
Ihr werdet finden
Musikalische Einkehr in den Advent

Liturgischer Baukasten

Die Gelegenheit

- Die Einkehr wurde am Abend vor dem Zweiten Advent gefeiert. Vom Weihnachtsmarkt der Stadt nicht weit entfernt. »Tut mir auf die schöne Pforte!« Im Lärm der Vorweihnachtszeit brauchst du einen Ort, der dir gut ist
- Abendliche Kammerform im Vierklang Stille – Musik – Gedanke – Gebet
- Dauer: 45 Minuten
- In ihrer Grundform für alle Adventswochenenden geeignet
- Übertragbar in andere »Kammern« des Advent (Feierabend der Mitarbeiterinnen und Mitarbeiter, Wochenabschluss der Familiengruppe, Abendeinkehr in der Kapelle des Krankenhauses, des Altenheims, des Gefängnisses)

Der Raum

- Kirchraum im Kerzenlicht
- Das elektrische Licht: reduziert
- Altar: frisch geschmückt
- Die Gottesdienste und Feiern in den Wochen des Advent lassen sich mit einer Bilderausstellung verbinden

Materialien

- Adventskranz
- Frischer Altarschmuck (Lilien oder großer Weihnachtsstern)
- Im Altarraum: kleiner, weiß gedeckter Tisch mit alter Baumwurzel
- Vier Windlichter
- Programmblätter mit Liedern, Bild und zentralem Gedanken (ausgegeben beim Ankommen der Feiernden)

Musik

- Orgel
- Chor oder Singgruppe
- Wo möglich: Instrumentalensemble, Akkordeon, Solistin
- Die in der Grundform genannten Musikteile lassen sich leicht gegen andere gesungene und/oder gespielte Varianten eintauschen

- Beteiligte Personen
  - Liturg(in)
  - Sprecher(in)
  - Vier Kerzenträger(innen)

- Sonstiges
  - In besonderer Weise ist die Einkehr auf die Besucher(innen) des Weihnachtsmarktes ausgerichtet. Advent braucht den besonderen Ort, die besondere Zeit. Zur Ruhe kommen, die »Stille« hören: Hier kannst du es
  - Der Kirchraum muss erkennbar (Lichter, brennende Fackeln, ansprechende Plakatierung, Glockengeläut, freundliche Begrüßung), die Schwellen niedrig, reinschnuppern möglich, Platz nehmen und bleiben es wert sein
  - Ist die Einkehr mit einer Ausstellung verbunden, wird der Zugang zur Kirche schon eine Weile vorher geöffnet sein und danach noch eine Weile bleiben

Gottesdienst

Ankommen

Bis auf die Altarkerzen, die am Adventskranz, in den Wandnischen und das Licht am Eingang/Ausgang sind alle Raumlichter gelöscht.

Klänge des Akkordeons
(»Nacht«/Improvisation nach Leos Janacek)

Liturg(in)

Prolog

Die Stille spricht: Gib alles her. Enttäuschung, Kummer, Angst. Was dich umtreibt, dich zermürbt, über deine Kräfte geht, gib alles her. Atme, lass dich berühren: vom Licht der Kerzen, vom Klang der Musik, von der Freundlichkeit des Augenblicks. Und hör: »Eine kleine Weile noch!«

Orgel und Gemeinde

»Wie soll ich dich empfangen«
(EG 11.1.3.5)

Gebet

Liturg(in)

Gott des Lebens. Der du es vor der Zeit für an der Zeit fandest, der Finsternis mit Licht zu begegnen, es Tag hast werden lassen und die Nacht in ihre Schranken wiesest, daran gingst dann, tausendfach schön Leben zu schaffen und am sechsten Tag den Menschen, ihm seinen Ort gabst, sagtest: »Wie aus dem Gesicht geschnitten seid ihr mir. Ich will mich auf euch verlassen, brauche euch. Noch ist alles Anfang und die Sache ist groß, aber zusammen werden wir es schaffen!« Aber sieh, Barmherziger, was daraus geworden ist. Wir sprechen von dir, aber hören dich nicht. Deiner Hoffnung in uns, wir werden ihr nicht gerecht. Und doch – von uns lassen, das willst du nicht. Noch einmal zurück mit uns, wo alles begann – dein Bündnis erneuern, es belastungsstärker, vertrauensfähiger machen, so soll es sein. Wie du es, wir wissen, schon einmal getan hast, in Ägypten, zur Zeit der Knechtschaft. »Ein anderes Volk, nein, ich mag es nicht, ihr gehört zu mir und ich gehöre zu euch, und was uns verbindet, ist groß – zu groß, um es gleich auf Anhieb zu schaffen: Wenn wir am Ziel sind, werdet ihr sehen. Jetzt aber geht und fürchtet euch nicht!«

Orgel und Gemeinde

»Ubi caritas«
(EG 608 Badischer Anhang)

Lesung

Sprecherin

Worte des Propheten: »Wüste und Ödland? Sie sollen jauchzen und frohlocken. Und die Steppe? Wie ein Teppich aus Krokus soll sie sein, die Pracht des Libanon und die Schönheit des Karmel in sich vereinen. Gottes Herrlichkeit? Keinem wird sie verborgen bleiben. Also stärkt sie, die müden Hände, und festigt die wankenden Knie und sagt dem verzagten Herzen: Fürchte dich nicht! Die Augen der Blinden werden sich auftun, die Tauben hören, die Lahmen wie junge Hirsche springen und die Stummen den Lobpreis anstimmen. In der Wüste werden Wasserquellen hervorbrechen und in der Steppe Ströme fließen. Die Geknechteten? Gott wird sie heimbringen. Es wird sie nicht länger geben, die Zeit, in der sie geknechtet waren. Töchter und Söhne des Höchsten sollen sie heißen. Und in Zion wird der Jubel ohne Ende sein ...«
(Jesaja 43)

Orgel und Gemeinde

»Ubi caritas«
(Aus: Chants de Taizé, Freiburg)

Während des Gesangs werden auf dem Tisch im Altarraum Kerzen entfacht, angeordnet um eine alte Wurzel

Die Hoffnung wird geboren

Anrede
(Erster Teil)

Liturg(in)

Vor sechzig Jahren erzählte ein Zeuge aus Litauen vor dem Kriegsverbrechertribunal in Nürnberg seine schier unglaubliche Geschichte. In Vilnius habe er über den Winter im Grab eines jüdischen Friedhofs gelebt. Es sei ihm gelungen, aus dem Todeslager zu entfliehen, das die Deutschen und ihre litauischen Helfer errichtet hatten. Und hier habe er sich verstecken können. Noch anderen sei das so gelungen: Männern und Frauen, alten und jungen. Eines Tages, ganz in seiner Nähe, habe eine Frau ein Kind zur Welt gebracht. So gut er konnte, habe ein 80-jähriger Mann, Totengräber von Beruf, der Frau geholfen. Und weil sie keine Windeln hatten, nahmen sie Leichentücher. Und als er die Lebensschreie des Neugeborenen gehört habe, habe der Alte Gott gerufen und ihn, außer sich vor Freude, nur immer dasselbe gefragt: »Hast du ihn endlich geschickt, Gott, deinen Messias? Wer anders, sag, könnte unter den Toten zur Welt kommen und sich, weil es nichts anderes gibt, von den Tränen seiner Mutter ernähren!?« Von da an habe er *angefangen, an das Leben zu glauben.*

Kleine Pause

Sprecher

advent

der kahle
strauch
die spur
im schnee

das wunderblatt
im grünen klee
sie deuten an
sie deuten an
daß doch noch
etwas kommen kann

Sprecherin

die stille
nacht
das liebes-
paar
das mädchen
mit dem stroh
im haar
sie deuten an
sie deuten an
dass doch noch
etwas kommen kann

Sprecher

der mann
der träumt
die schwangere frau
die dürre zeit
der morgentau
sie deuten an
sie deuten an
dass doch noch
etwas kommen kann

Sprecherin

das licht
im haus
die offene
tür
der tisch
gedeckt
ein platz
ist leer
das deutet an
das deutet an
dass doch noch
einer
kommen kann

Wilhelm Willms

Altstimme, Orgel und Instrumente

»Bereite dich, Zion«
(Aus dem Weihnachtsoratorium von Johann Sebastian Bach)

Anrede
(Zweiter Teil)

Liturg(in)

Der Messias des Lebens?
Er mag es nicht, das Kreisen weit draußen.
Er will in die Dinge hinein, macht sich bekannt, mischt sich ein.
Seine Namen?
Viele sind's:

»Adonaj«/
»Du kannst dich auf mich verlassen«

Kerzenträger nimmt eine Kerze und stellt sie zur Wurzel

»Immanuel«/
»Ich gehe mit dir«

Kerzenträgerin nimmt eine Kerze und stellt sie zur Wurzel

»Zebaoth«/
»Nichts ist mir zu viel für dich«

Kerzenträger nimmt eine Kerze und stellt sie zur Wurzel

»Schalom«
»Etwas Größeres als meinen Frieden gibt es nicht«

Kerzenträgerin nimmt eine Kerze und stellt sie in die Collage

Orgel

»Es ist ein Ros' entsprungen«
(Freie Choralimprovisation)

Maranatha

Tagesgebet Liturg(in)

Gott, wir warten auf dein Kommen. Wir warten darauf, dass Hungernde nicht mehr hungern, Weinende nicht mehr weinen, Zweifelnde nicht mehr zweifeln. Dass niemand mehr um eines Stückes Brot oder um seines Menschenrechts oder um eines Stückes Land oder um eines Barrels Öl oder um eines Quäntchens Macht willen die Hand gegen den anderen erhebt. Wir warten darauf, dass das Kriegsgeschrei verstummt, dass das Unrecht bereinigt und dem Frieden seine Chance gegeben wird. Wir warten darauf, dass alles, was zwischen Menschen und Völkern in die Brüche gegangen ist, heil wird, was Menschen von Menschen vergessen haben, wieder in Erinnerung gerufen, das verbrauchte Antlitz dieser Erde wieder frisch wird. Wie damals, Gott, als alles begann. Maranatha – komm, Barmherziger, komm!

Vater Unser

Chor, Orgel und Instrumente

»Wie schön leuchtet der Morgenstern«
(Schlusschoral der Kantate BWV 1)

Wegesegen Liturg(in)

Die Einkehrenden treten in den Altarraum und geben sich die Hand

Es segne und begleite uns Gott/
Geboren aus Licht/
Geboren zur Hoffnung/
Geboren zum Frieden für alles was lebt!

Musik zum Ausgang

Wer noch etwas bleiben möchte, bleibt oder schaut sich die Bilder der Ausstellung an

(4)
Du kannst das Brot schon schmecken
Feierabendmahl im vorgerückten Advent

Liturgischer Baukasten

- Die Gelegenheit
  - Dem Feierabendmahl ging eine intensive Vorbereitungsphase mit Konfirmandinnen und Konfirmanden und der »Werkstatt« voraus (Thema: »Heilige Zeichen«)
  - Die Grundform lässt sich leicht auch mit anderen Erwachsenen-, Familien- und Gruppen der Jungen Gemeinde feiern
  - Und doch: Gefeiert wird nicht der Tisch der einen und der anderen, sondern das Fest der versöhnt miteinander Verbundenen

- Der Raum
  - Feierabendmahl zu feiern geht auch im Gemeindehaus, zu Hause oder an einem anderen gestalteten Ort
  - Es im späten Advent zu feiern, hat seinen besonderen Reiz. »Wir sind im Festsaal noch nicht angekommen, aber wir sehen schon das Licht und hören die Musik …« (Ernesto Cardenal)
  - Grundbeleuchtung: Kerzenlicht
  - Die übrige Beleuchtung stark reduziert

- Materialien
  - Frisch geschmückter Altar (Lilien, Weihnachtsstern)
  - In der Mitte des Altarraums: ein (alter) Tisch mit zwei großen Kerzen
  - Seitwärts rechts und links: Pinnwände mit Bildern, Motiven und Texten zum Thema »Spuren des Lichts«
  - Projektionsfähige Altarwand oder großflächige Leinwand
  - Beamer oder Bildprojektor
  - Pinnwand-Elemente oder Schultafeln
  - Von Konfirmandinnen und Konfirmanden gefertigte Collagen (Bilder, Sprüche, Gebete)
  - Seitwärts des Altarraums: zwei weiß gedeckte Abstelltische mit den Zutaten des später zu bereitenden Gabentischs (großes Tischtuch, alte Baumwurzel mit blühender Rose, vier kleine Weihnachtssterne, selbst gebackenes Brot, Trauben in Glasschalen, kleine Ikone oder Taizé-Bild, eine Schale »Engelskärtchen« oder »Segensröllchen«)
  - Programmblätter mit dem zentralen Bildmotiv des Abends, den Liedern und den wichtigsten liturgischen Hinweisen
  - Klangschale

- Musik
  - Orgel
  - Wenn möglich: Klavier und/oder Instrumente (Gitarre/Klarinetten/Drums)
- Beteiligte Personen
  - Liturg(in)
  - Kerzenträger(innen): zwei Konfirmandinnen oder Konfirmanden
  - Sprecher(innen): vier (geübte) Konfirmandinnen oder Konfirmanden
  - Bilddeuterin: Konfirmandin
  - Segenssprecher(in): Konfirmandin oder Konfirmand
  - Tischbereiter(innen): vier Konfirmandinnen oder Konfirmanden
  - Ausgabe der »Engelskärtchen«/»Segensröllchen«: zwei Konfirmandinnen oder Konfirmanden
  - Helfer(innen) bei der Austeilung der Gaben: Mitarbeiter(innen) der Gemeinde
- Sonstiges
  - Zum Feierabendmahl wird öffentlich eingeladen. Die Familien der Konfirmand(inn)en besonders
  - Wer noch? Die Konfirmand(inn)en und deren Familien vielleicht auch der Nachbargemeinden oder die Konfirmierten des vergangenen Jahres
  - Die Zielgruppen lassen sich beliebig erweitern
  - Während des Glockengeläuts ziehen die Konfirmandinnen und Konfirmanden mit den anderen gestalterisch Beteiligten in den Kirchraum ein und nehmen im vorderen Teil ihre Plätze ein
  - Es empfiehlt sich, die noch nicht so bekannten Gesänge und Lieder anzusingen

Gottesdienst

Schritt für Schritt

Nach dem Geläut der Glocken verlöschen im Kirchraum die elektrischen Lichter. Die Bank- oder Stuhlreihen sind mit Kerzen ausgeleuchtet. Der Altar ist frisch geschmückt. In der Mitte des Altarraums: ein alter (Bauern)Tisch, an dem im späteren Verlauf die Gaben geteilt werden, mit zwei großen, noch nicht entzündeten Kerzen.
Seitlich davon, außen rechts und links im Altarraum: Pinnwände mit Bildern und Collagen, Geschichten, Gebeten und Graffiti der Konfirmandinnen und Konfirmanden zum Thema »Spuren des

Lichts«. Der Organist oder die Instrumentalgruppe singt die Feiernden in die noch nicht bekannten Gesänge und Lieder ein.

Prolog

Zwei Konfirmandinnen oder Konfirmanden lösen sich aus der Gruppe und entzünden die Kerzen auf dem großen Tisch.

Liturg(in)

Eine Kerze. Zwei Kerzen. Und in ein paar Stunden sind es drei. Lichter im Wind. Verletzlich. Und ob es reicht? Ausgemacht ist das nicht. Was dir bleibt ist *die Hoffnung*. Und die hat etwas vor mit dir. Sie fragt nach dir, will sich mit dir zusammentun, mit dir gehen: *Schritt für Schritt*. Und wenn du meinst, du schaffst das nicht, dann erinnere dich: nicht viel mehr als ein Quäntchen, aber *Anfang*. Und irgendwann wird auf den ersten der zweite Schritt folgen und »Gottes Hütte unter den Menschen« nicht mehr zu übersehen sein. Maranatha!

Orgel und Gemeinde

»Die Nacht ist vorgedrungen«
(EG 16.1.4.5)

Hymnus
(Psalm 126)

Liturg(in)

Vom Geheimsten sprechen. Wie geht das? Die frühen Christen taten es in den Bildern der Psalmen.

Stimme von hinten im Raum
Sprecher 1

Wenn Gott die Gefangenen Zions erlöst/
Werden wir sein wie die Träumenden/
Dann wird unser Mund voll Lachens/
Und unsere Zunge voll Rühmens sein!

Stimme von links vorne im Raum
Sprecherin 2

Dann wird man sagen unter den Völkern/
Gott hat Großes an ihnen getan!

Stimme von rechts vorne im Raum
Sprecherin 3

Gott hat Großes an uns getan/
Nie war sie größer, unsere Freude!

Kleine Pause

Bringe zurück unsere Gefangenen/
Wie du die Bäche im Südland wiederbringst!

Stimme von ganz hinten im Raum
Sprecher 1

Die mit Tränen säen, werden mit Freuden ernten/
Sie gehen hin und weinen und streuen ihren Samen.

Stimme von links vorne im Raum
Sprecherin 2

Aber sie werden wiederkommen, ihre Garben einbringen/
Und ihre Freude wird kein Ende haben!

Stimme von rechts vorne im Raum
Sprecherin 3

Kleine Pause

Die Sprecher(innen) gehen an ihre Plätze zurück.

Gebet

Liturg(in)

Manchmal, Gott, da kommt sie raus, die Angst, mit der ich lebe. Und fast schon ist sie mir zur zweiten Natur geworden. Dann lieg ich da wie ein Fisch auf dem Trockenen und komm nicht weg. Dann seh ich, wie sie sich ins Fäustchen lachen und es besser wissen. Dann brauch ich einen, der das nicht tut und dem ich Wert bin. Dann brauch ich einen, der zu mir hält, wenn ich nicht weiterweiß, der mir Kraft gibt, wenn ich strauchle, und mehr von mir weiß als das, was alle von mir wissen und ich selbst von mir weiß. »Wo bleibst du, Trost der ganzen Welt?« Ich hoffe auf dich. Amen.

Orgel oder Instrumente und Gemeinde

»Gott gab uns Atem, damit wir leben«
(EG 432)

Kraft im Kleinen

Anrede

Liturg(in)

Eines Tages vermochte sich Herodes, der Fürst von Judäa, nur noch so vor Johannes dem Täufer zu bewahren, dass er ihn ins Loch steckte. Johannes wusste, wie es um ihn stand. Er kannte die Rituale der Macht. Die Sonne wiedersehen?

Nein, nicht er. Doch eines noch wünschte er sich: von Jesus, dem Freund, endlich zu erfahren, was dran sei an der Geschichte, die sich die halbe Welt erzählte – dass die Zeit gekommen, der Festsaal gerichtet und es mit dem »neuen Himmel und der neuen Erde« nur noch ein Wimpernschlag sei. »Jesus, sag: was ist!?« Und der ließ ihn nicht lange warten: Was fragst du, Johannes!? Du weißt es doch. Sieh doch: Die Blinden sehen, die Lahmen gehen. Und die Armen? Nie haben sie Schöneres gehört! So würde es sein, wenn er kommt. So sich bewahrheiten endlich. So den Messias auszeichnen. Den Mächtigen würde die Luft ausgehen. Und für die Dämonen gäbe es kein Halten mehr. Doch die Adresse schlechthin? Die »Mühseligen und Beladenen«: An ihnen entscheide es sich!

Was mir auffällt? Die große Kulisse ist das nicht. Jesus meidet sie, wo immer es geht. Woran ihm liegt, sind die Dinge des Tages. Der Augenblick. Das durch und durch Gewöhnliche. Die persönliche Begegnung. Die mit Bartimäus zum Beispiel: noch nie hatten seine Augen den Himmel gesehen. Oder mit dem Gelähmten am Teich: Was geht vor in einem Menschen, der sich von hier nach dort bewegen möchte, nichts einfacher als das, aber seine Beine erlauben es ihm nicht? Oder Zachäus, der Zöllner: Wie lebt es sich mit Karren, vor die man gespannt wird und keine Freunde hat? Oder Maria und Martha, die ungleichen Schwestern? Oder die Mutter aus dem Dörfchen dort drüben, die den Tod ihres Sohnes beklagt? Oder der Vater, der sich freut, seinen Sohn zurückzuhaben? Einzelfälle. Randbegebenheiten. Schlagzeilenungeeignet. Von Anfang an.

Auf die Welt gekommen? Irgendwo im Hinterhof, so die alten Geschichten. Mit ein paar Hirten als Zeugen, ein paar Tieren noch. Und irgendwann seien Leute von weit her gekommen, die den Himmel absuchten und nicht so recht wussten. Und später? Nicht anders. Ist das nicht Jesus, der Prophet, so die Überraschung der einen!? Aber schaut doch, so die andern, in was für einer Gesellschaft sich der bewegt!? Die Szenerie: ausgesprochen zwiespältig. Und die ihm folgten? An zwei Händen abzuzählen. Und am Ende? Da waren es auch von den Getreuen nur noch ein paar wenige, die bei ihm blieben und mit ihm wachten. Und auf Golgatha, da waren dann auch die nicht mehr da, nur eine Handvoll Frauen noch und ein Fremder. Einmal aber, ja einmal standen sie Schlange und jeder wollte der Erste sein: Als sie das Urteil über ihn sprachen und ihn ans Kreuz trieben!

»Wo zwei oder drei in meinem Namen versammelt sind, da bin ich mitten unter ihnen« (Evangelium nach Matthäus 18.20). Wer ihn begreifen möchte, diesen sonderbaren Glanz im vorgerückten Advent, liebe Gemeinde, der muss die kleine Menge, das schier nicht Erkennbare mögen. Nicht umsonst vergleicht Jesus das Neue, das kommt, mit der Winzigkeit des »Senfkorns«. Wer ans Ziel will, wird das große Gepäck liegen lassen, sich auf das Wesentliche konzentrieren. Zwei oder drei? Viel ist das nicht. Schon gar nicht, wenn der eine blind und der andere lahm und der Dritte taub ist. *Aber zwei oder drei, das ist unendlich viel mehr als einer allein, gerade dann, wenn der eine blind und der andere lahm und der Dritte taub ist.* Denn der Blinde kann für den Tauben zum Ohr, und der Taube für den Blinden zum Auge werden, und gemeinsam kann es ihnen gelingen, den Lahmen aus der Gefahr zu tragen. Und so wird es Raum für das Leben aller drei – und für noch viel, viel mehr. Denn wenn die Lähmung erst einmal überwunden ist, wird sich das herumsprechen und auch andere ermuntern, ihre Fesseln abzuwerfen. Vielleicht nicht gleich, aber Schritt für Schritt. Denn in der überwundenen Angst steckt die Lust, es mit der ganzen Welt aufzunehmen. Dass Steine zu Brot werden und Wasser zu Wein: ausgeschlossen ist das dann gar nicht mehr!

Und wenn wir jetzt gleich das Brot miteinander teilen und aus dem Kelch trinken, dann ist das ein Zeichen. Ein altes. Ein schönes. Wir feiern es gern. Aber ein Zeichen nur ist das nicht, sondern der *Anfang einer neuen Wirklichkeit.* Denn der da kommen soll, lange erwartet – in den Sternen hält den nichts mehr. Ankommen will er, Gestalt annehmen, Hand und Fuß und Herz und Verstand werden. *Mensch: Testfall des Lebens, das sich traut* und sich von einer Melodie getragen fühlt, die das Getöse der Welt bis heute nicht zu unterdrücken vermochte – und es nicht kann bis in Ewigkeit. »Das geknickte Rohr? Ich will es nicht zerbrechen. Und der glimmende Docht? Ich will ihn nicht verlöschen. Leuchten soll er. Zum frischen Wasser führen. Stecken und Stab sein, spricht Gott« (Jesaja 42.3 und Psalm 23). Die »Wurzel Jesse« (wie Martin Luther übersetzt)? Tot fast – und doch so lebendig. Schaut, hier vorne liegt sie und blüht. Und gleich werden wir uns um sie versammeln. Nein, im Festsaal angekommen sind wir noch nicht, aber wir sehen schon die Lichter und hören schon die Musik!

Zwischenspiel der Orgel oder Instrumente

Das Stück Brot

Tischbereitung

In Körben bringen Konfirmandinnen und Konfirmanden selbst gebackenes Brot zum Tisch, dazu Trauben in gläsernen Schalen. Die vier Tischenden werden mit kleinen Weihnachtssternen dekoriert, vor die alte Baumwurzel eine alte russische Ikone gestellt. In einer Schale befinden sich »Engelskärtchen« mit Motiven berühmter und gar nicht so berühmter Künstler(innen). Alternativ: verschnürte Röllchen mit Segenssprüchen. Die Tischbereitung wird mit dem Klang der Klangschale abgeschlossen.

Einsetzung

Liturg(in)

Den »glimmenden Docht«, du wirst ihn nicht auslöschen. Gründen willst du ihn, ihn stärken, dem Finsteren das Finstere nehmen, den neuen Anfang ermöglichen. Und so feiern wir dich, guter Gott. Als Wort, das verlässlich ist. Als Boden, der trägt. Als Inspiration, die bewegt. Nur aber, dass wir auch von anderem wissen: unserer Unerbittlichkeit und Unversöhnlichkeit, unserer Unersättlichkeit und Unzuverlässigkeit, unserer Eitelkeit und Lenkbarkeit. Unserem Trachten letztlich nicht nach dem, was deines ist, sondern danach, wovon wir meinen, o ja, so ist es und so bleibt es und so steht es uns zu und keinem sonst. Und je mehr wir uns an uns selbst verlieren, desto aussichtsloser geraten wir in etwas hinein, woraus wir nicht mehr herausfinden. Und so erinnern wir uns, wie es war, Gott, als alles anfing, und danken dir für Jesus Christus, deinen Sohn, der in der Nacht vor seinem Tod ein letztes, unübersehbares Zeichen setzte, das Brot in seine Hände nahm, es brach, den Seinen gab und sprach: Nehmt, esst, das ist mein Leib – für euch gegeben, tut es zu meinem Gedächtnis. Und danach den Kelch, das Dankgebet sprach und sagte: Dieser Kelch, verbunden lässt er euch sein in meinem Blut – für euch vergossen zur Vergebung eurer

Sünden, das tut, sooft ihr daraus trinkt, zu meinem Gedächtnis!

Orgel oder Instrumente und Gemeinde

»Wenn das Brot, das wir teilen«
(Text: Claus-Peter März 1981/Musik: Kurt Grahl 1981 in »Gemeinsam unterwegs«, Carus-Verlag Stuttgart 2003)

Anamnese

Liturg(in)

Und so kommen wir zu dir, guter Gott. Kommen zu dir an deinen Tisch. Und nehmen, weil du uns gibst. Und geben, weil es reicht für alle. Und frei von der Sorge um uns selbst singen wir dir und deinem Namen einen Hymnus ohne Ende!

Orgel oder Instrumente und Gemeinde

»Jubilate Deo« (Kanon)
(EG 181.7)

Gabenteilung

In Gruppen zu 12 bis 15 Personen kommen die Feiernden zum Großen Tisch. Auch die Kinder sind eingeladen, die Konfirmandinnen und Konfirmanden ohnehin. Während der Gabenteilung variiert die Orgel/Instrumentalgruppe das Paul-Gerhardt-Lied »Wie soll ich dich empfangen« und begleitet die Feiernden beim Singen. Nach dem Tischsegen erhalten die Gäste ein »Engelskärtchen« oder ein »Segensröllchen« mit auf den Weg. In den Tagen des Wartens und der Spurensuche soll es sie begleiten.

Spuren

Eines der Bilder auf den Pinnwänden wird über den Projektor an die Altarwand geworfen. Vorlage: Hermann Hesses 1958 gemaltes »Aquarell«

Konfirmandin

Wenn ich malen könnte/
Würde ich ein kleines Haus malen/
Hoch droben auf dem Berg/
Mit ganz viel Dunkel, Kälte und Sturm/
Und wenig Aussicht zu bestehen.

Und mitten hinein/
Würde ich einen Punkt setzen/
In leuchtendem Gold/
Und mein Bild überschreiben/
Fürchte dich nicht!

Wenn ich malen könnte

Sachtes Zwischenspiel der Orgel oder Instrumente

Dank

Liturg(in)

Du hast dich aufgemacht, Christus. Von Ufern, die uns fremd sind. In einem langen, beschwerlichen Weg in unsere Welt, in der wir oft Mühe haben, uns zu Hause zu fühlen. Du hast dich aufgemacht, Christus, im Vertrauen auf Gott und aus Liebe zu allem, was lebt und auf der Suche nach seiner Bestimmung ist. Bist in deinem Wort zu uns gekommen und noch einmal näher in Brot und Wein. Dafür danken wir dir. Gestärkt hast du uns, damit wir begreifen: so eigen wir auch sind, so eng aufeinander bezogen sind wir, der eine auf den anderen, die Teile zum Ganzen. Tief hast du sie eingegraben, Christus, deine Spuren in uns, damit wir begreifen, die Richtung finden, uns nicht länger im Kreis bewegen. Und so bitten wir dich: Lass die Worte, die uns stärkten, und die Hände, die uns hielten, und die Nähe, die wir spürten, über diesen Abend hinaus sich fortsetzen – überall hin, wo das Leben noch dunkel und das Licht noch kaum zu erkennen ist.

Stille

Vater Unser

Orgel und Gemeinde

»Tochter Zion, freue dich«
(EG 13.1-2)

Sendung und Segen

Sprecherin

Ich/
Krümel ich/
Muss nicht die ganze Welt verändern/

Will da sein einfach, einfach da/
Wenn man mich Krümel braucht!

Liturg(in)

So segne euch Gott/
Der Allmächtige und Barmherzige/
Der Vater, der Sohn, die Heilkraft des Lebens.

Orgel oder Instrumente variieren »Tochter Zion« und begleiten nach draußen.

(5)
Sehen
Hüttenadvent

Liturgischer Baukasten

Die Gelegenheit

- Der Hüttenadvent wurde mit Mitarbeiter(innen) der Kinderkirche gefeiert. An einem Projektwochenende im Schwarzwaldhaus
- Leicht übertragbar ins Gemeindehaus vor Ort
- »Spielbar« mit allen Gemeinde-, Familien- und Projektgruppen
- Geeignet auch für den Adventsabend im Jugendklub oder als Meditationsübung im Unterricht

Der Raum

- Stuhlkreis in einem freundlich bereiteten, nicht zu kleinen, abzudunkelnden Raum
- In der Mitte des Kreises: eine große brennende Kerze. Um diese herum: kleine, noch nicht brennende Kerzen (Anzahl der Kerzen = Anzahl der Teilnehmerinnen und Teilnehmer)

Materialien

- Ausreichend Stühle
- Große Kerze
- Kleine Kerzen
- Bibel
- Meditations-CD (z. B. »Stille Klänge«, Kreuz-Verlag Stuttgart)
- CD-Player

Beteiligte Personen

- Gruppe (s. o.)
- Spielleiter(in)
- Der eine oder die andere »Eingeweihte«

Ausgangssituation

In zwei Nachbargemeinden wurden Kindergottesdiensthelfergruppen gegründet. Zu Heiligabend sollte eine Christvesper mit Krippenspiel vorbereitet werden. Es wurde zum Werkstattwochenende eingeladen. Am ersten Abend war eine »Überraschung« vorgesehen. Nach dem Abendessen wurde der Hüttenraum in einen großen Stuhlkreis verwandelt. In der Mitte auf dem Boden: eine große, weiße, brennende Kerze (Altarkerze). Neben ihr 14 kleine, nicht brennende Kerzen (mit Haltern). Alle anderen Lichter im Raum waren gelöscht. Draußen war es frisch, in der Hütte warm.

Beginn

Sachte Töne

(Leos Janacek: »Nacht« in CD Kreuz-Verlag »Stille Klänge«)

Legende

Spielleiter(in)

Eines Tages bemerkte der König, dass er alt geworden war. Er rief seine Söhne in die große Halle. »Bis zum Abend habt ihr Zeit, diese Halle zu füllen«, sagte er. Er gab ihnen einen Silberling. Das war nicht viel. »Wer es schafft, soll mein Nachfolger sein.« Die beiden zogen los. Der Ältere kam an ein Feld, auf dem Leute gerade Weizen droschen. »Ich gebe euch einen Silberling für die Spreu!« Die Bauern waren froh, die Spreu los zu sein und brachten sie sogar ins Schloss. »Du kannst mich zum König machen«, rief der Ältere seinem Vater zu, »ich habe die Halle gefüllt.« Aber der Vater wollte noch warten. Als es dämmerte, kam schließlich der Jüngere. »Räumt alles raus!«, sagte er. Dann stellte er eine Kerze in die Mitte der Halle und zündete sie an. Warmes Licht füllte den ganzen Raum und ließ die Gesichter des Königs und der Söhne, der Diener und Mägde leuchten. Der alte König lächelte: »Du wirst mein Nachfolger werden!«

Das Spiel

Die im Raum Versammelten können sich ein Licht schenken. Eine Person löst sich von ihrem Platz, holt sich in der Raummitte eine kleine Kerze, zündet diese an der großen Kerze an und gibt sie einer anderen Person in die Hand. Diese schließt die Augen und wartet, bis sie den Schein des Lichtes hinter verschlossenen Augen sehen kann. Bis sie sie öffnet, kann es dauern. Zu sehen braucht Zeit und bereitete »Augen«. Zwischendurch können kleine Pausen gemacht werden, in denen (spontan oder von einigen Angesprochenen) »Leuchtzeichen« eingeworfen werden wie folgt:

Stimme 1 »Das Volk, das im Finstern wandelt, sieht ein großes Licht!«

Stimme 2 »Ich bin das Licht der Welt. Wer mir nachfolgt, wird nicht wandeln in der Finsternis, sondern das Licht des Lebens haben!«

Stimme 3 »Siehe da, die Hütte Gottes bei den Menschen. Er wird bei ihnen wohnen, und sie werden sein Volk sein, und er selbst, Gott mit ihnen, wird ihr Gott sein!«

Stimme 2 »Du siehst Dinge und fragst: warum. Ich aber träume von Dingen, die es nie gegeben hat, und sage: warum nicht!?«
George Bernard Shaw

Stimme 1 »Ich seh ein Land mit neuen Bäumen. Ich seh ein Haus aus grünem Strauch. Und einen Fluss mit flinken Fischen und einen Himmel aus Hortensien seh ich auch.«
Hanns Dieter Hüsch

Stimme 3 Oder die Geschichte von Bartimäus: »Und als sie weggingen von Jericho, er und seine Jünger und eine große Menge, da saß ein blinder Bettler am Weg, Bartimäus, der Sohn des Timäus ...«
Evangelium nach Markus 10.46-52

Austausch und Open End

Die Teilnehmer(innen) kannten sich erst ein paar Stunden. Sie fuhren gemeinsam an, richteten ihre Kammern ein, machten sich in der Vorstellungsrunde untereinander bekannt, besprachen Hüttenprogramm und aßen miteinander. Die Erfahrungen mit »dem Licht, das einem erst aufgehen muss, wenn man sehen will« wurden, mit Lebensgeschichten gewürzt, noch lange kommuniziert. Und auch in die Aufgabe, mit Kindern alsbald »Gott im Stroh« zu feiern, wurde schon ein bisschen hinübergeschaut.

(6)
Es kommt ein Schiff geladen
Ökumenische Agape im Advent

Liturgischer Baukasten

Die Gelegenheit

- Die Agape wurde an einem Samstagabend im späten Advent gefeiert, in unmittelbarer Nähe des Weihnachtsmarkts. Vorbereitet und getragen von der ökumenischen Projektgruppe »Gottesdienst neu«
- Sie war den Stadtmittegemeinden von großer Wichtigkeit. Ökumenisches Signal in schwierigen Zeiten. Die Einladung erfolgte auf breiter Basis
- In ihrer Grundform lässt sie sich auch in kleinerer Dimension feiern, getragen von einer Gemeindegruppe im Gottesdienst am nächsten Sonntag

Der Raum

- Einen besonderen Ort braucht es nicht
- Jeder Kirchraum ist geeignet
- Wichtig nur: Im Altarraum ist genügend Platz für Kulisse und Gruppe (von 10–12 Personen)

Materialien

- Altar: frisch geschmückt
- Auf diesem: frisch geschnittenes Fladenbrot und Trauben (kleine Servierschalen)
- Im Altarraum am Boden: alte Schiffsteile
  (Planken, Anker, Mast, Laterne, Fahne)
- Oder: Schiffskulissen auf bemalter Pappe, Bug und Heck mit auf dem Boden liegenden und einen großen Raum freigebenden Schiffstauen verbunden (echte oder mit Krepp umwickelte Faserware)
- Beamer oder Bildprojektor
- Bildfähige Altarwand oder großflächige Leinwand
- Dia: »Heimfahrt der Könige« (Bild & Kunst Verlag, Bonn)
- Dia: »Noach« (Bilder der Hoffnung, Kösel Verlag, München)
- Großes blaues Tuch
- Die Zeichen der vier Elemente: Wasser = Wasserschale mit Rose, Erde = Gartenerde und Steine, Feuer = Kerze, Luft = Taubenfeder im Wind
- Kreuz aus zwei Ästen

Musik

- Orgel

- Wo möglich: Klavier oder Instrumente (Klarinette/Gitarre/Drums)
- Wind- und Wasserklänge über CD (z.B. »Schakuhachi« tvd-Verlag Düsseldorf)
- CD-Player

Beteiligte Personen

- Liturg(in)
- Prologsprecher(in)
- Drei geübte Szenesprecher(innen)
- Sechs Mitarbeiter(innen) beim Legen des Welttuchs
- Sechs Mitarbeiter(innen) in der Zeichenhandlung
- Ein(e) Bildsteller(in)

Sonstiges

- Nach der Feier: Tee, Kaffee und Glühwein auf dem Platz vor der Kirche
- Gute Gelegenheit auch für den Verkaufsstand der ökumenischen Eine-Welt-Initiative

Gottesdienst

Wer lässt ihn ein?

Die Glocken läuten. Über eine gute Tonanlage werden Wind- und Wasserklänge eingespielt. Bis auf die kleinen Seitenleuchten und ein stark reduziertes Licht im Altarraum sind die elektrischen Lichter im Raum gelöscht.

Prolog

Sprecher(in)

Er kommt.
Wer lässt ihn ein?
Wer lässt sich ein auf seine Ankunft?
Wem kommt es darauf an, dass er kommt?
Wer, sag, lässt es darauf ankommen?

Begrüßung

Liturg(in)

Noch einmal sind wir zusammen, die Propheten zu hören. Sacharja war es am ersten Sonntag. Johannes der Täufer am zweiten. Jesaja am vergangenen. Und heute Hosea. Unerhörtes haben sie uns zu sagen. Unerhört Ernstes und unerhört

Schönes. »Den glimmenden Docht, er wird ihn nicht auslöschen ...« Hört selbst!

Lesung

Sprecherin

»Nicht mehr lange, da werde ich mit ihnen einen Bund schließen. Mit den Tieren des Feldes und mit den Vögeln des Himmels. Und die Bogen und die Schwerter und die Rüstungen unter euch sollen nicht mehr sein. Dann werde ich den Himmel hören, und der Himmel wird die Erde hören, und die Erde wird euch hören. Und keinen mehr wird es geben, der ungehört bleibt. Einsäen werde ich mein Volk in fruchtbares Land. Den Elenden wird es an Erbarmen nicht mangeln. Wie ein Tau am frühen Morgen will ich sein. Israel soll blühen wie eine Lilie und Zweige tragen wie der Ölbaum und duften wie eine Linde. Und rühmen soll man mein Volk wie den Wein des Libanon ...!«
(Hosea 2 und 14)

Orgel, Klavier oder Instrumente und Gemeinde

»Ubi caritas«
(EG 608/Badischer Anhang)

Die Orgel oder die Instrumente intonieren und führen in den Gesang. Die Gemeinde singt sich ein, wird mehrstimmig und wiederholt einige Male.

Liturg(in)

Tagesgebet

Gott, der du einsteigst in die Miseren der Welt, dem Kreislauf von Willkür und Unverstand, Macht und Verblendung mit Macht entgegentrittst, komm uns entgegen! Stell dich ein in unserer Kurzatmigkeit und Vergesslichkeit, durch die wir uns nicht nur selbst gefährden, sondern zur Bedrohung und Gefahr längst der ganzen Kreatur geworden sind! Komm uns entgegen und stör sie, unsere Kreise, damit es noch Aussicht hat, unser Leben, heute und morgen und so lange du meinst!

Orgel, Klavier oder Instrumente und Gemeinde

»Kyrie eleison«
(EG 178.9)

Die Orgel stimmt an. Die Gemeinde singt sich ein und wird mehrstimmig.

Zeichenhandlung

Schon während der letzten »Kyrie«-Töne machen sich MitarbeiterInnen von ihren Plätzen auf, kommen von hinten durch den Mittelgang des Kirchraums in den vorderen Teil des Altarraums, breiten im Zugang zum Altarraum (vor dem Kahn) ein blaues seidenes Tuch aus, markieren es nach allen Himmelsrichtungen mit den Symbolen der vier Elemente. Im Zentrum des Weltentuchs: ein gebundenes Ast-Kreuz. Nach Abschluss der Zeichenhandlung intonieren die Orgel, das Klavier oder die Instrumente »O Heiland, reiß die Himmel auf«.

Orgel, Klavier oder Instrumente und Gemeinde

»O Heiland, reiß die Himmel auf«
(EG 7.1-4)

Im Zeichen der Taube

An der Altarwand: »Die Heimfahrt der Könige« (Rostocker Altar). Über die Tonanlage werden Wind- und Wellengeräusche eingespielt. Nach ein paar Sekunden völliger Stille:

Sprecher(in) 1

Und dann? Dann kamen sie! Nicht viele. Weniger als eine Handvoll. Aber wo es anfängt, das Neue, sich löst aus dem Alten, das Bisherige vergangen sein lässt, so das Evangelium – da ist es nicht die große Kulisse, eher die kleine: die »zwei oder drei in meinem Namen«. So auch damals, im Hafen dort!

Kleine Pause

Mein Gott, seht doch! Sie kommen. Über Wasser, im Schiff. Was werden sie mitbringen? Was sagen? Sie werden sich das alles ganz anders vorgestellt haben, damals, als sie loslegten. Nicht gleich von Anfang an: Da waren sie noch Feuer und Flamme. Aber danach dann, als sie die Szene zu durchschauen begannen. Nur immer wieder von Neuem mit

Rostocker Altar (Die Heimfahrt der Könige)

Informationen gefüttert und vor Karren gespannt zu werden – es reicht uns. Im ewig trüben Spiel der Interessen nur immer weiter mit zu rudern – nein, wir wollen das nicht. Wir wollen es nicht für uns, nicht für andere und schon gar nicht für die, die heute noch gar nicht geboren sind, aber darauf hoffen, in einer Welt zu leben, die es gut mit ihnen meint. Dass man sie zu Hause, wo alle gespannt waren und auf Ergebnisse warteten, nicht als Helden empfangen würde – nun ja, sie konnten es sich ausmalen. Aber der Reihe nach!

Sprecher(in) 2

Angefangen hatte diese sonderbare Ausschergeschichte auf einer dieser großen Konferenzen jenseits des Meeres. International hoch angesehen war dort die Crème de la Crème versammelt: die Besten und Bekanntesten der Zunft. Alarmierende Gerüchte machten die Runde: »Die Meere sterben. Es muss was geschehen. Besser heute als morgen ...« Andere wiegelten ab: »Aber nun mal langsam, ist doch alles gar nicht so schlimm ...« Einig war man sich darin, sich den Fragen zu stellen, obwohl es etliche gab, die heftig davon abrieten. Nein, so die Überzeugung der anderen: Einfach abtauchen, das gehe nicht, man würde sie verdächtigen, ihnen Schwäche vorwerfen, argumentative Verlegenheit, das aber würde ihre Reputation empfindlich schwächen und die Financiers davon abhalten, ihren Projekten weltweit die Unterstützung zu entziehen ... Und so kam es, wie es kam: Die Verhandlungen zogen sich. Aus Tagen wurden Wochen, aus Wochen Monate.

Sprecher(in) 1

Da hatte einer der Illustren nachts einen Traum. Wie ein heftiger Disput sei es gewesen. Nur, dass es dort nicht nur um Theoretisches und schon gar nicht um etwas Nebensächliches, sondern über die Maßen ums schiere Überleben gegangen sei. Und der, mit dem er's zu tun gehabt habe, das sei auch nicht einer der vielen Kongresskollegen gewesen, sondern einer, überaus erschreckend, der auf sein »Ich« nur immerzu mit »Ich aber« geantwortet habe.

Sprecher(in) 2

Wie? Du rufst mich um Hilfe? Willst meinen Rat? Nein, ich helfe dir nicht. Du hast dir die ganze Zeit selbst geholfen. Inspiriert von der Allmacht, wie du sie verstehst, hast du aus deiner winzigen Weltecke heraus die Erde erobert. Hast deinen Sieg weit in die Flanken der Berge, in den Schoß der Erde, auf die Linien des Wassers, in die Gründe der Meere geschrieben. Und nun, da du auf Leichnamen stehst, von Albträumen geplagt, die Angst in dir hochkriecht, kommst du und forderst die alten Verheißungen ein.

Sprecher(in) 1

Fordern?

Sprecher(in) 2

Meine Blauwale, meine Landvögel, meine Falter, meine Bäche, meine Wälder ... Nein, ich fordere sie nicht. Auch meine Luft und meine Böden, meine Flüsse und Meere, meine Sonnen und Planeten nicht. Und auch meine Völker nicht – die Pruzzen und Huronen, die Papuas und Tasmanier. Erinnerst du dich, kennst du sie noch? Ich mochte sie von Herzen. Aber ich fordere sie nicht. Nicht mal meine Treuesten. Auf Scheiterhaufen habt ihr sie gestellt, habt sie verbrannt, ihre Kadaver in Brunnen geworfen. In meinem

Namen. Und nun klagt ihr, das Wasser sei faul. Was habe ich euch versprochen, was ihr euch nicht selbst geholt hättet!? Und heute, da kommt ihr und haltet mir entgegen: Großmächtiger Gott, hast du die Menschen nicht zu deinem Bild und Gleichnis gemacht, du selbst!? Wie recht ihr habt: zu meinem Bild und Gleichnis! In der Tat, so meinte ich's und meinte es gegen alle Zweifel so, noch lange! Doch wenn ihr mich heute nach den Zederntoren des neuen Jerusalem fragt, dann bitte ich euch, die Rechnung nicht ohne den Wirt zu machen. Die Pracht des neuen Jerusalem: für eure Herrenhäuser und Machttempel habt ihr es gebraucht, mein Schönstes eurer Gier und Eitelkeit ausgeliefert. Nein, ich fordere sie nicht. Doch erinnert euch und stellt die Wahrheit nicht ganz auf den Kopf!

Sprecher(in) 2

An Schlafen sei jetzt nicht mehr zu denken gewesen. Und schon habe er sein Bündel packen, sich auf und davon machen wollen, da habe sich ihm der nächtliche Gast noch einmal in den Weg gestellt:

Sprecher(in) 1

Weißt du eigentlich, wie es mit Noah war? Auf dem Wasser damals, als die Stürme tobten und die Wellen gingen und es nur eine Frage der Zeit war, wann es aus und vorbei sei mit ihm und den anderen im Kahn?

Kleine Pause

Ich bin zu ihm gekommen. Als Taube. Im Schnabel ein Ölzweig, klein genug, vom Vogel gerade noch getragen werden zu können. »Leben soll sein«, habe ich ihm ausgerichtet. »Verstehst du? Leben. Der Tod soll es nicht länger im Würgegriff halten. Aufblühen soll es. Die Wüste zu einem Garten werden!«

An die Wand des Altarraums wird »Noach mit der Taube« projiziert.

Noach mit der Taube

Kleine Pause

Sprecher(in) 2

Wie es weiterging dort drüben? Zu welchen Ergebnissen es kam beim Treffen der Megagelehrten? Die Ankömmlinge wussten es nicht. Es interessierte sie auch gar nicht mehr. Sich loseisen wollten sie: die Irrfahrt beenden. Und das taten sie. Fürs Erste zumindest. Denn irgendwann, so hatten sie sich vorgenommen – würden sie wieder ausfahren und ihre Suchfahrt fortsetzen. Nicht mehr zu den alten Bedingungen. Zu ganz neuen. *Im Zeichen der Taube.* Weiter hinein in das Leben, das ihnen mit Überraschungen kam, wie sie noch keine erlebt hatten zuvor. Weiter hinein in seine Schönheit. Weiter hinein in diesen geheimnisvollen großen Zusammenhang, dass es die Erdbeben und Stürme und Gewitter gerade nicht sind, die Gott uns Menschen in die Hand gibt, nicht einmal Sommer und Winter, Ebbe und Flut, Tag und Nacht – dafür andere und das umso mehr: Kleines und Zerbrechliches, kaum Beachtetes und schnell wieder Vergessenes, jedermann Zugängliches und komplex miteinander Verbundenes, alles eigentlich, was ohne die Ausfahrt derer, die mit Augen und Ohren, Herz und Verstand unterwegs sind, nie eine Chance hätte:

Kleine Pause

Sprecher(in) 3

Der Schlaf der Kinder/Das Glatteis der Wagehälse/
Die Sprachlosigkeit der Einsamen/Der Spielplatz der Liedermacher/Der Fluchtort der Verirrten/Der Baum der Singvögel

Orgel, Klavier oder Instrumente

Sachte Zwischentöne

Sprecher(in) 2

Gott ein Kind?

Sprecher(in) 1

Gott ein Kind. An unser Innerstes will er. Uns wegholen, wo wir uns in alles Mögliche verrennen. Und hinführen, wo wir uns als Menschen wiedererkennen. Mag sein, zum ersten Mal. Gott in sein Herz schauen, ich kann es nicht. Aber vielleicht ja sollen wir das – und hält Gottes Traum noch immer in Kraft!

Das Wandbild bleibt stehen

Orgel, Klavier oder Instrumente und Gemeinde

»Es kommt ein Schiff geladen«
(EG 1.8)

Sprecher(in) 3

Ausfahren im Zeichen der Taube?

Sprecher(in) 1

Nicht ans Haben und Behalten will ich glauben.
Nicht ans Raffen und Geizen, die Überlegenheit und die Macht des Stärkeren.

Alle

Ans Schenken und Empfangen, Verzeihen und Verbinden, an Freundlichkeit und Klarheit wollen wir glauben.

Sprecher(in) 2

Nicht an den Mehrwert des Geldes will ich glauben.
Nicht dass Menschen besser sind, wenn sie klug sind und reich und sich gut verkaufen.

Alle

Dass alle Menschen »Kinder des Lichts« und
wie die ganze Kreatur Geschöpfe der Liebe sind, wollen wir glauben.

Sprecher(in) 1

Nicht an Mauern und Grenzen,
Rassen und Ideologien will ich glauben.

Alle

An freie Länder, offene Häuser,
gastfreie Menschen in allen Farben und Völkern wollen wir glauben.

Sprecher(in) 2

Nicht an den Geist,
der auseinander reißt, will ich glauben.

Alle

An den Geist, der die Teile zum Ganzen fügt, wollen wir glauben.
Was getrennt ist und verwundet, suchen wird er es und verbinden. Fürst des Friedens wird man ihn heißen.

Orgel, Klavier oder Instrumente und Gemeinde

»O, adoramus de, Domine«
(Aus: Chants de Taizé, Freiburg)

Die Orgel, das Klavier oder die Instrumente führen in den Gesang. Die Gemeinde singt sich hinein, wiederholt einige Male, wird leiser, wird lauter. Das geht eine Weile. (Alternativvorschlag: Gut geeignet hier auch »Halleluja«/EG 181.2/Strophen 1.3.4)

An Bord

Liturg(in)

Und nun kommt und stärkt euch und gebt euch ein Zeichen!

In Gruppen bilden die Feiernden um den Kahn einen Kreis. Fladenbrot und Trauben werden gereicht. »Das Stück Brot, das du isst: Es ist dir gegeben, dass du lebst, dass du liebst, dass du Teil hast am Ganzen.« »Die Traube, die du nimmst: Sie wird dir gegeben, dass du lebst, dass du liebst, dass du stark wirst zur Hoffnung.« Nach der Zeichenhandlung geben sich die Schiffsleute nach rechts und links die Hand: »Schalom.« Während der ganzen Zeit wird die Musik der Bambusflöte (CD a. a. O.) eingespielt. (Alternativvorschlag: Improvisation der Orgel, des Klaviers oder der Instrumente.)

Gebet

Liturg(in)

Gemeinde erhebt sich von den Plätzen

Barmherziger Gott, uns immer voraus: Bevor wir dich Vater riefen, hast du uns als Mutter umsorgt. Wo wir dich in den Himmel hoben, kamst du uns als Bruder entgegen. Und als wir deine Brüderlichkeit besangen, erging die Antwort schwesterlich. Gott: nie nur meiner, immer auch der anderen, der Menschen, der Völker, der Geschlechter und Arten, der Vögel und Blumen, der Lüfte und Meere, der Abgründe und Höhen, der Lebenden und Toten. Wie die Frage der Antwort, die Sehnsucht der Ausfahrt, die Liebe dem Leben: bist uns, Barmherziger, immer voraus. Ach, wär es so weit, der Festsaal offen, das Warten zu Ende: Maranatha!

Vater Unser

Orgel, Klavier oder Instrumente und Gemeinde:

»Dein Reich komme!«
(Aus: »Lasst uns den Weg der Gerechtigkeit gehen« in »Mein Liederbuch/Ökumene heute«, tvd-Düsseldorf 1992, 171/B)

Gemeinde setzt sich

So segne uns Gott

Orgel, Klavier oder Instrumente

Zwischentöne

Segen

Liturg(in)

Wir wollen
finden
was verloren/
suchen
was verirrt/
heilen
was verletzt ist.
Dazu segne uns Gott/
Der Vater/Der Sohn/Die Heilkraft des Geistes!

Orgel, Klavier oder Instrumente und Gemeinde

»Macht hoch die Tür«

(EG 1.1+4)

Vor der Innenstadtkirche ist ein kleiner Adventsmarkt aufgebaut, auf dem man verweilen, miteinander reden, eine Tasse Kaffee, ein Glas Tee oder Glühwein trinken oder Kleinigkeiten und Nützlichkeiten (Kaffee, Tee, Gewürze, Honig aus fairem Handel) besorgen kann.

(7)
Gott, dein Schrei kommt in den Armen zur Welt
Ökumenischer Advent mit Schüler(innen) der Sekundarstufen

Liturgischer Baukasten

Die Gelegenheit

- Einkehr in den Advent zu Beginn der ersten drei Adventswochen (von und mit Schülerinnen und Schülern der Sekundarstufen)
- Dauer: 40 Minuten
- Wochenbeginn (erste oder letzte Vormittagsstunde)
- Die Schritte haben eine feste Struktur und sind doch in Details variabel
- Sie ist leicht auf andere (Gemeinde)Gruppen und Gelegenheiten zu übertragen
- Alternativvorschlag: Die Einkehr auf zwei Schritte oder einen Schritt verkürzen

Der Raum

- Gestalteter Raum für 25–30 Personen (Musiksaal, Kunstraum, kleine Mensa)
- Gestaltungsmotiv: »Am Rand der Wüste«
- In der Raummitte am Boden: eine Collage aus Sand und Stein, Gehölz und getrockneten Pflanzen. In deren Mitte: eine große, brennende Kerze
- Die Schülerinnen und Schüler sitzen auf Papphockern oder Teppichen. In Reserve weiter hinten: Stühle. Im Hintergrund: die Raumtische (gegen die Wände gestellt) begrenzen den Raum

Materialien

- Papphocker, Teppiche. In Reserve: Stühle
- Großes Tuch (zur Anfertigung der Collage)
- Sand, Steine, Trockenpflanzen (zur Kennzeichnung der Wüste)
- Gartenerde, Gras oder Farn (zur Kennzeichnung von Blühte)
- Drei große Kerzen (1. Advent, 2. Advent. 3. Advent)
- 15–20 Windlichter (auf den Raumtischen im Hintergrund und vor der Collage)
- Bildminiaturen der Pachamama (In: Bärbel Wartenberg-Potter »Die Reise der Pachamama«, Kreuz Verlag 1989)

Musik

- Tonanlage oder CD-Player
- Handtrommel, Triangel, Schellen)
- Musiken und Lieder aus folgenden CDs:
  »Venite Exultemus« (Ateliers et Presse de Taizé), »Unsere Not in deine Hände« (tvd-Verlag Düsseldorf), »Mein Liederbuch/Ökumene heute« (tvd-Verlag Düsseldorf), »Ein-

mal Himmel und zurück« (Kontakte Musikverlag Lippstadt), »Klezmer Feidtman Celebration« (Pläne Verlag Dortmund)
- 14- bis 18-Jährige sind nicht die großen Sänger(innen).
  Dennoch empfiehlt es sich, den einen und anderen Gesang im Unterricht bekannt zu machen
- Alternativvorschlag: eigene Musik zu Beginn, am Schluss oder in den Verschnaufpausen dazwischen mit Klavier, Gitarre, Klarinette, Flöte, Akkordeon

■ Beteiligte Personen

- Liturg(in)
- Vier Raumgestalter(innen)
- Zwei Bild- und Tontechniker(innen)
- Sechs Sprecher(innen)

■ Sonstiges

- »Einkehr in den Advent« (ein gut gemachtes Plakat, rechtzeitig platziert, fällt ins Auge)
- »Herzlich eingeladen« (eine persönliche Einladungskarte, gut gemacht, spricht an)
- Nicht vergessen: nicht nur die Schülerinnen und Schüler, auch die Lehrerinnen und Lehrer, die Sekretärin und der Hausmeister freuen sich über »Herzliche Einladung« (und so mancher und manche wird kommen)

Gottesdienst

Schrei hinaus (Erster Schritt)

Die Gekommenen versammeln sich um die »Wüsten-Collage«. Papphocker, Teppiche und Stühle stehen bzw. liegen bereit. Über die Tonanlage wird aus CD »Venite exultemus« »O Lord, hear my pray'r« eingespielt. In der Collage wird die große Kerze entfacht, an ihr die Windlichter im Hintergrund des Raumes und »Am Rand der Wüste«. Alle anderen Lichter im Raum verlöschen.

Kurze Begrüßung und Eröffnung

Liturg(in)

Die Großen wird er vom Thron stürzen, die Niedrigen erheben, die Hungrigen mit Gütern füllen und die Reichen leer ausgehen lassen ... Komm, Gott, bring es zu Ende, lass uns nicht länger warten: die Tränen der Welt, du siehst sie doch, was wartest du? Ja, so die Christen der ganz frühen Zeit:

nicht mehr lange, dann ist es so weit. Und damit sich ja nichts dazwischen drängte zwischen sich und ihre Hoffnung, grüßten sie sich: »Maranatha! Komm, Gott, lass uns nicht länger warten!« Und wenn wir Advent feiern, dann ist das auch unsere Hoffnung. Maranatha! Am Rande der Wüste, seid herzlich gegrüßt!

Sprecherin 1
Von ihrem Platz aus

Die Kerze – klein und leicht zu übersehen – flackernd und immer gefährdet – und ob du durchkommst, steht dahin – doch Licht – es rührt sich was – in die Starre kommt Bewegung – ins Verhangene Klärung: erster Schritt.

Lesung

Sprecherin 2
Von ihrem Platz aus

»Tröstet, tröstet mein Volk! Redet freundlich mit Jerusalem und ruft ihr zu: Schluss mit der Fron, eure Schuld ist beglichen! Horcht, eine Stimme: In der Wüste bahnt sich Gott seinen Weg! Die Täler sollen sich erheben, die Hügel und Täler sich senken, das Höckerige soll zur Ebene und die Höhen zu Talsenken werden! Gott lässt seine Herrlichkeit sehen – und alle sollen es sehen!« (Jesaja 40.1-5)

Assoziationen

Liturg(in)

»Wüste« erzeugt Bilder, stellt Verbindungen her, weckt Erinnerungen. Eine Schülerin erinnert sich an ihre Freundin, deren Mutter schwer krank wurde. Ein Schüler daran, dass keine Sekunde vergeht, ohne dass nicht irgendwo auf der Welt ein Kind an Hunger oder Krankheit stirbt. K. hat das Bild eines Kindes im peruanischen Hochland dabei: er legt es in die Collage und spricht ein Gebet, das er gefunden hat:

Sprecher 3

»Schrei hinaus, in alle vier Winde, was deine Augen sehen! Menschen, die mit erhobenen Fäusten Brot einklagen! Kinder mit dunklen Augen und leeren Händen, sie irren durch die Berge, über Müllhalden, werden vom Terror zu Waisen gemacht! Gott, es ist ein Weinen in der Welt. Bist du es, der schreit?«

W. assoziiert anders. Sein Augenmerk fällt auf die »Spur«, die sich in der Wüste abbildet. Er spricht von Anne Frank, hat ein Bild von ihr dabei, legt es in die Collage und liest ein paar Zeilen aus ihrer Zeit im Amsterdam Hinterhaus:

Sprecher 4

»Seit gestern ist es draußen herrlich. Ich bin richtig aufgekratzt. Fast jeden Morgen gehe ich zum Speicher hoch, um frische Luft zu atmen. Vom Fußboden aus, meinem Lieblingsplatz, sehe ich ein Stück vom blauen Himmel, sehe den kahlen Kastanienbaum, an dessen Zweigen kleine Tropfen schillern, auch die Möwen, die mir in ihrem Gleitflug wie aus Silber vorkommen. Solange es das noch gibt, denke ich dann, diese strahlende Sonne, diesen wolkenlosen Himmel, und ich das noch erlebe, darf ich nicht traurig sein ...«

Zwischenmusik

Aus der CD »Einmal Himmel und zurück« wird der Titel »Sterne« eingespielt

Meditation

Sprecherin 5
Von ihrem Platz aus

Solange es das noch gibt ... Neulich habe ich eine Geschichte gehört: Blinde junge Leute luden andere, nicht blinde zu einer Ausstellung ein. Mit einem Blindenstock in der Hand tasteten sie sich durch eine Dunkelheit, die die nicht Blinden so noch nie erlebt hatten: kein Schimmer Licht, keine Umrisse, für die Augen nicht den geringsten Halt. Im ersten Raum ließen Vogelzwitschern und Wasserplätschern die Vorstellung aufkommen, durch einen Park zu gehen. Wie da durchkommen? Werden wir hinausfinden? Wachsende Unruhe. Im zweiten Raum weckten Verkehrslärm und eine Bordsteinkante die Vorstellung, über eine belebte Kreuzung zu gehen. Erst mal stehen bleiben, sich nicht bewegen. Der aufkommenden Angst so weit wie möglich standzuhalten versuchen. Langsames Weitertasten dann, vorbei an Figuren aus Holz und aus Stein, von denen wir nicht wussten, wie empfindlich sie waren und wie stabil sie standen. Höchste Konzentration. Nach langen Minuten endlich: angekommen. Wir hatten es geschafft, atmeten aus und hatten uns eine Menge zu erzählen. Was war geschehen? Die Spur war da. Und ans Ziel kamen wir auch. Aber nicht mit den Augen, die wir hatten. Anderes musste einspringen: das Tasten mit dem Stock, das Schritt-für-Schritt, das Hören der Begleiterstimme, die Berührungen mit den anderen. Wir ließen uns darauf ein. Und mit der Zeit veränderte sich etwas. »Wir sahen.« Nie hätten wir es für möglich gehalten!

Lied

Aus CD »Unsere Not in deinen Händen« wird »Gib mir deine Hand« eingespielt. Einige singen mit, die anderen hören sich in die Musik hinein und gehen ihren Gedanken nach.

Segen

Die Feiernden stehen auf und geben sich die Hände, sodass um die Collage ein großer Kreis entsteht.

Liturg(in)

Gott segne uns die Erde, auf der wir stehen!
Gott segne uns den Weg, auf dem wir gehen!
Gott segne uns das Ziel, für das wir leben!
Erster Advent!
Maranatha!

Aus CD »Venite exultemus« wird »In manus tuas« eingespielt und verklingt.

Und Maria sang (Zweiter Schritt)

Wieder ist es »O Lord, hear my pray'r«, womit die Einkehr eröffnet wird. In der Collage werden zwei große Kerzen entfacht, davor das Bild der indianischen Pachamama gelegt. Die Windlichter im Raum und »Am Rande der Wüste« werden angezündet. Die elektrischen Lichter im Raum verlöschen.

Kurze Begrüßung und Eröffnung

Sprecher 1
Von seinem Platz aus

»Es werde, es werde hell auf der Erde! Aus klein werde groß, aus wenig werde viel, aus dunkel werde hell. Aus Trauer werde Freude, aus Hass werde Liebe, aus Wüste werde Garten. Aus heute werde morgen, aus Worten werden Taten, aus Erde werde Himmel. Aus Knospe werde Blüte, aus Korn werde Ähre, aus Tropfen werden Meere. Es werde, es werde hell auf der Erde!«
(Aus: Peter Janssens Musikverlag Telgte)

Lesung

»Und Maria sprach: Meine Seele erhebt den Herrn, und mein Geist frohlockt über Gott, meinen Heiland. Hingesehen hat er auf die Niedrigkeit seiner Magd. Von jetzt an werden mich selig preisen alle Geschlechter. Großes hat mir der Mächtige getan, heilig sein Name. Seine Barmherzigkeit währt von Geschlecht zu Geschlecht über denen, die ihn fürchten. Mit seinem Arm hat er Macht ausgeübt, die Hochmütigen zerstreut, Mächtige vom Thron gestoßen und Niedrige erhöht, Hungrige mit Gütern erfüllt und Reiche leer ausgehen lassen. Israels hat er sich angenommen, um ihm Barmherzigkeit zu erweisen, wie er es zugesagt hat früh schon Abraham und allen den anderen und vielen bis in Ewigkeit.«
(Evangelium nach Lukas 1.46-55)

Sprecherin 2
Von ihrem Platz aus

Assoziationen

Marias Lied löst spontane Reaktionen aus. Wer ist Maria? Was weiß man von ihr? Wer sind ihre Eltern? Hat sie Geschwister? Wie hat sie gelebt? Sie muss jung gewesen sein, als sie schwanger wurde ... Wie war das damals? Und wer ist der Vater ihres Kindes? Aber auch solche Sätze fallen: »Frauen sind schon immer die Verlierer gewesen, daran hat sich bis heute nichts geändert. Die Männer führen das große Wort, und die Frauen müssen es ausbaden ...« F. erzählt von einer Frau in ihrem Haus, die von ihrem Mann immer wieder geschlagen wurde und sich nicht traute, darüber zu sprechen und sich helfen zu lassen. F. legt eine Hochzeitsanzeige aus der Wochenendausgabe und ein zerschnittenes Hochzeitsbild aus der Illustrierten in die Collage. N. ist übers Wochenende auf einen literarischen Text gestoßen, der sich mit dem hebräischen Mädchen mit Namen Mirjam beschäftigt und deren Lebensgeschichte erzählt. Den Text hat sie mitgebracht, dazu Marc Chagalls »Tanz der Mirjam« (Maria Laach, Kunstverlag), die sie in die Collage legt:

Liturg(in)

und maria sang/
ihrem ungeborenen sohn/
»ich juble zu gott meinem befreier«.

kaum lesen ja konnte maria/
und schreiben und reden auch nicht/
verboten im bethaus der männer/
der mann-gott mochte es nicht leiden.

dafür aber sang sie/
ihrem ältesten sohn/anderen söhnen/

Sprecherin 3
Von ihrem Platz aus

anderen töchtern/eigenen fremden/
»gott befreit/nichts muss bleiben wie es ist!«

und doch/
am tag als jesus die werkstatt und ihre familie verließ/
um im namen gottes/
und mit dem feuer des täufers ihren gesang zu leben/
erschrak sie.

und ihre ängste/
bestätigten sich aufs schlimmste/
versteinert stand sie sprachlos/
als jesus am galgen vergeblich nach gott schrie.

Dumpfe Trommelschläge

Sprecher 1
Von seinem Platz aus

später viel später/
blickte maria ratlos von den altären auf die man sie stellte/
und glaubte an eine verwechslung als sie die vielfache mutter zur jungfrau hochgelobt wurde.

und sie bangte/
um ihren verstand als immer mehr leute auf die knie vor ihr fielen/
und angst zerpresste ihr herz je inniger sie die machtlose frau um wunder angefleht wurde.

am tiefsten aber verstörte sie/
der heuchlerische kniefall der mächtigen und schergen gegen die sie einst gesungen/
voll hoffnung und kraft.

Wirre Klänge der Triangel und Schellen

Sprecherin 3
Zunächst von ihrem Platz aus, dann erhebt sie sich und geht ein paar Schritte

und maria trat aus ihren bildern/
und kletterte von den altären herab und wurde das mädchen courage/
die heilige kecke jeanne d'arc und auch serafina vom freien geist/
rebellin gegen hierarchie und männermacht.

und bot in käthe der kräutermuhme aufständischen bauern versteck/
und wurde millionenfach als hexe verbrannt zur ehre des

götzen und war die kleine therese/
und die pachamama der indios/
in ihren armen die kinder der ärmsten.

und sie war/
und sie ist maria/
vielleibig vielstimmig/
die große hoffnung ihres gesangs.

Kurt Marti

Zwischenmusik

Aus CD »Venite exultemus« wird »Gott ist nur Liebe« eingespielt.

Meditation

Den Feiernden wird eine Miniatur der indianischen Pachamama geschenkt. Ein paar Worte zur indianischen Tradition der »Mutter Erde«. Ein paar Worte zur christlichen Tradition der »Schutzmantelmadonna«. Eine ganze Weile Zeit, in das Bild noch weiter hineinzukommen.

Sprecherin 2
Von ihrem Platz aus

Sagt es allen weiter/
sagt ihnen/
fürchtet euch nicht/
Gott ist unterwegs!

Das geknickte Rohr/
er wird es nicht zertreten/
den glimmenden Docht/
er wird ihn nicht auslöschen!

Nicht in den Sternen,
den Palästen, den Schaufenstern,
den Parolen/
sucht ihn!

Wo die Welt/
ein Zeichen braucht/
ein Zeichen des Lebens, Hoffnung, Mut/
dorthin geht und fürchtet euch nicht!

Zwischentöne

Aus CD »Unsere Not in deinen Händen« wird »Lasst uns den Weg der Gerechtigkeit« eingespielt. Einige summen und singen mit, andere gehen ihren Gedanken nach.

Segen

Die Feiernden stehen auf und geben sich nach rechts und links die Hände, sodass um die Collage ein großer Kreis entsteht.

Liturg(in)

Es segne euch Gott, der Vater,
er ist der Raum, in dem ihr lebt.
Es segne euch Christus, der Sohn, er ist der Weg,
auf dem ihr geht.
Es segne euch der Geist, die Heilkraft des Lebens,
sie ist das Licht, das euch leuchtet.
Zweiter Advent.
Maranatha!

Aus CD »Venite exultemus« wird »In manus tuas« eingespielt und verklingt.

Erkennungszeichen (Dritter Schritt)

Noch einmal wird »O Lord, hear my pray'r« eingespielt. In der Collage werden drei große Kerzen angezündet, dazu die anderen Kerzen im Raum. Alle anderen Lichter verlöschen.

Kurze Begrüßung und Eröffnung

Sprecherin 1
Von ihrem Platz aus

630 nach Christus. Lange würde er nicht mehr leben. Mohammed weiß es. In seiner Höhle, so die Überlieferung, betet er:

»O Gott, setze Licht in mein Herz!
Licht in meine Seele! Licht auf meine Zunge!
Licht in meine Augen! Licht in meine Ohren! Licht zu meiner Rechten! Licht zu meiner Linken!
Licht hinter mir und vor mir! Licht unter mir und über mir!
Licht in mein Fleisch! Licht in mein Blut!
Licht in meine Haare! Licht in meine Haut!
Erleuchte mich aus deinem Licht!«
Unbekannt überliefert

Lesung

»Das Volk, das im Finstern wandelt, sieht ein großes Licht, und über denen, die im Dunkeln wohnen, scheint es hell. Gott, sie freuen sich vor dir, wie man sich zur Ernte freut oder wenn Beute geteilt wird. Das Joch, das auf ihnen lastet, und der Stock ihrer Treiber: du zerbrichst sie wie damals in Midian. Und die Schuhe, die mit Gedröhn daher kommen, dazu die Mäntel voller Blut: du verbrennst sie, machst sie zum Fraß des Feuers. Denn – ein Kind ist uns geboren, ein Sohn uns gegeben. Die Herrschaft kommt auf seine Schulter. Und sein Name wird sein: Wunderbarer Rat, Starker Gott, Ewiger Vater, Fürst voller Friede. Seine Herrschaft wird groß sein und der Friede auf Davids Thron ohne Ende. Und Recht und Gerechtigkeit werden von seinem Königreich ausgehen ...«.
(Jesaja 9.2-7).

Sprecherin 2
Von ihrem Platz aus

Assoziationen

Die Assoziationen sind wieder sehr spontan und vielfältig. Die »mit Gedröhn daherkommenden Schuhe« assoziiert eine Schülerin mit »Gleichschritt-Marsch«. Ein Schüler spricht Neo-Nazi-Demonstrationen an: neulich erst war wieder eine, juristisch nicht zu verhindern. Ein anderer meint: »Springerstiefel, die haben doch viele von uns an ...« Ein Kollege möchte den Traum, von dem der Text spricht, aufnehmen und hat dazu Zeilen von der Unterschiedlichkeit der Wappentiere mitgebracht:

Ihre Tiere?
Adler, Doppeladler, Löwe, Wolf.

Sprecher 3
Von seinem Platz aus

Seine Tiere?
Der Fisch, das Lamm, die Taube, der Sperling.
Und als ihm Herodes mörderisch ans Leben wollte, war es der Esel, der ihn über die Grenze brachte. Und als er am Ende nach Jerusalem einzog, da war es der Esel noch einmal.

V. nimmt die Rede vom »Kind« noch mal auf. »Wie im Märchen kommt es mir vor, wenn ich den Propheten erzählen höre. Also von Kindern, da weiß ich es anders. In der Stadt gibt es Stadtteile, in denen die Kinder, so scheint es, gar keine Rolle mehr spielen. Viele sind da nicht mehr. Und wenn, dann irgendwo auf der Straße, vor den Geschäften oder irgendwo im Hinterhof, aber keinen kümmert es. Oder eben, du siehst sie überhaupt nicht, ganze Tage lang, da sitzen sie an ihrem Computer und drücken ihre Spiele ... L. erzählt eine andere Geschichte:

Sprecherin 4
Von ihrem Platz aus

Ich habe mit einem Kind gespielt.
Es lachte die ganze Zeit.
Ich auch.
Wir verstanden uns gut miteinander.
Die Zeit verging wie im Flug.

Eine Sekunde Pause

Warum werden Menschen vom Lächeln eines Kindes entwaffnet?

Eine Sekunde Pause

Weil sie sich gegen ein Kind nicht verteidigen müssen. Vor einem Bewaffneten fürchten sie sich. Er könnte seine Bewaffnung gegen sie einsetzen. Nicht vor einem Kind. Dort zählt anderes. Kann ich dir trauen? Willst du mein Freund sein? Ist es schlimm, wenn man verliert? Und wenn du traurig bist, was dann?

Zwischenmusik

Aus CD »Klezmer Feidtman Celebration« wird »Vos du vilst, Dos vil Ich oych« eingespielt.

Meditation

Sprecherin 1
Von ihrem Platz aus

Wie zur Erntezeit wird es sein!
Oder wenn Beute gemacht wird!
Schluss mit dem Hunger!
Schluss mit der Bedrohung!
Schluss mit der Angst!
Dem ewigen Immer-nur-Ich!

Ein Kind wird uns geboren!

Sein Name?

Was ich habe – ich will es nicht für mich!
Was ich habe, was ich bin – ich will es mit dir teilen!
Die Macht, die Gier, die unsägliche Angst, zu kurz zu kommen – nichts wird bleiben, alles wird neu!

Kindermacht wird's richten!

Kleine Pause

Aber das Kind wird Gefährten brauchen!
Freundinnen und Freunde, die ihm helfen, auf die Füße zu kommen und sich zurechtzufinden.
Werde ich mich finden lassen?

Musik

»Einsam bist du klein« aus CD »Mein Liederbuch/Ökumene heute« wird eingespielt. Einige singen mit, andere hören sich in die Musik hinein und gehen ihren Gedanken nach.

Segen

Die Feiernden stehen auf und geben sich nach rechts und links die Hände, sodass um die Collage ein großer Kreis entsteht.

Liturg(in)

Es sollen gesegnet sein die Völker aller Rassen, die Menschen aller Klassen.
Gesegnet sein sollen Himmel und Erde, Wolf und Lamm.
Schwarze und Weiße und Christen,
Muslime und Hindus, Sektierer und Heiden: Brüder und Schwestern sollen sie werden.
So segne uns Gott zum Segen der Welt und Frieden des Lebens!

Aus CD »Venite exultemus« noch einmal »In manus tuas«

Wenn die Melodie verklungen ist, gehen die Schülerinnen und Schüler und alle anderen in ihr Tägliches zurück.

(8)
Das Lied der Maria

Sonntag früh im späten Advent

Liturgischer Baukasten

- Die Gelegenheit
  - Der Advent war lang
  - In ein paar Stunden ist Weihnachten
  - Kleine Liturgie
- Der Raum
  - Kirche, Gottesdienstraum
- Materialien
  - Am Adventskranz: vier brennende Kerzen
  - Der Weihnachtsbaum darf noch eine Weile warten
- Musik
  - Orgel
  - Vielleicht ist ein musikalischer Gast zu Besuch, der eine Zwischenmusik spielt
- Beteiligte Personen
  - Liturg(in)
  - Organist(in)
- Sonstiges
  - Am Grundmuster der Kleinen Liturgie soll sich nichts ändern. Und doch ein Vorschlag: Als Einstieg in die Lesung ließe sich an eine Marienpantomime (mit Scheinwerfer und Musik) denken. Motiv: »Wie, Engel, ich?«
  - Wenn es sich einrichten lässt, der kleinen Gemeinde an diesem Tag die Miniatur der »Pachamama« zu schenken (mit dem gekürzten »Magnificat« als Beigabe), wäre das wie ein Faden für das, was mit Stall und Krippe seine Fortsetzung nimmt

Atem holen

Vorspiel der Orgel

Gruß

Liturg(in)

Gnade sei mit euch und Friede von Gott, unserem Vater, und von dem Herrn Jesus Christus. Ich grüße Sie zum Gottesdienst. Vierter Advent. In ein paar Stunden ist es so weit. Ein letztes Mal Hinschauen, Hinhören, Verschnaufen. »Bist du es, der da kommen soll?« Wir werden sehen.

Gemeinsames Lied

Orgel und Gemeinde

»Wie soll ich dich empfangen?«
(EG 11.1-4)

Pachamama (Jane Ray, London)

Tagesgebet

Liturg(in)

Du schaust mich an, guter Gott, und weißt. Weißt, wie ich wurde. Weißt, wer ich bin. Was ich wünsche, mir ausdenke, sehnlich erhoffe, offen liegt es vor dir. Was ich nicht wahrhaben will, ängstlich verstecke, dass es ja keiner merkt, es bleibt dir nicht verborgen. Und das Bild, das ich mir von mir selbst mache, und alle die anderen, die ich mir täglich und weltmeisterlich ausdauernd von anderen mache, sie liegen vor dir wie ein aufgeschlagenes Buch. Aber auch das, Barmherziger, entgeht dir nicht: dass ich mich in diesem angestrengten Versteckspiel und Machen von Bildern unwohl fühle und mir meine Wundpunkte eine Last sind, an der ich schwer trage. Und dann, o Gott, ist es gut zu wissen, dass ich das alles nicht mit mir selbst ausmachen muss, sondern du es bist, der sich einstellt neben mir, dein Engel, und mir zusprichst: »Fürchte dich nicht!«

Zwischenspiel

Die Orgel nimmt die Melodie von eben noch einmal auf und improvisiert.

Schön und wahr

Liturg(in)

Lesung

(Evangelium nach Lukas 1.46–55)

Anrede

Menschen, Dinge, so fremd sie auch sind: mit Worten, Bildern kann es gelingen, näher an sie heran zu kommen. Nicht so das Besondere. Das braucht Besonderes: große Bilder, außergewöhnliche Bilder. Wie Lukas sie malt gleich am Anfang seines Evangeliums.
Elisabeth, eine alte Frau. Gerne hätte sie Kinder gehabt. Aber nicht alles, was du dir wünschst, tritt ein im Leben. Längst hat sie sich damit abgefunden. Und auf einmal: Elisabeth wird schwanger. Die Hoffnung ihres Lebens, sie erfüllt sich. Und Elisabeth hat Schwestern, frühere. Von denen wird Ähnliches erzählt. Sarah zum Beispiel: schwanger auch sie erst

in hohem Alter. Oder Hannah: Sie ist unfruchtbar, aber eines Tages kommt Samuel zur Welt. Und da ist Maria, das Mädchen aus Nazareth, Elisabeths ganz junge Schwester: Sie »weiß von keinem Mann« und wird schwanger.

An den Knotenpunkten der Geschichte Gottes mit seinem Volk geht es nicht mit rechten Dingen zu. Da greifen sie nicht, die Üblichkeiten. Da muss Gott selber ran: Geschichte schreiben. Wo die Fruchtbaren gebären und die Unfruchtbaren unfruchtbar bleiben, wo die Mächtigen herrschen und es sich die Ohnmächtigen gesagt sein lassen müssen, wo die Hungrigen leer ausgehen und die Reichen nur immer reicher werden, überall dort also, wo sich die Hoffnung zu verzehren scheint und alles gerade so weitergeht, wie es schon immer war, und keiner da, der es sieht, und keiner da, den es kümmert, und keiner da, der dagegen etwas unternimmt. Überall dort wird die Welt auf die Füße gestellt: den Knechten die Freiheit, den Hungrigen Brot und den Unfruchtbaren die Fülle des Lebens zugesagt. Und davon singt Maria.

Marias Lied. Es sind die alten Worte, die Hannah, die Unfruchtbare und dem Spott ihrer häuslichen und heimischen Umgebung Ausgesetzte, lange vor ihr gesungen hat, vermischt mit neuen, eigenen, die ihr die Besonderheit des Augenblicks und das Glück ihres Herzens eingaben. Maria singt. Doch was sie singt, das ist nicht ihr privates Lied, sondern das auch ihres Volkes, das seine großen Stunden und seine Abgründe und alles das andere dazwischen immer schon in Liedern erzählt hat und dessen Geschichte anders gar nicht denkbar wäre. Gebet und Kampf – in Marias Lied findet beides zusammen. Dabei tut sie etwas, was Frömmigkeit, wirkliche Frömmigkeit immer tut: »Sie lobt Gott, der Ja sagt zum Leben, zum Glück und zu den Schmerzen, und Nein sagt zu Unterdrückung und Hunger« (Dorothee Sölle).

In ein paar Tagen ist Weihnachten. Was für eine Einstimmung! Auch im Stall ja hört es auf, mit rechten Dingen zuzugehen. Wie anders auch, wenn man gewohnt war, gewöhnt wurde, über Jahre, Jahrzehnte, Generationen, des großen Rätsels Lösung nicht länger als Demonstration menschlicher Macht oder gigantisches Himmelsereignis zu erwarten und mühsam begreifen sollte: »Nein, nicht wie gehabt, anders, ganz anders. Die Wölfe werden bei den Lämmern weiden und die Panther bei den Böcken schlagen und die Kinder mit den Schlangen leben und in den Wüsten wird es zu leben beginnen ...« Und wie sich das alles erklärt, zum Anfang einer neuen Wirklichkeit wird? Weil sich Gott selber daran gemacht hat, sein Rätsel zu klären: »Er äußert sich all seiner G'walt/ wird niedrig und gering/und nimmt an eines Knechts Gestalt/ der Schöpfer aller Ding.« Nein, mit rechten Dingen geht es da wahrlich nicht mehr zu!

Wie nun? Ist sie wahr, die Geschichte vom Mädchen aus Nazareth? Ist er ihr begegnet, der Engel? Und hat sie das Kind tatsächlich zur Welt gebracht, ohne Zutun eines Mannes? Zu fragen ist da einiges, ganz bestimmt. Nur aber: Wer ist es, der fragt? Und: Was will die Frage? Wenn es unsere Hoffnung ist, die fragt, wird sie es nicht zulassen, an der Wahrheit der Geschichte der Geburt zu zweifeln. Ob es sich so, wie sie erzählt, auch tatsächlich zugetragen hat oder ob da ein paar Blumen mit eingebunden wurden, wird dann nicht von Belang sein, weil es auf das Ganze ankommt, nicht auf Teilchen. Ist sie oder ist sie nicht, die Kraft unserer Hoffnung? Das ist das entscheidende Maß. In ihr lassen wir uns ein auf Marias Lied, von ihren Bildern uns berühren, von deren Klang und Schönheit uns an die Hand nehmen und ihn gehen, unseren Weg. Und mit jedem Gesang werden wir dem Festsaal näher kommen, in dem es gefeiert wird, das »Bündnis des neuen Himmels mit der neuen Erde«: alles noch in Vorbereitung, aber die Musik ist schon deutlich zu hören, die Lichter schon klar zu erkennen. Manchmal ja hilft es, nach den Teilchen zu fragen. Da kommt es um alles in der Welt darauf an, dass 2 x 2 vier ist und nichts anderes. Aber manchmal, da musst du das lassen und zwischen die Zeilen. Da nützt es dir nichts mehr, es so oder anders zu benennen. Da steht dir nur alles im Weg. »Vom Himmel hoch, da komm ich her.« Wie, sag, könnte dieses Lied *ohne Wahrheit* sein? Oder »Brich an, du schönes Morgenlicht«. Wie, sag, könnte dieser Choral aus Johann Sebastian Bachs Weihnachtsoratorium *ins Leere gesungen* sein? »Es gibt Wahrheiten, die durch nichts als ihre Schönheit bezeugt werden, und es gibt Schönheiten, die nichts als wahr sein können« (Fulbert Steffensky).

Aber dass Gott die Welt liebt, noch eine Menge mit ihr vorhat: ist das nicht alles ein bisschen *zu schön, um wahr zu sein?* Nein, und in ein paar Tagen werden wir davon hören. Fassen konnte es noch keiner. Schon damals nicht. Was sie sahen, die Hirten, dort drüben im Stall, bei Ochs und Esel, gar nicht weit weg von ihnen, sie begriffen es nicht. Und dass sie es waren, ausgerechnet sie, die dem Kind am nächsten waren und sich Dinge taten, wie sie noch keiner vor ihnen sah, kam ihnen wie ein Witz vor, den man sich wieder mal über sie, die Kleinen, machte. Lass gut sein, Engel, und verschon uns: Wir sind einfache Leute, haben anderes zu glauben! Ja, so hätten sie sagen können – aber sie taten es nicht: taten es anders und gingen und liefen und kamen an und sahen und sangen mit Maria ihr Lied!

Gemeinsames Lied

Orgel und Gemeinde

»Das Volk, das noch im Finstern wandelt«
(EG 20.1.2.7.8)

Stärke uns

Schlussgebet

Liturg(in)

Vier Tage noch, Gott Adonaj. Dann werden wir uns sehen. Bethlehem schon fast zu sehen. Wir bitten dich für uns und alle mit uns. Zu tun ist so vieles: um das, was du für uns tust, soll es uns gehen. In Atem hält uns so vieles: zu Atem kommen, weit werden, wäre jetzt gut. Von so vielen Lichtern sind wir umgeben: dass wir es schaffen, deinem zu folgen, bitten wir dich. Ja, die Wichtigkeiten, die sich uns aufdrängen und von denen wir überzeugt sind, es sind so viele. Aber zum Stall, zum Kind, zur Geburt des »neuen Himmels und der neuen Erde«, da kommen sie ins Straucheln, da verhallen die Parolen und verebben die Pfade. Da musst du es schon selbst sein, der uns führt und ankommen lässt!

Stille

Vater Unser

Sendung und Segen

Liturg(in)

Viele kleine Leute/
die an vielen kleinen Orten viele kleine Dinge tun, werden das Gesicht der Erde verändern/
Geht eure Wege!

Die Gemeinde steht auf, gibt sich nach rechts und links die Hand.

Gott/
Anfang und Ende/
Grund und Ziel unseres Lebens/
Segne und behüte uns/
Lass leuchten dein Antlitz über uns/
Und stärke uns mit deinem Frieden!

Segenslied

Orgel und Gemeinde

»Komm, Herr, segne uns«
(EG 170.1.3)

Advent II

Kolumnen, Zugänge, Meditationen, Ansprachen

(1) Riss in der Hoffnungslosigkeit

Zugang

Das Paar, das es schwer mit sich hat, könnte sagen: So ist das nun einmal. Wir waren unsere Zeit zusammen, aber unsere Liebe ist krank, nichts ja dauert ewig, also gehen wir auseinander. Und die alte Frau, die die Bombennächte erlebt hat, könnte sagen: Kriege hat es immer gegeben. Der Mensch ist halt so. Die einen und die anderen: Vielleicht würden sie sogar weniger leiden, wenn sie sich mit den Korruptionen einverstanden erklärten. Aber – sie tun es nicht. Sie rücken den Liebhaber des Lebens an sich heran. Und so bleibt ihr Leben nicht stumm und in sich verfangen. *So kommt ein Riss in ihre Hoffnungslosigkeit.* So gewinnen sie eine Sprache für die Sache, die sie treibt: für ihren Schmerz, ihre Liebe, ihre Angst. Und wer eine Sprache hat, der kann widerstehen.
Die Zerstörungen, die dem Leben angetan werden, haben eine große Überzeugungskraft. Die Liebe, die zerbricht – die Freundschaft, die verraten wird – der Terror, der herrscht – die Bomben, die gebaut werden – der Hunger, das Elend, die unendliche Not: Das alles sind Belege dafür, es mit der Hoffnung zu lassen und statt zu werfen, sich lieber zu ducken, um so vom Unglück zumindest nicht ganz getroffen zu werden. Es ist schwer, der Süße der Hoffnungslosigkeit nicht zu verfallen. Ich nenne die Hoffnungslosigkeit süß, weil sie nichts von uns verlangt außer: dass man sich ihr hingibt. Sie verlangt keinen Aufschrei, keinen Zorn, keinen Protest. Sie verlangt nur unsere Müdigkeit und dass man sie nicht störe. *Wer aber Gott erwartet, sein Ankommen, dessen ergebene Hoffnungslosigkeit bekommt Sprünge.* Der setzt sich in Widerspruch zu den Erfahrungen der Vergeblichkeit und Unabänderlichkeit, denn die wären der Tod!

Fulbert Steffensky

(2) Mag sein, wir begegnen uns noch

Am letzten Adventssonntag war vom Kommen des Schalom zu predigen (Jesaja 35.3f.). Irgendwann lag Post in meinem Briefkasten. Verfasser unbekannt. Er beschreibt sich als »abstinenten Alkoholiker, der seine erste Entwöhnungsbehandlung hinter sich hat«. Er schreibt seinen Brief, weil er sich »im späten Advent so schlecht wie sonst kaum fühle und seit Jahren immer mal gerne bei euch reinschaut in der Kirche ...« Ich entscheide: Am Sonntag werden die Zeilen gelesen.

»Hallo, Jesus. Bald ja ist es wieder so weit. Freust du dich auf deine Geburt? Wird wieder ein Riesenfest geben, 'ne richtige Party. Die ganze Welt wird dabei sein. Und laut und teuer wird es werden. Die wenigsten, was meinst du, werden wissen, warum sie feiern. Und früher, glaub ich, war das keinen Deut anders. Irgendwelche eifrigen Missionare, so habe ich mir sagen lassen, hätten dem uralten Mittwinterfest schnell 'ne christliche Fassade verpasst. Schluss – ganz schön bequem! Wenn du dich sehen ließest, hier in der Stadt zum Beispiel: nicht mal zu deiner eigenen Party würden sie dich einladen! Einer, der auf der Straße lebt, unter Brücken, mit Leuten seinesgleichen? In den Knast oder in die Psychiatrie würden sie dich stecken. Foltern würden sie dich wohl nicht mehr wie damals, und vom Herrn Direktor würdest du sogar ein Päckchen Tabak bekommen. Überhaupt: In Tränen würden sie ausbrechen, die Hartgesottenen. Nicht weil dein Geburtstag so traurig ist, sondern weil sie ihrer Kindheit nachtrauern. Früher hatte die Welt noch Geheimnisse. Doch die Wunder sind vorbei. Sie haben sie abgeschafft, und die sie abgeschafft haben, sind die gleichen, die heute ihre Tränen vergießen. Sie haben die Technik an ihre Stelle gesetzt, denn glauben (oder so was) brauchst du dann nicht mehr, kannst dich ganz der Illusion hingeben, die Dinge und die Menschen unter Kontrolle zu haben. Für Kinder schlechte Zeiten. Nur für die Kinder? Du wirst es haben kommen sehen, Jesus: Dein Name, deine Ideen – sie haben sie missbraucht. Wer ist in deinem Namen nicht alles gekommen! Heute, du weißt, können wir Menschen uns mit dem Tod gleich dutzendfach bedrohen – ist doch was!? Und geändert hat sich auch das: Ochs und Esel sind heute keine Geschöpfe der Natur mehr, sondern mit Hormonen und Antibiotika vollgestopfte Experimente. Und die Drei Weisen aus dem Morgenland, weil fremd und von dunkler Hautfarbe, werden von Skinheads verprügelt. Auszuhalten ist das alles nur, weil es ab und zu noch welche gibt, die meinen, es gäbe dich wirklich, Jesus – klein bisschen Grün am fast toten Zweig! So, Schluss jetzt. Ich will den Brief noch zum Briefkasten bringen. Vielleicht ja erreicht er dich. Auf deiner Riesenparty, denk ich, werden wir uns nicht sehen, aber vielleicht treffen wir uns irgendwann anderswo ...«

(3) Der tägliche Advent

Alles hat ein Ende, das meiste schon davor. Als Kinder wussten wir, die Schulstunden sind vorüber, wenn du auf die Uhr schaust und feststellst, nur noch fünf Minuten. Und als Erwachsene wissen wir, die Ferien enden beim Grenzübergang, auch wenn es nach Hause noch etliche Kilometer sind und ein paar Tage bleiben. *Vieles hört auf, auch wenn es noch gar nicht zu Ende ist.* Die fünf Minuten auf dem Bahnsteig, ehe der Zug abfährt: Worte werden gesprochen, Signale gegeben, die es lange schon wert gewesen wären. Und die Woche? Noch dauert sie an, aber gelaufen war sie schon gestern, als sich das Gespräch mit dem Kollegen zwischen Anklage und Achselzucken in nichts auflöste, oder spätestens heute, als ich die Wochenendausgabe aus dem Briefkasten holte und unter den Stellenanzeigen für mich wieder nichts dabei war. Und war da nicht wer, dem ich sagen wollte, du, pass auf, ich bin das nicht, als den du mich siehst, und es doch nicht sagte? Und war da nicht jemand, von dem ich hören wollte, du, wir packen das, vielleicht nicht gleich heute und mit Sicherheit nicht allein, aber zusammen und mit etwas Zeit ganz bestimmt, und es doch nicht hörte? Und waren da nicht Augenblicke, wo ich dachte: mein Gott, da ist nichts mehr, lass sein, es geht dir besser ohne mich? Oder Stunden, in denen ich mir wünschte, es noch mal angehen zu dürfen, anders als beim ersten Mal, aber spüre, es wieder nicht zu schaffen, weil ich nach Gewohnheiten handle, von denen ich mich nicht lösen kann? Vieles hört auf, noch bevor es zu Ende ist: nicht zu leugnen. Und Rezepte dagegen, geschwinde und einfache, gibt es nicht. Aber die ganze Wahrheit ist das nicht. *Vieles beginnt und ist doch noch gar nicht zu sehen.* Die Begegnung mit Menschen: Wie wird es werden, ich bin neugierig. Die Arbeit des Tages: mal sehen, wie es kommt. Der Abend: Ich will ihn mir unbedingt freihalten. Die geschmückte Stadt: Ich will mir für sie Zeit nehmen. Die Lieder der Kinder ... die Geschichten der Alten ... der mühsam schöne Weg nach Bethlehem: Wie wird es sein, ich bin gespannt. Es ist so vieles, was sich nicht länger verstecken möchte: ans Licht will. »Schau mal, hör mal!« »Längst schon wollte ich dir sagen, aber ich hab mich nicht getraut!« Mit der Schule Weihnachten zu feiern: nichts für M. von der »11«. Weihnachten? Gottesdienst? Gemeinsam mit den anderen? Der Clique wäre es schwer zu vermitteln, cool ja ist anders. In diesem Jahr will M. dabei sein: mitspielen, Regie führen. »Ich brauch einen Ort, an dem ich meinen Platz habe!« Ich weiß nicht, ob ich verstanden habe. Irgendwann wollen wir noch mal darüber reden ... Hermann Hesse war ein großer Geschichtenerzähler. Aber manchmal wünschte er sich, ein bisschen malen zu können. Wenn ich malen könnte, notierte er einmal, würde ich ein Haus malen: ganz klein, hoch droben auf den Bergen, mit viel Dunkel drum herum, Sturm und Kälte und wenig Aussicht zu bestehen und würde dann in dieses Bisschen, mitten hinein, einen Punkt setzen aus leuchtendem Gold und mein Bild überschreiben *»Keine Angst«.* Diesen leuchtenden Punkt in deinem Bisschen, diesen täglichen Advent. Doch, es gibt ihn. Auch in deinem Leben. Gleich heute. Gleich hier. Für dich. Mit dir. Probier's!

(4) Was hindert dich

So nimm dein Bett und geh! Und der Gelähmte, lebenslang gefesselt – er zögert nicht und geht. Nein, setzt noch eines drauf – und läuft, wie einer nur laufen kann. Denn er lebt – und alle sollen es sehen. Nun ja, alle denn auch wieder nicht. Denn die Welt ist voller Pessimisten, und die wissen es besser – immer schon, alles schon. Und wenn sich die Dinge verändern, Umstellung erfordern, Neubestimmung nötig machen, dann ist ihre Stunde gekommen. Haben wir's nicht gleich gesagt?, so ihr Hosianna dann und lassen recht herzlich grüßen. Dass wir uns nicht missverstehen: Natürlich ist nicht immer drin, was draufsteht, und natürlich muss ordentlich nachgedacht und gehörig gezweifelt werden. Aber das Leben braucht Rückenwind. Der Schritt über die Straße – er geht nicht ohne den Sog nach vorn. Und das Verkaufsgespräch – es wird sich im Sand verlaufen ohne die Imagination des Erfolgs. Ohne die Grundinvestition Hoffnung wird keiner genesen, keiner 'ne Wohnung finden, sich keiner verlieben. So sehr wir als Menschen in unserer Entwicklung geschoben werden, wieder und wieder: durch Hunger, durch Angst, durch Gier – im Entscheidenden werden wir gezogen: von unserer Sehnsucht, unseren Träumen. Und der stärkste aller Träume (ich lass ihn mir nicht nehmen) ist der Mensch – wie er sein kann und gemeint ist von dem, auf dessen Ankunft wir warten: liebenswert, freudefähig, versöhnungsbereit. Das Leben geht auf eine große Verwandlung zu, auf eine Verwandlung ins Licht – und am Ende wird auch der Tod nicht mehr sein. Und das alles sollte mich kalt lassen? Wenn wir doch nur das Jammern ließen. Nichts beherrschen wir professioneller. Dabei merken wir gar nicht, wie sehr es uns bindet, aus dem Vollen zu schöpfen. Immer ist da was und immer ist einer Schuld und immer ist es der andere. Mein Gott, wie langweilig! Aber sag, was tue ich selbst, die Situation zu verbessern? Und hab ich es, wenn es beim ersten Mal danebenging, ein zweites Mal versucht? Eine Nuss, die man zwischen zwei Kopfkissen knackt, wird das Leben nie sein. Was also ist? Klug und ohne Falsch, einfallsreich und fleißig, vertrauensvoll und großzügig – willst du dich so? Was aber hindert dich dann, noch heute damit anzufangen? Nimm, was du brauchst. Der Anlauf zur Geburt des Kindes ist der Start auch deiner Neugeburt. Noch 19 Tage. Bis dahin, versprich es dir, hast du aufgeräumt oder Frieden geschlossen oder die längst fällige Trennung vollzogen oder Arbeit angenommen (fast egal welche). Auch deiner Eltern könntest du dich wieder erbarmen oder den Kollegen im Krankenhaus besuchen – hast damit lange genug gewartet. Geh ihn, den ersten Schritt deines Advent. Der Heiland? Er kommt – doch nicht ohne die Heilungsenergie, die du *selbst* bist. So also nimm dein Quäntchen und bitte und suche und nutze die Gelegenheit – und fang endlich an, von dir und deinem Nächsten gut zu denken!

(5) Tröstet mein Volk, Jesaja 40.1-11

Der Gottesdienst ist Teil einer prophetischen Einheit. Im Vorangegangenen wurde Sacharja gepredigt. Am Sonntag darauf würde es Johannes der Täufer sein. Als Abschluss Maria von Nazareth.

Trösten will Gott, von Herzen trösten. Und der Prophet soll ihm vorangehen, ihm den Weg bereiten. Aber das ja ist das Problem: Ich halt es nicht aus, kann es nicht glauben. Ich – mich trösten lassen? Ich hab keine Zeit, und das bisschen, das ich habe, ich will es nicht verludern. Und so bleibt es, wie es ist. Der Einsame in seiner Einsamkeit, der Deprimierte in seiner Traurigkeit, der Überforderte in seinem Stress, der Zynische in seinem Eiskeller.

Dabei wissen wir doch, wie gut das tut, einem Menschen eingestehen zu dürfen: Nein, es geht mir gar nicht gut – es ist mir, als wäre ich in Ketten – und manchmal, da meine ich, es verschlingt mich! Sich wieder zu finden, in die Balance seines Lebens zurückzugelangen – die Zentnerlasten, nein, nicht einfach abschütteln, doch mit ihnen umgehen zu können: Gott liegt daran. Er will sich, was ich mir so antue in meinem Leben, mir und anderen, als Wirklichkeit nicht bieten lassen. »Tröstet, tröstet!« Er sagt es gleich zweimal, damit klar ist: Es sollen die Trostlosigkeiten dieses Lebens ja nicht meinen, unbemerkt zu sein. Trifft es »sein Volk«, dann trifft es auch Gott. Also, Prophet – beginne dein Werk!
Nein – Illusionen macht sich Jesaja keine. Er kennt das Elend. Er erfährt es alle Tage, kann sich wie die anderen auch der Wucht der Verhältnisse nicht entziehen. *Des Elends äußere Seite?* Fremd zu sein, schutzlos, der Willkür der Sieger ausgesetzt. Die Heimat ein Ruinenfeld. Nebukadnezar hatte ganze Arbeit geleistet. *Des Elends innere Seite?* Quälende Erinnerungen, zerbröselnde Hoffnungen. »Schaut, so ist es! Wir lagern an Babylons Wassern, weinen und haben unsere Harfen in die Weiden gehängt. Da ist nichts mehr, die Lieder sind uns vergangen ...« (Psalm 137). Dieses ins Mark getroffene Volk, Prophet, schau es dir an! Du und die anderen, tut, was ihr könnt! »Tröstet es!« Gewinnt sein Herz!

Das aber heißt – in zwei Richtungen laufen zu müssen. Gegen die Übermacht der Sieger. In die zunächst. Denn von einem Ende der bestehenden und mühsam eroberten Verhältnisse wollen die natürlich nichts wissen. Was ist, das ist! Und gegen die Ohnmacht der Besiegten. In die sodann. Denn ein Leben jenseits der täglichen Demütigung und Aussichtslosigkeit, wie sich das vorstellen!? Es war einmal, aber ist nicht mehr! Auch heute heißt trösten, echt und befreiend, zuerst einmal das – hin zu gelangen ins Elend des anderen. Ihn anzutreffen dort auf seinem Terrain, seinem Wimmern, seiner Angst. Mit ihm zu hoffen: Doch, es wird das sein, dass ich sie überwinden werde, eines Tages, meine Aussichtslosigkeit und Ohnmacht. Der bisher eingeschlagenen, zur Gewohnheit gewordenen Richtung die ganz andere vorzuziehen, ist schwer. Und das – es selbst in die Hand zu nehmen, sein Leben, noch viel, viel schwerer. Mancher muss erst weite, weiteste Wege gehen, bis er feststellt, wie weit er sich von sich selbst entfernt hat. In Betäubung zu leben, ist einfacher.

Frage also: Was ist er mir wert, der Trost, der mich wirklich – also mehr als nur meine Fassade meint? Lasse ich mich ein auf ihn? Oder will ich nur das Alibi – und über das Ritual gleich wieder zur »Tagesordnung«, als wäre nichts geschehen? Oder will ich mich stellen, mich unterbrechen lassen, nach Fehlwegen suchen – Unterforderungen, Überforderungen, unklaren, falsch oder gar nicht gesetzten Prioritäten? Mich auf die Frage einlassen also, wohin es geht, mein Leben, und wer in ihm zu sagen hat. Und auf einmal kommt eine Menge Stoff ans Licht, mit dem wir uns noch kaum beschäftigt hatten. Mein Vater (so eine Schülerin der Neunten neulich) hat mir das Sprechen abgewöhnt. Er weiß einfach alles besser ... Ich weiß nicht, ob es im Leben einen trostloseren Ort geben kann als dort, wo es der andere immer schon weiß, besser weiß und ich mir selbst abhanden gekommen bin!

Auch der Prophet kommt nicht weiter. Doch er hilft sich, lässt sich helfen – setzt auf dieses andere, von dem er weiß, es ist. Gottes Mitgehen, sein Mit-dabei-auf-Dem-Weg. Und das lässt ihn ausrichten: »Ja, Prophet. Das Gras verdorrt, die Blume welkt. Ich aber war, noch ehe die Berge wurden und das Wasser und die Wüsten und die Sonne und alles, was lebt – und ich werde sein von Ewigkeit zu Ewigkeit!« Und also geht er hin – sucht sie auf und richtet ihnen aus: »Nein, Freunde, zu Ende ist gar nichts! Mit diesem Gott im Bündnis, nein, da ist nichts, auch nicht das Fremdeste und auch nicht das Dunkelste und auch nicht das Tödlichste und auch nicht eure Angst in diesem Leben das Letzte, sondern immer nur Vorläufiges – Zwischenstation zu etwas, was sich dahinter befindet und nach Anfang schmeckt. Gott selbst, so weiß er, hat sich aufgemacht, die Erschöpften aufzurichten und den Gedemütigten zu stärken. Und keiner soll es wagen, Hand an sie zu legen. Warum? Weil sie ihm am Herzen liegen. Und nichts wird ihn daran hindern, sein Ziel zu erreichen. Und müsste er »den Himmel zerreißen und die Berge ins Meer stürzen ...« Denn sein Name ist »Immanuel« – Gott für sein Volk, – zur Zeit der Väter schon, als er das Schreien seiner Kinder gehört und seine Unterdrücker hat wissen lassen, freundlich, aber deutlich: »Lass gut sein, göttlicher Pharao, es ist so weit, lass es ziehen, mein Volk, deine Zeit ist vorüber, ich habe mit ihm Großes vor: Schalom soll werden, Gerechtigkeit und Frieden!« Advent? Da kündigt sich einer an und Spuren tun sich auf. Nichts mehr wird sein, wie es noch war. Sein wird es, wie Gott es gewollt hat. Ob ich begreife? Meinen Part zu spielen lerne? Gegen alles ist halt so »es werden« lasse? Noch heute damit beginne?

(6) Der mit dem Kamel

Schrittweise Nein, nein: Meine Krippe bereits in den Adventstagen aufzubauen, wär mir zu früh! Was sollen Maria und Josef schon jetzt im Stall? Hirten und Könige weit vor der nächtlichen Geburt? Auch ich selbst bin längst nicht so weit, bin innerlich noch auf der Wanderung. Weit ist der Weg zur Krippe besonders für die drei Sterndeuter. Darum könnte ich wenigstens einen von ihnen schon mal auspacken, mit seinem Kamel. Ihn im Schlafzimmer aufstellen oder im Arbeitszimmer. Nächste Woche steht er dann schon auf dem Fenster des Wohnzimmers, auf der Kommode wandern auch Josef und Maria, deren Schwangerschaft man nicht sieht. Dann nehme ich mir Zeit für einen Waldspaziergang, sammle Zweige, Moos und Gräser für das Stallgebäude. Ich komme der Heiligen Nacht näher, Schritt für Schritt, und irgendwann bin ich hoffentlich da.

Hinrich C. G. Westphal

Advent III

Liturgische Miniaturen, Gebete, Fundstücke

(1) Flackerlicht

Begrüßung und Votum

Advent. Dein Zeichen die Kerze. Flackerlicht. Klein nur und leicht zu übersehen. Aber Anfang. Anfang, der hoffen lässt. Alles fängt einmal klein an. Wichtig nur, es fängt an, kommt in Bewegung. Gott will nicht länger draußen bleiben. Hell soll es werden, Erstarrung sich lösen. Die Tränen der Traurigen in das Lachen der Getrösteten sich verwandeln. So lasst uns feiern. Im Namen des Vaters und des Sohnes und des Heiligen Geistes – seid herzlich gegrüßt!

(2) Atme Stille

Prolog mit Zeichenhandlung

Am Boden des Altarraums liegt ein großes, gebatiktes Tuch, die vier Weltregionen veranschaulichend (Norden, Osten, Süden, Westen), symbolisiert in den Zeichen der Elemente: Wasser (Schale), Feuer (Öllämpchen), Erde (Torfgemisch), Luft (Taubenfedern auf weißem Sand). Die Himmelsrichtungen sind mit kleinen, noch nicht entzündeten Kerzen markiert. In der Mitte des Tuchs steht eine große, bereits brennende Kerze. Fünf Helfer(innen) betreten den Raum und bilden um die Collage einen Halbkreis.

Sprecher(in)

Atme Stille, atme Stille, atme sie hinaus/
Nimm sie auf und lass sie wachsen, gib der Ruhe freien Lauf/
Lass sie klingen, lass sie singen, deines Herzens Tür tu auf!

Kanon
(Begleitet durch Orgel oder Flöten)

Schweige und höre/ Neige deines Herzens Ohr/Suche den Frieden.
(Musik: aus England/Text: Pater Michael Hermes, Benediktinerabtei Königsmünster, Meschede)

Die Sprecher(in) holt sich die große Kerze aus der Collage und bleibt stehen. Die vier anderen Helfer(innen) machen sich mit ihren kleineren Kerzen in ihre Himmelsrichtungen im Kirchenraum auf. Die Sprecher(in) geht die Stationen langsam ab, zündet die Lichter an und spricht:

Sprecher(in)

Mein Licht für den Norden dieser Welt!/Mein Licht für den Osten dieser Welt!/ Mein Licht für den Süden dieser Welt!/Mein Licht für den Westen dieser Welt!

Sie geht zum Altar zurück

Sprecher(in)

Es werde, es werde hell auf der Erde/
Aus klein werde groß, aus wenig werde viel, aus dunkel werde hell/
Es werde, es werde hell auf der Erde!

(3) Lass mich verbunden sein

Tagesgebet

Allen,
die keine Heimat haben
und an der Straße liegen,
lass mich verbunden sein
in deiner Liebe.

Allen,
die fliehen müssen
und am Rande stehen,
lass mich verbunden sein
in deiner Liebe.

Allen,
die vertrieben werden
und in Baracken wohnen,
lass mich verbunden sein
in deiner Liebe.
Anton Rotzetter

(4) In dieser Zeit

Tagesgebet

In dieser Zeit deines Kommens, Herr, verwandelt sich die Welt, wird Krummes gerade, Hohes niedrig, Lautes leise, werden Traurige froh und Hungernde satt. In dieser Zeit deines Kommens, Herr, geht es um mehr als immer nur um mich, meine Befindlichkeiten, meine Eitelkeiten, und auch meine Wunden sind dann nicht mehr das Maß der Dinge. Denn in der Zeit deines Kommens, Herr, wird aus meinem Leben, in dem schon alles seinen Ort, seinen Takt und sein Maß hatte und von seiner Melodie, seiner wirklichen, schon kaum mehr etwas zu hören war, ein neues Lied – zu deiner Ehre.

(5) Der hoffen lässt

Tagesgebet

Barmherziger, nun kommst du zu uns. Wir sind dir in unserer Geschäftigkeit nicht zu geschäftig, in unserer Müdigkeit nicht zu müde, in unserer Ungeduld, der die Freude verloren gegangen ist, nicht zu ungeduldig. Nun kommst du zu uns, willst Herberge machen, wo wir (wie lange schon) auf der Flucht sind, willst Menschen das Gesicht, das sie verloren haben, wiedergeben. Und das auch: Ihr entgegen treten, der Dummheit und dem Hass, bevor sie gänzlich das Antlitz dieser Erde zerstört haben. Nun kommst du zu uns also und willst es mittragen, das Leben, das uns zur Last geworden ist, es aus Bruchstücken von Unglück und Versagen, Unvermögen und Schuld zu einem Neuen und Ganzen machen, auf dass es sich sehen lassen kann. So komm und mach mit uns, dass Frieden werde und Hoffnung für diese Welt!

(6) Weil du uns gibst

Gebet vor der Gabenteilung

Und so kommen wir zu dir, lieber Gott, an deinen Tisch. Kommen, weil du uns rufst. Nehmen, weil du uns gibst. Werden aufmerksam füreinander, weil du uns die Herzen und die Hände löst. Dir sei Lob und Preis!

(7) Licht der Welt

Dankgebet im Abendmahl

Dank dir, guter Gott, für dein Wort, das wir gehört haben. Dank dir für Brot und Wein, mit denen du uns gestärkt hast. Dank dir für das Licht, in das du unser Leben getaucht hast. Dank dir für die Freundlichkeit, mit der du uns begegnest. Lass es uns schätzen, was wir durch dich erfahren haben. Und lass es uns weitertragen, überallhin, wo es noch dunkel ist, das Leben schwer zu ertragen ist. Wehre der Selbstgefälligkeit. Wehre den Ausreden. Du kennst uns, Barmherziger: weißt um unsere Lust, in den alten Trott zu verfallen. Lass es nicht zu. Bring uns zu Recht. »Licht der Welt« zu sein: An deinen Tisch hast du uns gerufen, es uns in Brot und Wein in unsere Hände und Herzen gegeben. So lass uns werden, die wir sind, und hör nicht auf, uns wieder und wieder in den Weg zu treten und uns an unsere Zukunft zu erinnern!

(8) Ich glaube

Credo

Ich glaube, Gott, dass du an all meine Fehler geduldig einen neuen Anfang knüpfst./Ich glaube, dass du die Dunkelkammern meines Ichs in lichte Welten auftun wirst./Ich glaube, dass du mein kümmerliches Liebenwollen annimmst und hundertfach blühen lässt./Ich glaube, dass die Kette menschlicher Schuld in dir ein Ende hat. Ich glaube, Gott, an das Leben.

(9) Ich freue mich

Psalm 34 mit Schülerinnen und Schülern der Klasse 5

Im Gesamtschulzentrum ist ein Ökumenisches Bibeltheater eingerichtet, in dem Gruppen oder Klassen Ergebnisse ihrer Unterrichts- und Projektstunden einem größeren Publikum präsentieren. Manchmal werden auch Gäste aus benachbarten Schulen oder Gemeinden eingeladen. Klasse 5 c/d gab im Advent in ihre Beschäftigung mit Psalmen Einblick. Die Gruppe hatte eine Farbcollage von 4 x 3 m angefertigt, in der sich tiefdunkle Farben in kleineren und größeren Ringen in immer hellere und freundlichere verwandeln. Sprecherin 1 begann mit lauten Trommelschlägen, Sprecherin 3 und Sprecher 5 gehen Windgeräusche voraus, dem zweifach wiederholten Refrain wurden Takte von »Bei mir bist du schön« (Klezmer) unterlegt, die nach der Schlusswiederholung zu Ende gespielt wurden.

Sprecher(in) 1

Kommt her, hört mir zu!
Ich will euch von Gott erzählen!

Ein paar Takte Musik

Sprecher 2

Ich habe Mist gebaut!
Aber ich kann es keinem sagen!
Ich schäme mich!

Windgeräusche und Stille

Sprecherin 3

Als ich jemanden brauchte, hörte mir einer zu.
Und als mir nach Schweigen war, schwieg einer mit.

Ein paar Takte Musik

Alle

Gott, ich freue mich.
Laut jubelt meine Stimme.
Mein Herz sprudelt über.
Und auch die Traurigen machen mit.

Sprecherin 4

Was für ein Tag!
Schöner geht es gar nicht!
Noch nie hatte ich mit meiner Freundin Ärger, aber gestern war es so weit!
Ich wusste nicht mehr, ob ich ihr trauen kann!
Aber heute weiß ich: Ich kann!

Windgeräusche und Stille

Sprecher 5

Als ich meine Freude teilen wollte, machte einer mit.
Als meine Augen strahlten, strahlten zwei Augen zurück.

Kleine Musikpause

Alle

Gott, ich freue mich.
Laut jubelt meine Stimme.
Mein Herz sprudelt über.
Und auch die Traurigen machen mit.

Musik wird zu Ende gespielt, Gruppe geht ab.

(10) Bruchstücke

Im Altarraum liegen zwischen Laub und Zweigen zerbrochene Ziegelsteine verstreut

Kyrie und Gloria

Liturg(in)

Was uns umtreibt und belastet, Lebendiger, was wir gerne täten und doch unterlassen, wie wir uns wünschen und doch nicht sind, wir bringen es vor dich:

Gemeinde

»O Heiland, reiß die Himmel auf«
(EG 7.1)

Liturg(in)

Wir wären gerne großzügig: mit unserem Eigentum, mit unserer Zeit, mit unserer Achtsamkeit. Und doch – dann sind wir, wie wir sind: nur immer mit uns selbst beschäftigt und behalten es lieber für uns.

Gemeinde

»O Heiland, reiß die Himmel auf«
(EG 7.1)

Liturg(in)

Wir wären gerne erkennbar: mit unserem Glauben, mit unserer Hoffnung, mit unserer Liebe. Und doch – wir sind es nicht, sind verwechselbar, zögerlich und lassen die anderen allein.

Gemeinde

»O Heiland, reiß die Himmel auf«
(EG 7.1)

Liturg(in)

Gott, du stellst meine Füße auf weiten Raum, holst mich heraus aus dem Dickicht, setzt sie zusammen, die Bruchstücke meines Lebens, und weist mir neue Wege! So singen wir dir und loben dich:

Gemeinde

»Ich lobe meinen Gott, der aus der Tiefe mich holt«
(EG Baden 628)

Fürbitten mit Zeichenhandlung

Liturg(in)

Womit wir in unserem Leben nicht zurande gekommen sind, unsere Grenzen gespürt haben ... Was wir in unserem Leben zerstört, wo wir uns verweigert, es andere haben austragen lassen ... Was wir in unserem Leben versprochen, aber nicht gehalten haben ... Alle unsere Scherben, wir bringen sie vor dich und hoffen auf deine Barmherzigkeit.

Konfirmandinnen und Konfirmanden, Eltern und Paten, aber auch zahlreiche andere aus der Gemeinde lösen sich von ihren Plätzen, nehmen sich eine der im Altarraum verstreuten Ziegelscherben, legen sie in der Mitte des Raumes zu einem großen E = Erbarme dich, bleiben einen Augenblick stehen und gehen dann zu ihren Plätzen zurück.

So viele Teile. So viel Begonnenes und nie zu Ende Gebrachtes. So viel Begonnenes und schlecht zu Ende Gebrachtes. So viele Bruchstücke. Wir haben sie vor dich gebracht. Wo wir etwas gutmachen können, lass uns nicht zögern. Wo wir etwas schuldig geblieben sind, lass uns dazu stehen. Wo wir nur immer mit uns selbst beschäftigt sind, hilf uns heraus und lass uns in Beziehung treten. Für die Hungernden bitten wir dich: Es sind so viele auf der Welt. Für die Verzweifelten bitten wir dich. Für die Gehetzten und Einsamen, die Gelangweilten und Geängsteten, die Kranken und Sterbenden: Lass sie deine Nähe spüren und sei ihnen gut. Über alle die Teile und Bruchstücke aber lass leuchten dein Angesicht und füge es, Barmherziger, in der Kraft deiner Herrlichkeit zu einem Neuen und Ganzen. Wir lassen dich nicht, du segnest uns denn!

(11) Wir sagen euch an

Lichterweg zu Adventsbeginn

Die »GottesdienstWerkstatt«. 14 Leute. Seit Jahren mit der Ausgestaltung von Gottesdiensten und Liturgien beschäftigt. In der eigenen Gemeinde und in der Region. Heute ist sie (fast) unter sich. Sie feiert Jahreswechsel. Nicht den, wenn es laut ist draußen und die Funken sprühen. Den anderen: den zwischen Ewigkeitssonntag und Erstem Advent. Der mit den leisen Tönen. Um 17.30 Uhr treffen sie sich auf dem Friedhof der Gemeinde. Die Straßen des Stadtteils sind voller Menschen: erster verkaufsoffener Samstag. Der Einzelhandel wartet auf »klingende Kassen« und hat sich mächtig herausgeputzt. Ein paar Straßen dahinter, die Gärten entlang: der ganz andere Ort. Sie zünden Kerzen an, tauchen in die

Stille der Gräber ein, erinnern sich an die Gewesenen, an das »Lehre uns bedenken, Herr ...« (Psalm 39.5), lassen sich Zeit. Erinnerung dauert. Von weiter weg hören sie die Glocken den Advent einläuten. Sie machen sich auf, nehmen den Weg über den Waldrand durch die Gärten und ziehen mit Kerzen und Gesang in die Kirche ein: »Macht hoch die Tür!« Gottesdienst wird es heute keinen geben. Sie gehen zum Altar, stellen sich im Halbkreis, stecken am Kranz die Kerze an, verweilen, hören den Adventspsalm (24) und lassen es gut sein: »O wohl dem Land, o wohl der Stadt!« Danach tragen sie das Licht über das Rheinufer, nehmen es mit in die Wohnung des Freundes. Freundlicher Empfang, Abendessen an schön gedeckten Tischen. Zeit, sich Geschichten zu erzählen, einander »hinüber«zubegleiten. Mit dem Wegesegen des Gastgebers endet der Abend. »Schwebt ein Lied über dem Wasser, singt von Heimkehr und Geborgenheit ...«

(12) Lichtkraft

Sendung

Lichtkraft

Aus dem Himmel
eine Erde machen
aus der Erde
einen Himmel

wo jeder
aus seiner Lichtkraft
einen Stern ziehen kann

Rose Ausländer

(13) Wege, Wege

Sendung

Viele Wege kreuzen sich in mir. Immer gehe ich mehrere Straßen zugleich. Ich bin arm. Aber ich wäre reich, wenn unter diesen Wegen einer ein Ausweg wär.

Ernst Jandl

(14) Tränen trocknen

25 Jahre sind es her. Dänemark 1984: Heinrich Böll wird gebeten, einen Preisträger für eine Auszeichnung besonderen Engagements zu benennen. Er schlug das »Deutsche Notärzte-Komitee« vor und erklärte bei der Preisverleihung am 23. Oktober:

»Es ist schön, ein hungerndes Kind zu sättigen, ihm die Tränen zu trocknen, ihm die Nase zu putzen.
Es ist schön, einen Kranken zu heilen, einem Müden aufzuhelfen, sich um einen Einsamen zu kümmern. Über die Schönheit der Künste, eines Menschen oder der Natur können wir uns halbwegs einigen. Aber Recht und Gerechtigkeit sind auch schön. Wenn sie vollzogen werden, haben sie Poesie. Ich will Tuende ehren: Menschen, die wissen, wie es ist, auf der Flucht, vertrieben, unwillkommen zu sein, und zur Stelle sind ...«

Weihnachten I

Vespern, Metten, Gottesdienste

(1)
Du bist mein (Jesaja 43,1)
Weihnachtliche Gedenkfeier auf dem Friedhof

Liturgischer Baukasten

- Die Gelegenheit
  - Heiliger Abend auf dem Friedhof
  - Geliebte Menschen sind gestorben, Beziehungen haben sich gelöst
  - An Weihnachten (»Fest der Verbundenheit«) schmerzen diese Wunden doppelt
  - Eine einfache Form zu feiern, die es einem gestattet, es sein zu lassen, wie es ist, und doch von einer Geschichte zu hören, dass sich das Finstere »die Geburt des hellen Scheins« gefallen lassen muss, kann trösten

- Der Raum
  - Kapelle
  - Markanter Punkt des Gräberfelds (Kreuz, Baumgruppe, Weggabelung)
  - Einfach geschmückt

- Materialien
  - Weihnachtsstern
  - Große Kerze
  - Liedblätter mit sorgsam gewähltem (Titel)Bildmotiv

- Musik
  - Kleinorgel
  - Bläserensemble

- Beteiligte Personen
  - Liturg(in)
  - Geübte(r) Sprecher(in)

Sie schauen nach oben

Vorspiel der Orgel oder des Bläserensembles

Prolog

Liturg(in)

Sie schauen nach oben.
Warten auf den, der da kommen soll.
Doch von oben, da kommt er nicht.
Indessen, hinter ihrem Rücken,
der da kommen soll, kommt.

Begrüßung und Einstimmung

Ich grüße Sie zur Christgeburt. Wir beginnen sie, lange schon in der Gemeinde, auf dem Friedhof und gehen von hier in die weihnachtlich geschmückte Kirche. Auch damals hat Weihnachten auf dem Feld begonnen. Dass da noch etwas käme, das letzte Wort noch nicht gesprochen sei: Die Hirten hatten davon gehört, aber so recht glauben mochten sie es nicht. Hoffnungen, Träume? Dem Leben trauen? Wir? Früher mal, mag sein, als ihnen das Leben noch leicht kam. Doch je älter sie wurden und das Leben sich ihnen von Seiten zeigte, mit denen sie nie gerechnet hatten, desto deutlicher ging ihnen auf: Wind und Wetter – wie Kletten werden sie sich um dich legen! Und wenn es Zeiten gibt, wo es dir gut geht, werden andere kommen, wo du meinst, jeder Schritt, den du tust, könnte dein letzter sein! Und ob du dir selbst oder längst einem anderen gehörst oder ob das alles noch viel komplizierter ist und du überhaupt keinem gehörst, das alles wird sich auf dich legen. Und wenn du dich wehrst, es wird dir nichts nützen. Also dann: Halt sie mal klein, deine Schritte, und denke von Tag zu Tag. Aber auf einmal, tief in der Nacht, da trauten sie ihren Augen nicht!

Orgel und Gemeinde

»Herbei, o ihr Gläubigen«
(EG 45.1-3)

In tiefster Nacht

Das Weihnachtsevangelium — Sprecher(in)

(Evangelium nach Lukas 2.1-20)

Kantorei, Chor oder Singgruppe

»Weil Gott in tiefster Nacht erschienen«

Anrede

Liturg(in)

Ich möchte Ihnen eine Geschichte erzählen. Eine Weihnachtsgeschichte. Ihr Ort? Der Friedhof einer Stadt. Gar nicht so weit weg von hier. Die Geschichte handelt von einem Mann, der sich alles ganz anders vorgestellt hatte.
Klaus M. ist Pfarrer. Mit seiner Frau und seiner kleinen Tochter ist er im Herbst des vergangenen Jahres vom Dorf in die Stadt gezogen. In den ersten Wochen hatte er versucht, sich an seiner neuen Wirkungsstätte zurechtzufinden, Menschen kennenzulernen, Zugang zu ihrem Leben zu gewinnen. Leicht war das nicht. Wenn er in seinem Arbeitszimmer im dritten Stock des fünfstöckigen Mietshauses saß und zum fünfstöckigen Mietshaus auf der anderen Straßenseite schaute, kam er sich manchmal wie ein eingesperrter Vogel vor. Gerade vor Weihnachten, wenn er an seinem Schreibtisch oft ganze Tage saß und mit seiner Predigt beschäftigt war, manchmal bis tief in die Nacht. Der Gottesdienst an Heiligabend machte ihm besonders zu schaffen. Da war ein erster Entwurf, ein zweiter und dritter. Aber keiner brachte ihn weiter. Zu sehr mit dem Kopf gemacht, zu wenig durchs Herz gegangen ... kamen sie ihm vor. Aber sich lange Gedanken darüber zu machen, blieb ihm nicht. Denn das Telefon klingelte, und das Friedhofsamt meldete ihm eine Beerdigung. In der Wohnung eines der Hochhäuser sei ein alter Mann gefunden worden, tot, er habe sein Leben wohl nicht mehr ertragen, Hinterbliebene seien keine zu ermitteln, die Kosten übernehme die Stadt.
Den wenigen Papieren, die man fand, war zu entnehmen, dass es sich um einen nicht alltäglichen Toten handelte. Im Reisepass fanden sich Stempel aus Rom, Kopenhagen, Paris und anderen großen Städten der Welt. Der Verstorbene, so stellte sich heraus, war lange Jahre im Zirkus beschäftigt gewesen. Als Clown. »So etwas kommt hier immer wieder vor, Herr Pfarrer«, so freundlich der Mann vom Friedhofsamt: »Machen Sie's kurz. Gebet und Segen!«

Klaus M. versank in tiefes Grübeln. Wer ist es, den ich dort auf seinem letzten Weg begleiten soll? Was ist das für ein Mensch, der sein Leben lang damit zu tun hat, andere zum Lachen bringt – und dann, wenn er alt ist und es nicht mehr geht, irgendwo im vierten Stock mit sich alleine klarkommen muss? Wie er gewohnt hat, will ich sehen ... Der freundliche Besorger vom Friedhofsamt mochte ihm nicht widersprechen, kam vorbei, nahm ihn mit und zeigte ihm die Wohnung. Nichts Besonderes. Klein und aufgeräumt. Und alles auf seinem Platz. Leben, zusammengeschrumpft auf ein paar geräumte Quadratmeter. Im Hinterhof, wo früher einmal Kinder spielten, Beton und Garagen. Ja, so die Frau von nebenan: so ein paar Mal habe man sich gesehen ... ein paar Worte gewechselt ... aber wirklich voneinander gewusst, wo denken sie hin!? Aber das dann ... und so ... und hier auf dem Stockwerk!? Wir sind noch alle geschockt!
Der Sarg stand schon bereit und auf dem Wagen, als Klaus M. an Heiligabend auf den Friedhof kam. Dazu die Sargträger. Vier Männer. Und irgendwann schoben sie den Sarg zur Tür hinaus, ins hintere Feld an der Mauer, wo die Unbekannten ihren Platz hatten. Was er sagen würde, nachher, wusste Klaus M. noch immer nicht. Am offenen Grab angekommen war der Sarg auch bald versenkt, und die Träger machten sich davon: Mit dem Toten war er jetzt ganz allein. In die Stille las er die Weihnachtsgeschichte des Lukas. »Und es begab sich ...«
Und auf einmal waren die beiden, der tote Clown und der junge, in der Stadt noch lange nicht angekommene Pfarrer, nun überhaupt nicht mehr allein. Denn auf einmal begann sich das Feld zu beleben. Kaiser Augustus war da. Und Cyrenius, der Provinzstatthalter. Und Maria und Josef natürlich. Aber vor allem das *Kind* und die *Hirten*. Und von weither bellte ein Hund. Und die Stimme des Pfarrers zitterte ein wenig, aber dann wurde sie fest und fester: »Ehre sei Gott in der Höhe und Frieden auf Erden – den Menschen seines Wohlgefallens!«
Eine unsichtbare Gemeinde umschloss den Sarg und das Grab. Und wichtig war auf einmal überhaupt nicht mehr, dass da keiner war, der sich von dem toten alten Mann hatte verabschieden wollen, und auch keiner, an den sich der Pfarrer hätte wenden können mit seinen Worten. Denn einzig das war wichtig noch – dass Gott sich *aus der Geschichte gelöst*, seine *Wohnung über den Sternen aufgegeben* hatte, dicht *an das Grab und den Sarg herangetreten war* und dem unbe-

kannten Toten *die Worte des Lebens zusprach:* »Fürchte dich nicht, denn ich habe dich erlöst – ich habe dich bei deinem Namen gerufen, du bist mein!«
Und in der Vesper danach? Was sich Klaus M. an Notizen gemacht hatte, brauchte er jetzt gar nicht mehr. Denn an guter Nachricht hatte seine Weihnachtspredigt, seine erste in der Gemeinde, wahrlich genug.

Kantorei, Chor oder Singgruppe

»Brich an, du schönes Morgenlicht«

Licht

Gebet

Liturg(in)

Aus dem Himmel ohne Grenzen, trittst du tastend an das Licht, du hast Namen, hast Gesicht, du wirst wehrlos mit uns Menschen. Bist uns als Sein Wort gegeben, Hoffnungslicht in dunkler Nacht, Weg, der uns genesen macht und als neues Tor zum Leben.
Lebendiger Gott. Kind im Stall. Du mochtest nicht länger auf dich warten lassen. Bist gekommen, es leuchten zu lassen in der Nacht des Lebens und die in ihrer Seele Getroffenen in den Mantel deiner Liebe zu hüllen. Dafür danken wir dir. Und bitten dich für die auch, die nicht mehr bei uns sind, mit denen wir uns aber heute und an den Tagen, die kommen, ganz besonders verbunden fühlen: Sei ihnen gut und bewahre sie in deinem heiligen Frieden. Es ist so vieles, was uns bewegt, gerade jetzt. Und was wir dir in der Stille ganz persönlich sagen, das höre und wende in Trost!

Stille

Vater Unser

Der Friede Gottes, der höher ist als alle Vernunft, bewahre eure Herzen und Sinne in Christus Jesus!

Orgel und Gemeinde

»Es ist ein Ros entsprungen«
(EG 30.1-3)

Liturg(in) **Segen**

Liturg(in) Nun aber geht. Gott segne euch und behüte euch. Gott lasse sein Angesicht über euch leuchten und sei euch gnädig. Gott erhebe sein Angesicht auf euch und schenke euch Frieden.

Schlussspiel der Orgel oder des Bläserensembles

(2)
Halte deine Träume fest
Ökumenischer Weihnachtsgottesdienst des Gesamtschulzentrums

Liturgischer Baukasten

Die Gelegenheit

- Für viele Schulen gehört der Weihnachtsgottesdienst zu den festlichen Höhepunkten des Jahres
- Es empfiehlt sich, ihn ökumenisch zu feiern
- An seiner Vorbereitung und Ausgestaltung sollten möglichst viele Schülerinnen und Schüler teilhaben. Gottesdienst zu feiern heißt gerade auch in Schulen: auf kreative Wasseradern zu stoßen
- Zum Gottesdienst sind alle Schülerinnen und Schüler eingeladen. Die auch, die keiner christlichen Gemeinschaft angehören
- Wer kommt, kommt freiwillig. Wer nicht kommt, bleibt in der Schule
- Teile des Gottesdienstes (Symbole des Advents, Weihnachtsspiel, Friedensgebet) können auch in andere Formen integriert werden

Der Raum

- Zahlreiche andere spirituelle Formen haben ihren Raum in der Schule (Aula, Mensa, Musiksaal). Nicht der Weihnachtsgottesdienst: Er wird in einer der (großen) umliegenden Gemeindekirchen gefeiert
- Vorausgesetzt: Der Kirchraum ist groß genug und der Altarraum in einer Weise strukturiert, dass er die besondere Form des Gottesdienstes (kommunikativ und spielerisch) zulässt

Materialien

- Altar: frisch geschmückt
- Im Altarraum: Adventskranz
- Altarraum rechts: selbst gemaltes Weihnachtsbild (Vorlage z.B. Emil Nolde)
- An verschiedenen Stellen des Altarraums: auf Pappe oder Spannrahmen gemalte Adventssymbole (z.B. Kerze, Silhouette des neuen Jerusalem, Schiff, königlicher Messias)
- Kleine Windlichter (zur Markierung der Adventssymbole)
- 12 weitere Windlichter (Friedensgebet)
- Zwei Stehleitern (wenn keine Kirchempore); Federn
- Portrait des Bürgerrechtlers Martin Luther King (im Unterricht vorbereitet)
- Gute Mikrofone (mindestens zwei, besser vier)
- Lattenverschlag »Schaufenster«

- Wurzel mit daraus austreibendem Zweig
- CD mit zwei, drei gängigen weihnachtlichen Kaufhausmelodien
- Musikanlage oder CD-Player
- Von Schülerinnen und Schülern im Unterricht ausgesuchte, gerollte und gefädelte Segenssprüche als Weihnachtsgeschenk

■ Musik

- Orgel
- CD »Die Einfachheit des Lebens/Dream Child« (Musikverlag Diepholz)
- Wenn möglich: Schulchor, Instrumentalgruppe und/oder kleines Orchester

■ Beteiligte Personen

- Liturg(in)
- Dialogsprecher(in) zu Beginn
- Sprecher(in) am Ende des Spiels
- Vier Gedichtsprecher(innen) zu Beginn
- Sechs Prophetensprecher(innen)
- Eine Pantomimin (Stille und Traum)
- Maria, Josef, Hirte, Engel, orientalischer König (in Schaufensterlook)
- Zwei Schüler(innen)
- Fensterputzer (mit Schwamm und Sprühflasche)
- Schülerclique (cool)
- Mutter mit Kind (genervt)
- Touristengruppe mit Stadtführer (bunter Schirm)
- Geschäftsmann (mit Anzug, Krawatte, Laptop)
- Sechs Friedensgebetssprecher(innen)
- Zwölf Friedenskerzenträger(innen)

■ Sonstiges

- Gute und rechtzeitige Plakatierung
- Gute und rechtzeitige Gesamtinformation (Ort, Modalitäten, Besonderheiten)
- Persönliches »Herzlich eingeladen« an alle Schüler(innen), Lehrer(innen), Sekretär(innen), Hausmeister, Elternvertreter(innen)
- Auch Eltern und Verwandte und frühere Schülerinnen und Schüler freuen sich an Weihnachten auf eine Einladung

Macht hoch die Tür

Die Glocken läuten. Die Liedblätter werden ausgeteilt. Die Kerzen auf dem Altar, am Adventskranz und im Altarraum werden entfacht. Die Orgel spielt eine Improvisation bekannter Adventsmelodien. Die Raumlichter verlöschen.

Begrüßung und Einstimmung

Liturg(in)

Was für eine Gedränge und Geschiebe, Gerenne und Gewühle! Nicht eben, als ihr hereinkamt: Das ging ja wie am Schnürchen. Nein, die vergangenen Wochen meine ich. Vor allem die letzten drei, vier Tage. Was war da nicht alles los: im Hof, in den Gängen, in den Pausen, in den Stunden. Aber auch sonst: auf den Plätzen, in den Straßen, in den Bussen, in den Bahnen. Als läge etwas in der Luft – und ich müsste mich beeilen, es ja nicht zu verpassen!

Kleine Pause

Sprecher(in) 1

Kommt von hinten durch den langen Mittelgang, bleibt auf halber Höhe stehen

Es liegt was in der Luft!

Geht weiter nach vorne

Liturg(in)

Aber was?

Sprecher(in) 1

Ein Geheimnis.

Liturg(in)

Was meinst du?

Sprecher(in) 1

Ich weiß es ja auch nicht so genau. Etwas halt, was wichtig ist, zu dir will. Nur, du kannst es nicht greifen!

Darsteller(in) tritt in den Raum

Meinst du mich?

In diesem Augenblick schweben von den Seitenemporen (wo nicht vorhanden: von zwei Leitern rechts und links) weiße Taubenfedern in den Raum. Das dauert.

Liturg(in)

Erinnert euch – es ist noch gar nicht so lange her: Da ist eine Taube über euren Balkon geflogen und hat eine Feder fallen lassen. Langsam sich drehend fiel sie zu Boden. Wisst ihr noch? Bei völliger Windstille. Und hätten ihre Drehungen Spuren in die Luft geritzt, es hätte sich eine Silberspirale ergeben. Ganz langsam. Ganz leise. *Gott liebt die Stille. Beste Gelegenheit, sich aufzumachen und geboren zu werden.*

Darsteller(in) geht durch den Altarraum ab.

Sprecher(in) 1

Jetzt vorne im Altarraum

Schön, dass ihr da seid! Es liegt was in der Luft! Lasst es uns feiern!

Auf der rechten Seite des Altarraums wird ein von Schülerinnen und Schülern selbst gemachtes Gemälde entrollt, das die Geburt des Kindes nach Emil Nolde zeigt.

Liturg(in) 1

Gott, öffne die Herzen und dann auch die Türen!
Gott, öffne die Augen und dann auch die Hände!

Orgel und Feiernde

»Macht hoch die Tür, die Tor' macht weit«
(EG 1.1-3)

Traumbilder

Prophetenworte

Liturg(in)

Weihnachten hätte es wohl nie gegeben, wären lange davor die Propheten nicht gewesen. Männer mit klingenden Namen – Elia oder Micha, Amos oder Jesaja, Obadja oder Joel. Aber auch Frauen: Hannah, Deborah, Mirjam!

Sprecher(in) 6

Leicht war es nicht, eine Prophetin oder ein Prophet zu sein! Den einen kam es komisch vor, was sie sagten. Anderen war es zu gefährlich: Fürsten, Könige, die Reichen im Land. Sie mochten die Wahrheit nicht sehr und hätten gerne so weitergemacht wie bisher.

Die Propheten? Sie waren Träumer. »In meinen Träumen, weißt du, begegnet mir Gott. Der lässt mich Zusammenhänge verstehen und weiht mich in Dinge ein, die ich alleine gar nicht sehe, weil mir die Augen fehlen!« Sprecher(in) 7

Aber nicht nur damals hat es solche »Seher« gegeben. Es gibt sie, seit es Menschen gibt. Und hoffentlich noch lange. Wenn es sie nicht gäbe, es wäre schlimm für die Welt. Denn die Dummheit und der Hass und die Gewalt und der Schmerz – sie dürfen sich nicht zu sicher fühlen, sie brauchen jemanden, der sie sieht und keine Angst hat und sie beim Namen nennt. Eine Stimme der Hoffnung, die eines Propheten. Martin Luther King ist so einer gewesen ... Sprecher(in) 8

Auf der linken Seite des Altarraums wird auf 3,5 x 1,5 m ein von Schülerinnen und Schülern gemaltes Portrait des Bürgerrechtlers entrollt und befestigt.

»I have a dream ...«, so Martin Luther King in seiner berühmten Rede vor Hunderttausend Menschen in Washington: »Ich habe einen Traum, dass eines Tages auf den roten Hügeln von Georgia die Söhne früherer Sklaven und die Söhne früherer Sklavenhalter miteinander am Tisch sitzen wie Brüder. Ich habe einen Traum, dass meine vier kleinen Kinder eines Tages in einem Land leben, in dem man sie nicht mehr nach ihrer Hautfarbe, sondern nach ihrem Charakter beurteilen wird. Ich habe einen Traum, dass eines Tages jedes Tal erhöht und jeder Berg erniedrigt wird und die Herrlichkeit Gottes zu sehen sein wird ...« Kurze Zeit später, am 9. April 1968, wurde er ermordet. Er ist 39 Jahre alt geworden.

Eines seiner großen Vorbilder – der alte Prophet Jesaja: »Das Volk, das im Finstern wandelt, es sieht ein großes Licht. Und über denen, die im Dunkeln wandeln, wird es einmal hell werden als wär's die Sonne ...« Sprecher(in) 9

Und ein anderer so: »Trümmer, nichts als Trümmer rings umher. Aber eines Tages, lass es dir sagen, da werden deine Städte zu blühen beginnen und in den Wüsten das Wasser strömen ...« Sprecher(in) 10

Und für wieder einen anderen ist der Frieden der große Traum: »Ihre Schwerter, ich sage es euch, werden sie eines Sprecher(in) 11

Tages zu Pflügen schmieden und ihre Spieße in Rebmesser schmieden. Gewalt wird es nicht mehr geben unter den Menschen und die Völker werden lernen, miteinander in Frieden zu leben ...«

Über die Stufen des Altarraumes legen die Sprecherinnen und Sprecher die selbst gefertigte (3 m lange) Grafik: »Wer keinen Mut zum Träumen hat, der hat auch keine Kraft zu leben ...«

Pantomime

Eine Schülerin spielt »Das Erwachen des Lichts« in Gesten, Bewegungen und Schritten. Im Schlussteil werden über die akustische Anlage sachte Töne eingespielt.

Gebet

Liturg(in)

Lieber Gott, der erste und zweite und dritte Advent, sie waren schon. Und am Sonntag wird es der vierte sein. Und bald ist er da, dein großer Tag. Unser großer Tag. Die Geburt des Kindes im Stroh. Unsere Ungeduld ist groß. An Weihnachten kommst du uns nahe, wie es näher nicht geht. Was die Propheten gesehen haben, will Wirklichkeit werden. Und doch, du weißt – mit dem Fest haben wir es auch ziemlich schwer. Denn manchmal *wissen wir gar nicht, was wir da feiern.* Mach uns klar, guter Gott: Wo du zur Welt kommst, da ändern sich die Dinge. Da sind es nicht mehr die Traurigkeit und die Einsamkeit und die Tränen und die Angst, die die Karten in der Hand halten. Da kommt Licht in das Ende des Tunnels und aus der Hoffnung wird ein *erster Schritt* – ein kleiner, aber ein Schritt. Und aus dem ersten kann schon bald ein nächster und aus fünf Fingern eine Hand werden. *Alles, was ist, fängt klein einmal an!*

Der kleine Schulchor

»Geht, ruft es von den Bergen«

Stille Nacht, laute Nacht

(Ein Krippenspiel im Zeitensprung)

Szene 1

Das Schaufenster

Im hinteren Teil des Altarraums wird über knapp 4 m ein Schaufenster errichtet, darüber das Schild angebracht: »Kaufparadies«. Im Fenster befinden sich Auslagen, dazwischen ohne Bewegung und in Lebensgröße: die Hauptfiguren der Geburtsgeschichte – Maria und Josef, ein Hirte, ein Engel und ein orientalischer König. Die üblichen Weihnachtsmarktmelodien erklingen.

Das dauert eine Weile

Von der Seite kommt der Fensterputzer mit Eimer, Spritzflasche und Schwamm. Geht auf das Schaufenster zu, spritzt Wasser auf die Figuren und auf die in der ersten Reihe Sitzenden und prüft, ob alles schön sauber ist.

Geht ab

Eine Mutter kommt im Schnellschritt mit Tüten bepackt. Sie zieht ihr Kind hinter sich her. Das Kind sieht etwas, bleibt vor dem Schaufenster stehen und deutet hinein. Die Mutter will weiter, ist äußerst genervt. Dabei fallen ihr die Tüten aus der Hand. Sie schimpft, kramt alles wieder zusammen, packt ihr Kind bei der Hand und rennt weiter.

Beide gehen ab

Eine Touristengruppe taucht auf. Der Stadtführer geht in strammem Schritt mit Schirm nach oben voran, die anderen hastig hinterher. Er zeigt in diese Richtung, dann in jene Richtung, sagt etwas. Die anderen schauen angestrengt, machen ihr Bild und gehen ab.

Kleine Pause

Eine Gruppe ausgesprochen cooler Jugendlicher kommt auf den Platz. Einer sieht die Figuren im Schaufenster, ruft die anderen. Die Verwunderung und Belustigung ist groß, schneiden Grimassen, zeigen den Vogel.

Gehen ab

Und dann (mit Anzug, Krawatte und Laptop) kommt auch noch der Geschäftsmann. Ganz Mister Wichtig. Er zählt sein Geld, bedient sein Handy. Gelangweilter Blick auf die Krippenszene im Schaufenster. Schaut auf seine Uhr, beschleunigt seinen Gang. Geht ab.

Szene 2

Auf der Straße

Zwei Schüler betreten die Spielfläche. Sie kommen gerade von der Schule und chillen durch die Straßen. Sie schauen sich die Auslagen in den Schaufenstern an und kommentieren die neuesten Trends. Sie stoßen auf die Krippenszene.

Erste(r) Schüler(in)

Zeigt auf die Figuren, lacht.

Schau mal, dort! Tolle Kollektion?

Zweite(r) Schüler(in)

Was hast du denn? Ist doch schön – Weihnachten!

Erste(r) Schüler(in)

Wer sind die denn – diese seltsamen Heiligen? Dort – dieser Orientale zum Beispiel!

Zweite(r) Schüler(in)

Ja, weißt du denn nicht?

Erst überrascht, dann gelangweilt.

Also das hier – ist ein Hirte. Der hatte die Schafe zu hüten. Und der dort – das ist ein König, irgendwo aus dem Osten: Arabien oder so. Und das da – das sind die Hauptpersonen: Maria und Josef.

Erste(r) Schüler(in)

Sehr neugierig

Und der dort – im Nachthemd?

Die Antwort bleibt aus. Auf die Spielfläche kommt eine gut gekleidete Frau, die sich vor dem Schaufenster einige Zeit lässt.

Zweite(r) Schüler(in)

Wendet sich an die Frau neben ihm.

Entschuldigen Sie – können Sie mir sagen, wer das dort ist?

Deutet mit dem Finger auf den Engel.

Die Frau

Der dort? Das ist der Engel. Ja, sagt mal – wisst ihr das denn nicht!?

Erste(r) Schüler(in)

Na ja, das mit der Kirche ist nicht so unser Ding!

Die Frau

Was heißt »das mit der Kirche«! Ich bin das auch nicht – hab nicht die Zeit. Am Sonntag ist es manchmal wirklich das einzige Mal in der Woche, dass wir miteinander Frühstück machen, mein Mann und meine Kinder und ich. Aber Weihnachten – das lass ich mir nicht nehmen!

Schaut auf die Uhr und geht.

Schade, ich würde mich gern noch ein bisschen mit euch unterhalten!

Die Schüler(innen) stehen noch immer vor dem Schaufenster, da kommt von der anderen Seite der Fensterputzer zurück.

Fensterputzer

Sagt mal – habt ihr denn gar nichts anderes zu tun, als hier herumzustehen und zu gaffen? Die da eben – was hat die gemeint: Weihnachten, das sei was!? Für mich heißt Weihnachten arbeiten, dreimal mehr als sonst. Und kaum bin ich hier fertig, fang ich dort wieder an! Von wegen Engel oder Gotteskind oder König aus Arabien und so – das sind doch alles nur Märchen. Nichts für mich!

Putzt hektisch seine Scheibe sauber, prüft und geht ab.

Zweite(r) Schüler(in)

Du, ich will's jetzt doch ein bisschen genauer wissen. Hatten wir's nicht neulich erst in Reli? Da gibt es doch diese alte Geschichte ...

Kramt in seinem Rucksack, findet eine ziemlich lädierte Bibel, schlägt die auf, hockt sich mit seinem (seiner) Freund(in) mit dem Rücken gegen die Scheibe und liest.

Szene 3

Die Weihnachtsgeschichte

Sprecher(in) 1

Es begab sich aber zu der Zeit, dass ein Gebot von dem Kaiser Augustus ausging, dass alle Menschen in seinem Reich gezählt und für die Steuer erfasst werden sollten. Und diese Zählung war die erste und wurde von Quirinius durchgeführt, dem Statthalter der Provinz Syrien. Und alle gingen, sich einschreiben zu lassen – jeder in die Stadt seiner väterlichen Vorfahren. Da machte sich auf auch Josef aus Galiläa, aus dem Städtchen Nazareth. Sein Weg würde ihn nach Süden führen: nach Bethlehem, denn dort war König David geboren. Aus dessen Familie stammte er. So begann er seine Reise, und mit ihm zog Maria, seine Frau. Die war schwanger. Und als sie dort waren, kam die Zeit, dass sie gebären sollte ...

Maria und Josef lösen sich aus dem Schaufenster, betreten die Spielfläche. Josef stützt Maria. Alles geht sehr langsam.

Maria

Noch einmal, Josef, versuch's!

Josef

Es ist schon spät. Sie schlafen.

Maria

Ja, sie wollen ihre Ruhe haben.

Josef

Steht vor einer halbwegs geöffneten Tür, macht sie auf, spricht in den Raum hinein.

Ist hier jemand? Wir suchen ein Zimmer für die Nacht.

Drängend

Irgendwo. Hauptsache ein Dach über dem Kopf!

Eine Pause entsteht. Josef dreht sich seiner Frau zu, schüttelt den Kopf. Sie gehen weiter.

Maria

Du bist zu leise, Josef. Nur das Laute zählt: die Sensation.

Maria fasst sich an den Bauch, dreht sich zur Gemeinde.

Gott interessiert sie nicht. Wie er zur Welt kommt, schon gar nicht. Und dass er von einer Frau geboren wird wie mir, ist ihnen dreimal egal.

Josef

Schau, dort ist was! Ein Stall, ziemlich eng und Tiere drin! Aber für uns wird's reichen!

Gehen durch einen engen Türrahmen und setzen sich.

Sprecher(in) 1

Und sie gebar ihren ersten Sohn. Sie wickelte ihn in Windeln und legte ihn in eine Futterkrippe. Denn einen anderen Ort fanden sie nicht. Und ganz in ihrer Nähe waren Felder. Und dort waren Hirten in dieser Nacht, die ihre Herden hüteten ...

Auch der Hirte löst sich aus dem Schaufenster und kommt auf die Spielfläche. Er setzt sich an eine Feuerstelle.

Hirte

Nicht ein Stern ist zu sehen. Und kalt ist's – eine richtige Wolfsnacht!

Er steht auf, zieht seinen Umhang fester und versucht, die Finsternis zu durchdringen.

Ist da jemand?

Schaut zu den beiden Schüler(innen) mit dem Buch in der Hand.

Kommt näher, Freunde, es ist kalt dort draußen. Am Feuer ist es wärmer!

Sprecher(in) 1

Und auf einmal tat sich der Himmel auf, leuchtete heller als der Tag. Und der Engel des Herrn trat zu ihnen. Und sie fürchteten sich sehr.

Der Hirte und die beiden Schüler(innen) halten sich aneinander fest und gehen zu Boden.

Sprecher(in) 1

Aber der Engel sagte zu ihnen:

Der Engel löst sich aus dem Schaufenster und kommt mit einer Kerze auf die Spielfläche.

Engel	»Fürchtet euch nicht! Siehe, ich verkündige euch große Freude, die allem Volk widerfahren wird. Denn euch ist heute der Heiland geboren, welcher ist Christus, der Herr, in der Stadt Davids. Und das habt zum Zeichen: ihr werdet ein Kind finden, in Windeln gewickelt und in einer Krippe liegen.«
	Kleine Pause. Hirte löst sich ganz langsam vom Boden, die beiden anderen folgen.
Hirte	Soll ich – soll ich nicht? Ich weiß nicht so recht. Aber sag, was hab ich zu verlieren!?
	Verharrt noch eine Weile und geht mit den anderen ab.
Sprecher(in) 1	Und siehe, da kamen noch andere – Kundschafter von weither, königliche Leute, zu Herodes, den König von Jerusalem: Könnt ihr uns sagen, wo wir den neugeborenen König finden? Wir haben seinen Stern gesehen und sind gekommen, ihm zu huldigen.
	Der Königliche löst sich aus dem Schaufenster und betritt die Spielfläche.
Der Königliche	Energisch
	Hätten die beiden nicht auf mich warten können? Das Kind läuft doch nicht weg!
	Schaut sich um, tut es einmal, tut es zweimal. Geht, kommt.
Der Königliche	Wo bin ich hier eigentlich? Hier bin ich schon mal gewesen. Ich kenn das doch. Ja, lauf ich denn im Kreis? Nur immer im Kreis? Mein ganzes Leben lang im Kreis?
	Lässt den Kopf hängen, sieht den Engel auf der anderen Seite.
Engel	Nur immer im Kreis? Meinst du? Ja, du hast recht. Da meinst du, du hättest es geschafft, wärst angekommen, ganz oben, am Ziel deiner Träume – und auf einmal geht dir was auf und du fragst: Mein Gott, wo bin ich hier bloß, das kann doch nicht wahr sein, ich hab mir alles doch ganz anders gewünscht!

Kleine Pause

Was denn nützt dir dein Erfolg, wenn du es vor Einsamkeit nicht mehr aushältst? Und alles Geld, wenn du deine Seele verkaufst? Und das schönste Geschenk, wenn du dich nicht mehr freuen kannst? Und dein kluger Kopf, wenn du kein Herz hast? Und was hast du von allen deinen Siegen, die dir so wichtig sind, wenn du nicht verlieren kannst? Und das ganz, ganz Große, was hast du von ihm, wenn du nicht das Kleine hast?

Kleine Pause.

Schau dort – der Stern! Der will was. Der will dir was sagen: dich rausholen aus dem ewigen Dreh mit dem immer gleichen Ende. Ich glaube, der versteht was vom Leben.

Kleine Pause.

Schau, da ist er! Direkt über dem Stall! Ein kleines Stückchen noch, dann bist du dort. Und wenn du beim Kind bist, dann bück dich und schau ihm in die Augen und nimm es für einen Augenblick in deine Arme – und dann ist gut. Geh – worauf wartest du?

Beide gehen ab. Der eine nach der, der andere nach der anderen Seite.

Szene 4

Beim Kind

Weihnachtsmarktmusik. Die Krippenfiguren haben sich noch einmal ins Schaufenster begeben. Die Darsteller(innen) aus der Anfangsszene kommen auf die Spielfläche zurück, gehen quer durchs Bild, ohne rechtes Ziel und ordentlich hektisch. Mit dem Ende der Musik erstarrt die Szene – und ein Sprecher tritt vor:

Kind im Stall! Sprecher(in) 12
Was ich mir wünsche?

Dass du mich lehrst, meine Hände zu gebrauchen, als wären sie deine!

Wer packt mit an, wenn nicht du durch mich!? Wer teilt das Seine, wenn nicht du durch mich!? Auf wen ist Verlass, wenn nicht auf dich durch mich!? Und wer ist der schönste Stern der Welt, wenn nicht du in mir!?

Die beiden Schüler(innen) treten noch einmal vor und stellen sich neben den (die) Sprecher(in).

Erste(r) Schüler(in)

Du, was meinst du?
Ich weiß nicht so recht.

Zweite(r) Schüler(in)

Vielleicht ja ist wirklich was dran!
Man müsste es mal probieren: es einfach mal probieren! Machst du mit?

Bleiben noch eine Weile und gehen dann.

Orgel und Feiernde

»Schalom für Dorf und Stadt«
(Aus: Sieben Leben möchte ich haben, Christophorus-Verlag Freiburg, 1975)

Tragt seinen Frieden in die Zeit

Friedensgebet

Im Altarraum liegt eine alte Wurzel, aus der ein Zweig treibt. Neben der Wurzel steht eine große brennende Kerze. Sechst- und Siebtklässler(innen) werden ihr Friedens-Licht entfachen, es an verabredete Orte im Kirchenraum bringen und dort mit ihm bis zum Schluss stehen bleiben.

Liturg(in)

Kind im Stall – bald ist es da, dein großes Fest. Dann hält dich nichts mehr droben. Dann springst du heraus aus der Sternenbahn und kommst zur Welt. Als kleines Stückchen Hoffnung, allererster Schritt. Und so kommen wir zu dir und schütten unser Herz vor dir aus:

Noch nie habe ich in meinem Leben so viele Bilder von Krieg gesehen wie in diesem Jahr. Ist denn Frieden so schwer? Wann endlich lernen die Menschen, Frieden zu machen? Ich habe von Kindern gehört, die geboren werden, um gleich wieder zu sterben. Ich denke an sie! Sprecher(in) 13

Zwei Kerzenkinder kommen, entfachen ihr Licht und tragen es in den Raum

Kind in der Krippe! An die Mütter und Kinder denke ich, die von ihren Männern und Vätern geschlagen werden. Und dann stehe ich da und weiß nicht, was ich machen soll ... manchmal weine ich dann nur! Sprecher(in) 14

Zwei Kerzenkinder ...

Sechs Milliarden Menschen leben auf der Welt. Zwei Milliarden gehören zu den Reichen und Superreichen. Doch genau so viele gehören zu denen, die zum Überleben nicht das Nötigste haben. In jeder Sekunde stirbt dort ein Kind: jetzt und jetzt und jetzt und jetzt ... ich denke an sie! Sprecher(in) 15

Zwei Kerzenkinder ...

An die denke ich (Männer, Frauen und Kinder), die vor ein paar Wochen Ski fahren wollten und in eine Lawine geraten sind! Sprecher(in) 16

Zwei Kerzenkinder ...

An meinen Vater denke ich, der mit dem Lastwagen unterwegs ist, vielleicht in Holland, vielleicht in Italien, vielleicht in Spanien, vielleicht ganz in meiner Nähe, doch mit uns Weihnachten feiern kann er nicht! Sprecher(in) 17

Zwei Kerzenkinder ...

Gestern bin ich mit meiner Mutter durch die Stadt gegangen. Da habe ich einen Mann gesehen, der ein altes Fahrrad schob. Und wenn er an einen Mülleimer kam, hielt er an und suchte nach weggeworfenem Brot und anderem Verwertbaren. Ich Sprecher(in) 18 habe einen Menschen gesehen, der arm ist. Ich denke an ihn!

Zwei Kerzenkinder ...

Sprecher(in) 19

An meine Mutter denke ich. Sie ist krank. Sie ist es schon lange. Über Weihnachten darf sie vielleicht nach Hause. Aber dann muss sie wieder zurück ins Krankenhaus. Mein größter Wunsch ist, dass es ihr bald wieder gut geht. Es wäre mein schönstes Geschenk!

Zwei Kerzenkinder ...

Kleine Pause, bis alle Lichtpunkte stehen und von überall zu sehen sind

Liturg(in)

Manches ist gesagt, vieles noch nicht – und vieles ist zu sagen auch viel zu schwer. Lasst es uns gut sein im Gebet, das Jesus Christus mit seinen Freundinnen und Freunden gebetet hat.

Alle erheben sich von ihren Plätzen und beten gemeinsam

Vater Unser

Der große Schulchor

»Schalom chaverim«

Danach gehen vier Schüler(innen) mit Körben durch die Reihen und lassen die Feiernden nach bunten Röllchen greifen, in denen sich von Schüler(innen) geschriebene Segens-Sprüche befinden. (Besondere Information: Die Röllchen sollen erst am Weihnachtsabend geöffnet werden.)

Schluss-Segen

Liturg(in)

Jetzt aber geht!
Und hört nicht auf, nach ihm zu fragen!
Macht's wie die Hirten und kommt an!

Es segne euch Gott:
Er sei der Raum, in dem ihr lebt!
Es segne euch Christus:
Er sei der Weg, auf dem ihr geht!
Es segne euch die Kraft des Geistes:
Sie ist das Licht, das euch leuchtet!

Die Orgel spielt und begleitet hinaus.

(3)
Gottes Hütte
Familienvesper an Heiligabend

Liturgischer Baukasten

Die Gelegenheit

- Musikalisch bestimmte Vesperform
- Wer die Geburt des Kindes mit Kindern im Kindergarten- und Grundschulalter feiern möchte, ist herzlich eingeladen
- Die leisen Töne herrschen vor. Doch wo Kinder sind, wird es schon auch mal recht temperamentvoll und ungeplant zugehen
- Besonders eingeladen und in der Gestaltung aktiv am Werk: die Kinder der Kinderkirche, der Kurrende und die Konfirmand(inn)en der Gemeinde

Der Raum

- Der Kirchraum ist in einen großen »Stall« verwandelt
- Es riecht nach Stroh und Grün, Lavendel, Weihrauch und Myrrhe
- Überall Laternen, Öllämpchen, Kerzen
- Im Altarraum: ein verlassenes Hirtenfeld
- Im Hintergrund: ein mannshoher Stall (strohbedeckt und aus grobem Schwartenholz)
- Oder: eine Weihnachtskrippe mit Figuren

Materialien

- Frisch geschmückter Altar
- Festlich strahlender Weihnachtsbaum
- Vor dem Stalleingang (oder der Weihnachtskrippe): eine alte, verwitterte Wurzel
- Im Altarraum (über eine Fläche verteilt): Steine, Holz, Fell, Tücher, Milchkanne, Trockenzweige, Flöten. In der Mitte: eine große Kerze
- Im Hirtenfeld: Korb mit kleinen Kerzen (für die Singgruppen)
- Daneben: Schale mit vier, fünf Seidenblumen (oder Blumen aus Krepppapier)
- Vor dem Altarraum links und rechts: zwei große Wasserbehälter mit großen, halben Nussschalen und kleinen Friedensfähnchen
- Auf den Bänken stehen Kerzen, die später entfacht werden
- Beim Hereinkommen bekommen die Großen von Konfirmand(inn)en einen kleinen trockenen Zweig, geschmückt mit einer Seidenblume, geschenkt. Die Kleinen ein ausgehöhltes Nussschalenschiffchen, das später »über das Meer« geschickt wird
- Programmblätter mit Bildmotiv, den Liedern und wichtigen Hinweisen zum Vesperverlauf liegen auf den Plätzen

- Musik
  - Orgel
  - Flöte
  - Zusätzlich (wenn möglich): Kleinorgel oder Keyboard
- Beteiligte Personen
  - Liturg(in)
  - Fünf Prophetensprecher(innen): geübte Konfirmandinnen und Konfirmanden
  - Zwei Konfirmand(inn)en, die im Hirtenfeld die Kerzen entfachen und die »toten Zweige« zum Blühen bringen
  - Sing- und Tanzspielgruppen aus Kinderkirchenkindern und Kurrende
- Sonstiges
  - Die meisten Familien werden nach der Vesper direkt nach Hause gehen wollen, um die Bescherung vorzubereiten. Vielleicht aber wollen doch noch einige Besucher(innen) bei einer Tasse Kaffee oder Tee (aus dem »Eine-Welt-Laden«) verweilen und sich zum Fest grüßen.

Gottesdienst

Sterne, Hirten, Rosen

Liturg(in)

Was ist das wieder für ein Jagen und Rennen gewesen in den letzten Tagen. Bis in die letzten Augenblicke hinein. Man spürt es. Man sieht es euren Augen an ... Schön, dass ihr da seid. Kleine und Große, von gleich um die Ecke und weit her: Seid herzlich willkommen! Wir freuen uns auf eine schöne Vesper.
Und eines wünsche ich mir für die nächste Stunde: dass wir ein Stückchen hinfinden zum heiligen Ort, dem Wunder dieser Nacht – und dass uns das guttut – und dass uns die Augen aufgehen und die Ohren – und dass da gar nichts mehr so ist, wie es schon immer war, sondern alles noch mal neu ist und anfangen darf. Die Geschichten, die wir hören, und die Lieder, die wir singen, und die Gebete, die wir sprechen, und die Spiele, die wir spielen, und die Stille, die wir uns gönnen: Alles das soll uns dabei helfen. O ja, lebendiger Gott, sei jetzt unter uns und schenk unserem Wollen dein gnädiges Gelingen!

Orgel

Sachte Töne zur Einstimmung

Liturg(in)

Prolog

In dieser nacht
verließen die sterne ihre angestammten plätze
und zündeten lärmfeuer an
überschallschnell

In dieser nacht
verließen die hirten ihre arbeitsstellen und
schrien sich in die verkrusteten ohren
die neuen parolen

In dieser nacht
verließen die füchse ihre wärmenden höhlen
und der löwe wiegte den kopf
»das ist das ende
die revolution«

In dieser nacht
liefen die rosen der erde davon
und fingen das blühen an
im schnee

Dorothee Sölle

Orgel und Gemeinde

»Wie soll ich dich empfangen«
(EG 11.1.2.5)

Wie im Traum wird es sein

Liturg(in)

Propheten haben das Wunder vorausgesagt. »Du träumst ja!«, wurden sie von den Zeitgenossen verspottet. »Ja«, so ihre Erwiderung: »Wie im Traum wird es sein!« Einer von ihnen – Micha.

Sprecher(in) 1

»Dann wird der Berg, worauf das Haus des Herrn ist, fest stehen – erhaben über alle Berge und Hügel. Und die Völker werden zu ihm kommen. Und alle werden sagen: Kommt, lasst uns hingehen zum Berg des Höchsten und zum Haus des Gottes Jakobs – auf dass er uns seine Wege weise! Weisung wird ausgehen von Zion – und von Jerusalem des Herrn Wort. Recht wird er sprechen unter den Völkern. Ihre Schwerter werden sie zu Pflugscharen schmieden und ihre Spieße zu Rebmessern machen. Und kein Volk mehr wird gegen das andere das Schwert erheben. Und jeder wird leben unter seinem Weinstock und seinem Feigenbaum. Und keiner mehr wird dem anderen Schrecken einjagen ...«
(Micha 4.1-4)

Zeichenhandlung

Zwei Konfirmand(inn)en entzünden im Hirtenfeld eine große Kerze und schmücken die trockenen Zweige mit bunten Seidenblumen.

Orgel und Gemeinde

»Tochter Zion, freue dich«
(EG 13.1-3)

Heut schließt er wieder auf die Tür

Durch die Gänge des Kirchraums kommen die Kinder der Kurrende und der Kinderkirche zum Hirtenfeld, nehmen sich Kerzen aus dem Korb, zünden sie am Hirtenfeuer an und wenden sich im großen Halbkreis der Gemeinde zu. Auf der Flöte im Hintergrund erklingt eine Hirtenmelodie.

Kleine Pause

Liturg(in)

Und als die Zeit erfüllt war, geschah, wovon die Evangelisten sprechen. Der Evangelist Lukas sagt es so:

Sprecher(in) 2

»Und es begab sich, dass ein Gebot von Kaiser Augustus ausging, dass alle Welt geschätzt würde. Und diese Schätzung war die allererste und geschah in der Zeit, als Quirinius Statthalter in Syrien war. Und jedermann ging, dass er sich schätzen ließe, ein jeder in seine Stadt.

Kleine Pause

Da machte sich auf auch Josef aus Galiläa, aus der Stadt Nazareth, in das judäische Land zur Stadt Davids, die da heißt Bethlehem – weil er aus dem Haus und Geschlecht Davids war, damit er sich schätzen ließe mit Maria, seinem vertrauten Weibe: die war schwanger.

Kleine Pause

Und als sie dort waren, kam die Zeit, da sie gebären sollte. Und sie gebar ihren ersten Sohn, wickelte ihn in Windeln und legte ihn in eine Krippe – denn sie hatten sonst keinen Raum in der Herberge.«
(Evangelium nach Lukas 2.1-7)

Kurrende und Kinderkirchenkinder

»Wie weit ist es nach Bethlehem«
(Altes kanadisches Volkslied/In: Gert Watkinson »77 Spiel- und Tanzlieder zur Bibel«, Christophorus-Verlag Freiburg)

Sprecher(in) 3

»Und es waren Hirten in derselben Gegend auf dem Feld bei den Hürden. Die hüteten des Nachts ihre Herden. Und der Engel des Herrn trat zu ihnen und die Klarheit seiner Herrlichkeit umleuchtete sie – und sie fürchteten sich sehr.

Kleine Pause

Der Engel aber sprach zu ihnen: Fürchtet euch nicht! Denn euch ist heute der Heiland geboren, welcher ist Christus, der Herr, in der Stadt Davids! Und das habt zum Zeichen: Ihr werdet finden das Kind in Windeln gewickelt und in einer Krippe liegen!

Kleine Pause

Und alsbald war da bei dem Engel die Menge der himmlischen Heerscharen – die lobten Gott und sprachen: ›Ehre sei

Gott in der Höhe und Frieden auf Erden bei den Menschen seines Wohlgefallens!«
(Evangelium nach Lukas 2.8-14)

Kurrende und Kinderkirchenkinder

»Fröhlich soll mein Herze springen«
(Choral/EG 36.1.2)

Sprecher(in) 4

»Und als die Engel von ihnen gen Himmel fuhren, sprachen die Hirten untereinander: Lasst uns nach Bethlehem gehen und sehen, was dort geschehen ist! Und sie gingen eilend – und fanden beide, Maria und Josef, dazu das Kind in der Krippe liegen.

Kleine Pause

Und als sie es gesehen hatten, breiteten sie die Kunde aus. Und alle, vor die sie kam, wunderten sich über das, was sie von den Hirten erfuhren. Maria aber behielt alle diese Worte – und bewegte sie in ihrem Herzen.«
(Evangelium nach Lukas 2.15-19)

Kurrende und Kinderkirchenkinder

»Wisst ihr, was geschehen heut Nacht?«
(Getanzter Negro-Spiritual/In: Gert Watkinson a. a. O.)

Sprecher(in) 5

»Und die Hirten kehrten wieder um, priesen und lobten Gott für alles, was sie gesehen und gehört hatten.«
(Evangelium nach Lukas 2.20)

Die Kinder gehen zu ihren Plätzen zurück

Orgel und Gemeinde

»Lobt Gott, ihr Christen alle gleich«
(EG 27.1.2.5.6)

Längst war es still im Hinterhof

Liturg(in)

Längst war es still geworden im Stall. Die Hirten? Es hielt sie nicht mehr. Sie mussten loswerden, was sie sahen. Noch der Letzte sollte es hören. Dann aber müssten sie wieder zu ihren Tieren zurück, denn sie alleine zu lassen, war gefährlich. Zeit also, mich auf den Weg zu machen. Mich umzuschauen, umzuhören. Begreifen zu versuchen, was das ist, wenn Gott geboren wird. Und herauszufinden wo.
Und so ging ich – und kam an einen Ort, wo zwei Brüder wohnten. Der Jüngere war verheiratet und hatte Kinder. Der Ältere lebte allein.
Was zu tun war, taten die beiden gemeinsam. Sie pflügten das Feld zusammen und streuten den Samen zusammen aus. Und wenn es so weit war, brachten sie zusammen das Getreide ein und teilten die Garben in zwei gleiche Stöße – für jeden einen. Und wenn es Nacht wurde, gingen sie in ihren Hütten und legten sich zur Ruh'. Und sie schliefen auch bald ein, denn am nächsten Morgen müssten sie wieder früh aufstehen. Und ob müde oder ausgeschlafen, nichts würde es nützen.
Doch heute war es anders. Der Ältere konnte keinen Schlaf finden. Mein Bruder, so grübelte er, hat eine Familie – und ich bin allein – und er hat Kinder – und ich habe keine – und doch habe ich vom Getreide die gleiche Menge genommen – das ist nicht recht ... Und er stand auf, ging zu den Garben hinüber und schichtete von seinem Teil leise zum Teil seines Bruders hinüber. Dann legte er sich wieder hin und schlief ein.
Wenig später, in der gleichen Nacht, erwachte der Jüngere. Auch er fand keinen Schlaf. Immerfort musste er an seinen Bruder denken: Mein Bruder, so er, ist immer allein – wer wird ihn eines Tages versorgen, wenn er es selbst nicht mehr tun kann – das ist nicht recht ... Und er stand auf, ging zu den Garben hinüber und schichtete leise von seinem eigenen Teil zum Teil seines Bruders hinüber. Dann legte er sich wieder hin und schlief ein. Als es Tag wurde, erhoben sich die beiden Brüder. Und jeder war erstaunt, dass die Garbenstöße nicht kleiner waren, sondern gleich – wie am Abend davor.
In der nächsten Nacht warteten sie, bis es den anderen nun wirklich nicht mehr auf den Beinen hielt. Dann, heimlich und leise, erhoben sie sich – und jeder nahm von seinem Teil und trug es zum Teil des anderen hinüber. Doch auf halbem Weg stießen sie aneinander – begriffen erst gar nicht, erschraken. Wie Schuppen fiel es ihnen von den Augen. Sie ließen ihre

Garben fallen, umarmten einander und hatten sich viel zu erzählen. Und zur Ruhe kamen sie in dieser Nacht nicht mehr.
Und auch ich, liebe Gemeinde, war am Ziel meines Weges. Denn Bethlehem ... das Kind ... die Kuhle im Stroh: Was ich suchte, hatte ich gefunden. Dort kommt Gott zur Welt, wo Menschen die Augen aufgehen – sich Masken in Gesichter wandeln – Menschen zu Menschen werden. Mein Gott, so ging es mir durch den Kopf auf meinem Weg zurück: Da recke ich mich und strecke mich, da zieht es mich steil nach oben und weit hinaus, da warte ich und warte ich und rüste mich und tu, was ich kann, denn er wird kommen, gar keine Frage, doch was ich auch tu und wie ich es wende, er kommt nicht. Indessen – vor meinen Augen, in meinen Armen, der da kommen soll, kommt.

Orgel und Gemeinde

»Herbei, o ihr Gläub'gen«
(EG 45.1-3)

Mache dich auf

Liturg(in)

Gleich wird die Flöte von vorhin noch einmal erklingen. Ein Hirtenlied wird sie spielen und die Botschaft der Heiligen Nacht in die Welt hinausbegleiten. Doch müssen dafür jetzt noch ein paar Vorbereitungen getroffen werden. Und dazu, liebe Große und Kleine, ist eure Unterstützung vonnöten. So möchte ich euch Große jetzt bitten, eure Kerzen zu entfachen, die vor euch stehen, und gut auf sie aufzupassen. Das Flackern des Lichts, so klein es ist, ist Zeichen dafür, dass die Erde an einem Punkt schon nicht mehr ohne Himmel ist und der Finsternis der Funke Hoffnung entgegensteht ... Und auch euch Kleine möchte ich bitten, dann gleich zu den beiden Weltmeeren zu gehen hier vorne. Ganz leise und vorsichtig. Die ganz Kleinen mit Mutter oder Vater in Begleitung. Denn dort liegen Schiffchen mit Fähnchen und warten darauf, als Friedensboten übers Meer geschickt zu werden.

Um die beiden Wasserbecken auf der linken und rechten Seite des äußeren Altarraums bilden sich Kindergruppen, die ihre Schiffchen startklar machen. Leise Töne der Orgel halten die dabei aufkommende Unruhe in der Balance. Nach deren Verklingen ertönt die Flöte mit der Hirtenmelodie. Danach verlöschen alle elektrischen Lichter im Kirchenraum, sodass nur noch die Lichter des Baumes, die Kerzen auf dem Altar, das Hirtenfeuer, die Kerzen auf den Bänken und in den Schiffchen zu sehen sind.

Liturg(in)

An das neu geborene Licht aber, ihr Kleinen und Großen hier in der Herberge, lasst uns jetzt dicht herantreten.

Stille

Dein Schalom, Gott, von den Propheten erträumt. Im Kind von Bethlehem ist er zu uns gekommen. Strahlendes Licht. Allererster Schritt. Geh in mich ein, Lebendiger, und mach mich zu deinem verlässlichen Verbündeten. Denn alleine tun willst du es nicht. Wo Menschen einsam sind in diesen Tagen, mache dich auf und werde Licht. Wo Menschen in Streit miteinander leben, mache dich auf und werde Licht. Wo Menschen krank sind und der Hoffnung schon bald die böse Ahnung folgt, mache dich auf und werde Licht. Wo wieder ein Jahr vergangen ist und Menschen keine Arbeit gefunden haben, mache dich auf und werde Licht. Wo es der Hunger ist und die Gewalt und der Krieg und das schiere Elend, die herrschen, und jetzt schon wieder ein Kind gestorben ist und jetzt schon wieder und in jeder Sekunde ein neues, mache dich auf und werde Licht. Für deine unendlich schöne, unendlich geschundene Schöpfung bitten wir dich: Sei ihr gut, halte sie hoch, bleib ihr zugewandt, bis dein heiliger Schalom, Barmherziger, einst »alles in allem« ist.

Liturg(in) und Gemeinde

Die Gemeinde erhebt sich und bleibt bis zum Ende der Vesper stehen

Vater Unser

Orgel und Gemeinde

»Stille Nacht«
(EG 46.1-3)

Liturg(in)

Sendung und Segen

So nehmt euer Licht und lasst es leuchten!

Mit euch
auf euren Wegen
Mit euch
in eurem Beginnen
Mit euch
in eurem Straucheln
Gott
Der Vater – Der Sohn – Das Licht des Lebens

Orgel und Gemeinde

»O du fröhliche«
(EG 44.1–3)

Während des Liedes entzünden die Kinder am Hirtenfeuer und an den Friedensschiffchen ihre Kerzen und gehen durch den Mittelgang zum Ausgang. Auf dem Vorplatz bietet der »Eine-Welt-Laden« letzte Kaffee- und Teepäckchen und Honig aus Nicaragua und Guatemala an.

(4)
Wenn du vor dem Kind stehst
Familienvesper an Heiligabend

Liturgischer Baukasten

Die Gelegenheit

- Familienvesper mit Krippenspiel
- Besonders eingeladen: die Familien der Kindergarten- und Grundschulkinder

Der Raum

- Der Kirchraum liegt im Halbdunkel
- Im Altarraum, seitwärts und hinten: Kerzen, Laternen, Öllämpchen
- Das elektrische Licht: so reduziert wie möglich
- Der Weihnachtsbaum ist festlich geschmückt, seine Lichter aber zunächst noch aus
- Im Altarraum: mannshoher Stall (einfacher Bretterverschlag mit Stroh abgedeckt)
- Seitlich davor: markiertes Hirtenfeld

Materialien

- Der äußere Stall: einfache Bretterleisten, Schwartenbretter, Nägel, Stroh
- Der innere Stall: Holzkrippe, Tücher, Heugabel, Sense, Rechen, Laterne
- Das Hirtenfeld: Steine, Brennholz, Milchflasche, Hirtenbeutel, Hirtenflasche, Schaffell, Flöte
- Stall und Hirtenfeld: je eine große Kerze
- Wenn möglich: Punktstrahler (zur Markierung der Figuren, der Flächen, der Wege)
- Programmblätter mit Bildmotiv, den Liedern und Hinweisen zum Mitmachen
- Ebenso: kleine Kerzen mit Halter (für den späteren Verlauf der Vesper)
- Letztere beiden werden den Feiernden beim Hereinkommen gegeben

Musik

- Orgel
- Außerdem: Kleinorgel, Klavier oder Keyboard (in unmittelbarer Nähe der singenden und tanzenden Kindergruppen)
- Wenn der »Quempas« in vier Gruppen gesungen wird, dann zum Beispiel: Kurrende, Kinderkirche a, Kinderkirche b und Elterngruppe
- Wünschenswert: eine Gitarre und/oder eine Flöte

Beteiligte Personen

- Liturg(in)
- Leser(in) der Weihnachtsgeschichte: geübte(r) Konfirmand(in)

- Maria (im Spiel): Mädchen der Kinderkirche
- Josef (im Spiel): Junge der Kinderkirche
- Hirten (im Spiel): Jungen der Kinderkirche
- Engel (im Spiel): Kinder der Kurrende
- Maria als Sprecherin: Konfirmandin
- Josef als Sprecher: Konfirmand
- Hirte als Sprecher: Konfirmanden
- Engel als Sprecher: Konfirmand
- Gitarre und/oder Flöte spielende(r) Vater/Mutter
- Chorleiter(in) oder Musiklehrer(in) als Arrangeur(in)

Sonstiges

- Im Kirchraum wird es sehr eng zugehen. Viele Besucher(innen) kennen sich im Verlauf eines Gottesdienstes auch kaum mehr aus. Mitarbeiter(innen) der Gemeinde werden schon beim Hereinkommen freundlich und informativ erkennbar sein müssen und dort, wo es nötig ist, präsent sein.

Gottesdienst

Ankommen

Orgel

In sachten Tönen werden die Gekommenen in die Stille begleitet

Prolog — Liturg(in)

Wenn du vor dem Kind stehst,
leg die lauten Worte ab, die Waffen deines verkarsteten Wesens. Den Liedermantel leg an, Lächeln, Zärtlichkeit. Mit Träumen komm, dem Gewand deiner Hoffnung.

Ingeborg Pacher

Begrüßung — Liturg(in)

Heiliger Abend. Draußen ist es schon fast dunkel. Und wir? Dicht gedrängt in dieser Kirche. Kleine und Große, Junge und Alte, Leute von nebenan und von weither. Haben unsere Häuser und Wohnungen verlassen, um zu sehen, zu hören, zu riechen, zu tasten. Wie? Gott ein Kind? Gott im

Stroh? Und Frieden – Frieden soll werden? Ja, so der Prophet: »Das Volk, das im Finstern wandelt, sieht ein großes Licht ...« (Jesaja 9.1). Nun ja, wir werden sehen. Und wenn es in dieser Vesper, liebe Feiernden, etwas wuselig wird bisweilen, dann gehört das wie die Stille, die wir erleben, dazu ... Nun aber komm, himmlisches Licht, und lass uns begreifen!

Orgel und Gemeinde

»Tochter Zion, freue dich«
(EG 13)

Liturg(in)

Psalm

Sagt es leise weiter!
Sagt allen, die sich fürchten, fürchtet euch nicht!
Es hat der Himmel die Erde gefunden!
Gott ist da!

Geht und sucht!

Aber nicht in den Sternen!
Nicht in den Schaufenstern!
In euren Tränen kommt der Himmel zur Welt!
In euren schon hundertmal gescheiterten Versuchen!
In eurem kleinen Mut, der fast schon keiner mehr ist!

Also geht und sucht!
Und fürchtet euch nicht!

Die Kurrende-Kinder haben auf der Empore der Orgel Platz genommen, die Kinder der Kinderkirche auf der rechten und der linken Seite des Altarraums (verstärkt durch einige Väter und Mütter). Im hinteren Teil des Gottesdienstraumes hat sich eine kleine Eltern-Schola aufgestellt. Gemeinsam mit der Gemeinde singen die vier Gruppen das »Quempas«.

Orgel, Singgruppen und Gemeinde

»Den die Hirten lobeten sehre«
(EG 29.1-4)

Ihr werdet finden
(Krippenspiel)

Liturg(in)

Es gibt Geschichten, die kennen wir. Und hören sie doch wie zum ersten Mal. Ihre Abfolge, Bilder und Worte – längst sind sie uns in Fleisch und Blut übergegangen. Und doch sind da immer neue Entdeckungen. Seht selbst!

Erste Szene

Die elektrischen Lichter im Kirchenraum verlöschen. Die Sprecherin spricht von der Kanzel aus (Wenn möglich: angestrahlt von einem Punktstrahler). Während der Lesung kommt Josef durch den Mittelgang. Er hat einen Umhang um und einen Hut auf. Über seiner Schulter trägt er eine alte Ledertasche. In seiner Hand führt er einen Stock. Vor der Bretterhütte stellt er sich ins Stroh und bleibt unbeweglich stehen. Josef spielt das Gesprochene pantomimisch mit.

Sprecher(in) 1

Evangelium nach Lukas 2.1–5

Bleibt stehen

Ein Sprecher tritt in den Altarraum

Sprecher 2

Ihr habt's gut. Ihr seid schon da. Aber ich? Drei Tage bin ich jetzt schon unterwegs. Und warum? Weil es unser »göttlicher Augustus« so will. Er braucht mal wieder Geld. Für seinen Luxus, seine Kriege. Und wir sollen dafür aufkommen. Immer neue Soldaten ... immer neue Kampfwagen ... Stoffe aus Kleinasien ... Gewürze aus Arabien? Wer braucht das? Ich vielleicht, Josef aus Nazareth!?

Kleine Pause

Bauschreiner bin ich. Hab meine Werkstatt vom Vater geerbt. Hab immer nur gearbeitet. Und die Leute waren mit meiner Arbeit zufrieden. Aber jetzt? Jetzt bleibt sie liegen. Nur weil's »die Herren dort droben« so wollen. Sie sprechen von »Bürgerpflichten«, denen wir nachkommen sollen. »Bürgerpflichten«! Dass ich nicht lache – nichts als Geld wollen sie. Um sich herauszuputzen, ihre Macht auszubauen und uns hier das Letzte zu nehmen!

Kleine Pause

Und dann das noch: Maria, meine Frau, bekommt ein Kind. Es wird nicht mehr lange dauern. Aber wie ihr helfen? Nachbarn sind hier nicht. Keiner kennt den anderen. Jeder hat mit sich selbst zu tun. Ich muss mir was einfallen lassen. Neulich, übrigens, hatte ich einen Traum. Einen ziemlich seltsamen: ein Kind von Gott würde es werden.

Kleine Pause

Ein Kind von Gott?

Kleine Pause

Was soll das? Wie geht das?

Kleine Pause

Ich bin ein Schreiner. Begreife es, wer's kann. Ich kann's nicht!

Orgel und Gemeinde

»Macht hoch, die Tür«
(EG 1.1+5)

Während des Liedes kommt Maria in den Altarraum. Sie geht auf den Holzklotz zu, der in der Nähe von Josef steht, legt ein Tuch darüber und nimmt Platz.

Sprecher(in) 3

In Bethlehem war ich noch nie. Bin über Nazareth noch nie hinausgekommen. Na ja, vielleicht mal runter zum See. Aber weiter noch nicht. Und dann das – Tage lang über Stock und Stein, über Berge, durch Täler, Flüsse, Dörfer und Städte. War anstrengend.

Kleine Pause

Ich darf nicht so viel reden – ihr wisst schon. Das Kind, das ich trage – es meldet sich schon mächtig. Lieber wäre mir ja ein Mädchen. Aber der Engel hat gesagt, ein Junge würde es werden. Und noch was: Wer Hunger hat, würde zu essen bekommen, und wer traurig ist, würde sich freuen können. Und Frieden soll werden. Und alles das, so hab ich verstanden, soll mit meinem Kind zu tun haben!

Ich versteh das alles nicht. Hoffentlich geht alles gut. Ich bin ziemlich aufgedreht, doch irgendwie auch müde – todmüde.

Kleine Pause

Ob ich irgendwo eine Frau finde, die mir hilft, wenn das Kind kommt? Beim ersten Mal soll das alles nicht so einfach sein, hab ich gehört. Und ob Josef überhaupt was findet, wo das Kind zur Welt kommen kann? Ein Gasthaus, eine Hütte? Ja, ein paar Verwandte sollen noch leben, weit entfernt. Aber wir kennen uns gar nicht, haben uns noch nie gesehen!

Zweite Szene

Evangelium nach Lukas 2.6+7 — Sprecher(in) 1

Während der Lesung wird aus dem Stall eine Holzkrippe in den Altarraum getragen. Quer darüber liegt ein grobes Brett, auf dem eine große Kerze steht. Maria und Josef treten an die Stelle heran und entzünden die Kerze. Drei Lichtträger(innen) bringen Licht von der Krippe zu den anderen, die Szene markierenden Kerzen rund um den Stall und im Altarraum. Das Lichtwerden setzt sich fort: Zuletzt erstrahlen auch die Tannenbäume im Licht ihrer Kerzen. Das alles dauert. Von der Seite kommen die Kinder der Kurrende und der Kinderkirche.

Kinder der Kurrende und Kinderkirche

»Carrasclás, hier das Kind in der Krippe liegt!«
(Altes spanisches Tanzlied/In: Gert Watkinson »77 Spiel- und Tanzlieder zur Bibel«, Christophorus-Verlag Freiburg)

Dritte Szene

Evangelium nach Lukas 2.8–14 — Sprecher(in) 1

Während der Lesung setzen sich am Lagerfeuer drei Hirten zusammen. Sprecher kommen in den Altarraum.

Sprecher 4

Ich also bin einer von ihnen. Die Geschichten nennen uns Hirten. Ja, und die sind wir auch. Aber was wisst ihr denn eigentlich von uns. Glaubt ja nicht, wir hätten den lieben langen Tag nichts anderes zu tun, als Flöte zu spielen und

Feuerchen zu machen. Ich weiß nicht, wie die dazu kommen, die euch so was erzählen. Das mit den Schafen ist ein ziemlich anstrengendes Geschäft. Und wenn das so über Tage und Wochen geht, sind wir wie gerädert.

Kleine Pause

Neulich erst haben sich einige der Tiere im Wadi verlaufen. Ich kann euch sagen, einen ganzen Tag lang und eine ganze Nacht waren wir unterwegs, die Ausreißer wieder einzufangen und ihre Wunden zu versorgen. Für ein paar andere kamen wir zu spät – gegen die Prärielöwen in dieser Gegend und die Wölfe hatten sie keine Chance.

Sprecher 5

Viele von euch gehen uns aus dem Weg. Wir spüren das. Für viele sind wir der letzte Dreck. Gerade gut für Arbeiten, für die sich andere zu fein sind. Und wie bei unserer Arbeit, so auch daheim: immer sind wir draußen, gehören nie wirklich dazu. »Sternenzähler« rufen sie uns nach. Oder »Nachteulen«. Und weil wir nach Tierfell riechen, nennen sie uns »Muffler« und rufen ihre Kinder von der Straße. Und neulich habe ich einen dichten gehört: »Wer nichts wird, wird Hirt!«

Sprecher 6

Na ja, manchmal geht mir das Geblöke der Schafe ganz schön auf die Nerven. »Lammfromm«, sagen einige. Oder »zahm wie ein Lamm«. Wenn die wüssten! Haben noch nie eine Herde Schafe erlebt! Wie wilde Tiere können die sein – einander verletzen, zu Tode treten! Und wer muss dafür geradestehen? Wir, die Hirten – wer sonst!?

Orgel und Gemeinde

»Kommet, ihr Hirten«
(EG 48)

Während des Liedes versammeln sich die Kinder der Kinderkirche noch außerhalb des Altarraumes, als Engel verkleidet. Sie gehen in den Altarraum und stellen sich auf zwischen Hirtenfeld und Stall. (Wo möglich: geführt von einem Punktstrahler.) Sie wenden sich den Hirten und der Gemeinde zu und sprechen die Himmelsbotschaft über das Feld: »Ehre sei Gott in der Höhe – und Frieden auf Erden – bei den Menschen seines Wohlgefallens!« Von außen kommt ein(e) Sprecher(in).

Sprecher(in) 7

Wisst ihr was? Ohne uns Engel gäbe es die Heilige Nacht überhaupt nicht. Alles bliebe dunkel. Wenn es dir schlecht geht, du heulen könntest: Keinen würde es interessieren. Ihr hättet sie sehen sollen, dort, die Hirten damals, draußen auf dem Feld – ein Häufchen Elend – jämmerlich ausgebrannt! Feuer? Nein, da war keines mehr. Alles nur noch Asche. Wären wir nicht gewesen – nichts hätte sich getan. Hätten einfach weitergemacht, das Kind nie gefunden.

Kleine Pause

»Hey ihr, was ist? Was habt ihr vor? Oder wisst ihr das selbst nicht!? Wie, was – hat doch keinen Sinn, es mag uns halt keiner, es ist, wie es ist!? Ist ja ein tolles Lied, was ihr da singt! Hört sich an wie Friedhof! Wer sagt das denn, dass es so ist, wie es ist!? Und wer sagt das denn, dass euch keiner mag!? Ihr selbst sagt euch das, redet es euch ein! Feine Gesellschaft! Meinen von sich, sie taugen nicht und machen die Rechnung, wie lange schon, ohne den Wirt! Natürlich seid ihr wert – und wie viel – und wie sehr! Wisst ihr denn nicht, dass ihr Funkelsteine seid, Goldwert, Gott so lieb wie sonst nichts auf dieser Welt: Durchs Feuer würde er gehen für euch!«

Kleine Pause

Die Kinder der Kinderkirche gehen an die Hirten näher heran, führen ihre Hände zum Segen hoch, bleiben kurz stehen und gehen dann wieder zu ihren Plätzen zurück. (Wenn möglich: der Punktstrahler leuchtet ihnen den Weg aus und erlischt.)

Kleine Pause

Die Kinder der Kurrende und der Kinderkirche kommen von der Seite und nehmen ihre Plätze ein.

Kinder der Kurrende und Kinderkirche

»Jubelnd singt der Engelchor«
(Altes französisches Kinderlied/In: Gert Watkinson a.a.O.)

Vierte Szene

Sprecherin 1

Evangelium nach Lukas 2.15f.

Während der Lesung laufen die Hirten zum Stall, knien vor der Krippe, überreichen den Eltern die Geschenke und bleiben.

Orgel und Gemeinde

»Ich steh an deiner Krippen hier«
(EG 37.1.2)

Die Weihnachtsgeschichte wird von der Sprecherin zu Ende gelesen: 2.17-20. Die Hirten gehen in die Gemeinde, schlängeln sich zwischen einigen Bänken hindurch und breiten das Wort aus. Da und dort bleiben sie stehen und rufen kräftig: »Hevenu Schalom« oder »Licht« oder »Jesus ist geboren« oder »Fürchtet euch nicht«. Die Kinder der Kurrende und der Kinderkirche schließen den Weg in die Welt im Altarraum mit einem Lied aus dem alten Neuseeland ab.

Kinder der Kurrende und der Kinderkirche
(Vorschlag: begleitet von einem Gitarre spielenden Vater und/oder einer Flöte spielenden Mutter)

»Son of God, whose heart is peace«
(Maori-Melodie in: »Internationales Ökumenisches Liederbuch«, Strube-Verlag München 1995)

Zurück zu mir selbst

Anrede

Liturg(in)

Wie oft ich die Weihnachtsgeschichte des Evangelisten Lukas in meinem Leben schon gelesen, gehört oder gespielt habe, weiß ich nicht. Hundert Mal? Zweihundert Mal? Wie oft auch. Immer werde ich es ein bisschen anders getan haben.
Heute ging mir auf, dass unter den Augenzeugen des neugeborenen Kindes auffallend viele Männer sind. Josef, der Wirt, die Hirten. Und in einem anderen Evangelium: Könige. Könige aus dem Osten. Und, mit ganz spezieller Absicht: König Herodes. *Warum vor allem Männer*, so neugierig meine Frage.

Vielleicht, weil es vor allem Männer begreifen sollen: Wer oben ist oder unten, hoch angesehen ist oder gar nicht, wer viel Geld hat oder wenig oder überhaupt keines – alles das interessiert nicht. Von Interesse allein ist, dass es zur Begegnung zwischen dem Kind und mir kommt, ich mich gegen meine ach so lieb gewordenen Gewohnheiten und unerschütterlichen Urteile neu noch einmal *zu mir selbst einladen* lasse, zu einem neuen Anfang und allerersten Schritt. Nicht weil alles verkehrt gelaufen wäre, was ich die Jahre über getan und gelassen und von mir selbst und anderen gefordert habe. Eher deshalb, damit ich nicht meine, es gäbe nur das eine und etwas anderes sei ausgeschlossen.
Die Kraft des kleinen Neuanfangs? Staunen möchte sie mich lassen, mich geradezu in Schrecken darüber versetzen, dass groß im Leben nicht ist, was großartig und laut und breitbeinig daherkommt, von irgendwem zu irgendetwas herausgeputzt und zum Kauf angeboten. Sondern das, womit du überhaupt nicht gerechnet – es nur immer übersehen hast. Lern, deinen Augen zu trauen und deinen Ohren, überhaupt deinen Sinnen. Und lass dir Zeit: Die wirkliche Perle liegt *manchmal etwas tiefer vergraben!*
Aber gar nicht weit weg von dir! Wie war es denn? Als sie die Engel vom Himmel sprechen hörten, der sich mit dieser Erde zusammen tun und zu einem einzigartigen Ort verbinden würde, da konnten es die Hirten ja erst gar nicht glauben. Aber als sie dann ins Laufen kamen, es wissen wollten, da war es nicht die Fünf-Sterne-Empfehlung, zu der sie aufbrachen, irgendwo in einem fernen Land, sondern der Stall und das Stroh ganz um ihre Ecke. Dicht bei ihnen. *In ihnen selbst.* Mein Gott, so ihre Entdeckung: wie neugeboren! Ich muss es nur geschehen lassen, mich lösen, heraustreten aus der Starre. Sie lassen, meine tausend Gründe dagegen. Sie auftun, meine ungezählten, kunstvoll gepflegten Visiere, hinter denen ich immun und für den Rest der Welt unerreichbar bin. Ich muss ihn abtun, den Mummenschanz meines Lebens, in den ich mich hülle – *und heute der bin und morgen ein anderer, aber nie, der ich wirklich bin.*
Das aber – sie loszuwerden, meine Maskeraden, und erkennbar zu werden, mit Gesicht und Wesen, ist das Geschenk des Kindes für mich. Kinder sind so, sie können gar nicht anders. Wenn es ihnen gut geht, freuen sie sich, und wenn es ihnen wehtut, weinen sie. Und so auch wollen sie es mit mir und mit dir und mit uns allen. Und eben das ist unsere Chance. *In der Gegenwart des Kindes kehre ich zu mir selbst zurück.*

Und von dort aus können sich Kreise bilden und auch der andere Frieden, der große und ganz große, etwas werden. Und natürlich hat das nicht alles nur damit zu tun, dass es vor allem Männer waren, die die Ersten waren im Stall. Aber mit ihnen hatte es wohl einen ganz besonderen Augenblick und ein ganz besonderes Stück heilsames Entdecken vor.

Orgel und Gemeinde

»Dies ist die Nacht, da mir erschienen«
(EG 40.1-3)

Während des Liedes beginnen sich die im Altarraum gebliebenen Krippenfiguren zu bewegen. Sie tragen das Licht in die Gemeinde. Die beim Hereinkommen gegebenen Kerzen werden entfacht.

Wir lassen dich nicht

Liturg(in) Gebet

Gott, nahe bist du uns gekommen, nahe wie es näher nicht geht. Die Hoffnung? Sie lebt. Sie hat Raum gefunden, Hände und Füße, Herz und Verstand, Gesicht und Namen. Auch in uns. So lass uns zu Menschen werden, in denen es aufscheint, dein Licht. Dass wir lieben, wo man sich hasst, dass wir verzeihen, wo man sich beleidigt, dass wir Frieden machen, wo Streit ist, dass wir die Wahrheit sagen, wo die Unwahrheit herrscht, dass wir ein Licht anzünden, wo die Finsternis regiert. Neu geboren zu werden, in einen neuen Anfang verwandelt zu werden: Was gibt es Schöneres? Barmherziger, wir lassen dich nicht, du segnest uns denn!

Vater Unser

Segen

Der barmherzige Gott beschenke euch mit der Behutsamkeit seiner Hände, mit dem Lächeln seines Mundes, mit der Wärme seines Herzens, mit der Güte seiner Augen, mit der Klarheit seines Geistes, mit dem Geheimnis seiner Gegenwart. Der Vater – der Sohn – die Heilkraft des Geistes.

Orgel und Gemeinde

»O du fröhliche«

(EG 44)

Töne der Orgel begleiten nach draußen.

(5)
Gottes und Marien Sohn
Christmette

Liturgischer Baukasten

- Die Gelegenheit
  - Heiligabend, spät in der Nacht, Christmette
  - Für viele war am Abend noch nicht die Zeit, jetzt kommen sie
  - Für einige war es am Abend zu umtriebig, sie suchen »ihre Ruhe«
  - Andere waren heute schon einmal da, sie kommen wieder
  - Einfache Kammerform (Stille – Musik – Gedanke – Gebet)

- Der Raum
  - Weihnachtlich geschmückte Kirche
  - Halbdunkel
  - Altarwand gegenüber dem Weihnachtsbaum: Projektionsfläche für das spätere Bild

- Materialien
  - Bildprojektor oder Beamer
  - Möglicherweise: großflächige Leinwand
  - Programmblätter mit der Radierung Miroslav Koscielniaks und den Liedern der Mette

- Musik
  - Orgel
  - Wenn möglich: Instrumentalgruppe und Solistin

- Beteiligte Personen
  - Liturg(in)
  - Vier geübte Textsprecher(innen)

Schweige und höre

Die Glocken läuten. Die Orgel hilft, anzukommen im Raum und sich zu sammeln. Die elektrischen Lichter werden gelöscht. Es verbleiben: die Altarkerzen, die Lichter am Tannenbaum, in den Nischen (und an den Wänden). Weitere folgen im weiteren Verlauf.

Prolog

Sprecher(in)

Vielleicht geht dir ein Licht auf mitten in der Nacht. Vielleicht hörst du von etwas, das es doch eigentlich gar nicht gibt. Vielleicht kommt dir plötzlich: da will etwas zu mir, und ich weiß nicht, wie ich es mir vorstellen und damit umgehen soll. Und du erfährst, du, lass zurück, dann aber steh auf und geh los: Schweige und höre und lass dich auf etwas ein, wo alles noch frisch!

Einstimmung

Liturg(in)

Es ist schon spät. Und doch habt ihr den Weg hierher gefunden. In die Enge des Raums. Ins Halbdunkel der Kerzen. Mag sein, ihr wart schon einmal da – manchmal ja muss man zweimal suchen, um zu finden. Oder ihr habt bis jetzt gewartet, weil ihr euch von so manchem erst lösen musstet. Sprechen sollen jetzt vor allem die Lichter: klein, aber voller Verheißung. Und sprechen soll nachher auch das Bild des polnischen Künstlers Miroslav Koscielniak. Ein Weihnachtsbild der ganz eigenen Sprache (auf dem Liedblatt vorne auf). Gnade sei mit euch und Friede von Gott, unserem Vater, und von dem Herrn Jesus Christus!

Zwei Mitarbeiter(innen) bringen die Kerzen zu den Bänken und helfen beim Entfachen

Orgel und Gemeinde

»Die Nacht ist vorgedrungen«
(EG 16.1.4.5)

Alte Ahnungen

Sprecher(in) 1

»Aus dem Stamm Isais wird ein Reis hervorgehen und ein Zweig aus seiner Wurzel Frucht bringen. Und ruhen wird auf ihm der Geist des Herrn. Der Geist der Vernunft und der Weisheit, der Geist des Rates und der Kraft, der Geist der Erkenntnis und der Furcht des Herrn. Und richten wird er nicht nach dem, was seine Augen sehen, noch urteilen nach dem, was seine Ohren hören. Sondern mit Gerechtigkeit wird er kommen und rechtes Urteil sprechen über die Armen und Elenden im Land. Und mit dem Stab seines Mundes wird er die Gewalttätigen schlagen und mit dem Odem seiner Lippen die Gottlosen töten. Da werden die Wölfe bei den Lämmern wohnen und die Panther bei den Böcken lagern. Und Gott wird ein Zeichen aufrichten unter den Völkern und die Verjagten Israels zusammenbringen und die Zerstreuten Judas sammeln von den vier Enden der Erde ...«
(Jesaja 11)

Arie

»Bereite dich, Zion«
(Alt und Instrumente aus: J. S. Bach »Weihnachtsoratorium«)

Sprecher(in) 2

»Und dann wird der Berg, worauf des Herrn Haus ist, fest stehen, erhaben über alle Berge und Hügel. Und die Völker werden zu ihm kommen und sagen: Kommt, lasst uns hingehen zum Berg des Herrn und zum Haus des Gottes Jakobs, auf dass er uns seine Wege zeige und wir wandeln auf seinen Pfaden. Und vom Zion wird Weisung ausgehen und von Jerusalem das Wort des Herrn. Recht wird er sprechen unter den Völkern. Und ihre Schwerter werden sie zu Pflugscharen umschmieden und ihre Rebmesser zu Spießen machen. Und kein Volk mehr wird gegen das andere sein Schwert erheben. Und ein jeder wird unter seinem Weinstock und Feigenbaum wohnen. Und keiner mehr wird den anderen schrecken ...«
(Micha 4)

Orgel und Gemeinde

»Tochter Zion, freue dich«
(EG 13.1-3)

Es begab sich aber

Evangelium nach Lukas 2.1–14

Sprecher(in) 3

Orgel oder Instrumente

Musikalisches Zwischenspiel

Evangelium nach Lukas 2.15–19

Sprecher(in) 4

Orgel und Gemeinde

»Ich steh an deiner Krippen hier«
(EG 37.1-3.9)

Und bewegte sie in ihrem Herzen

Miroslav Koscielniak (1944)
Radierung aus dem Konzentrationslager Auschwitz

	Das Bild wird an die Altarwand (Leinwand) projiziert
	Kleine Pause
Liturg(in)	»Und Maria behielt alle diese Worte und bewegte sie in ihrem Herzen ...« So wohl könnte es gewesen sein, damals, als es die Hirten nicht mehr hielt, sie losliefen und öffentlich machten, überall auf der Welt, was sie gehört und gesehen hatten. Und wie es Miroslav Koscielniak auf seinem Bild gemalt hat, könnten sie sie zurückgelassen haben – das Kind und die Frau und etwas dahinter den Mann und alles in seinen Glanz hüllend das Licht. Lasst euch mit dem Bild ein wenig Zeit.
	Kleine Pause
	Auffällig einseitig: Das ganze Geschehen geht vom Kind aus. Alles Suchen, alles Sehen, alles Hoffen, alles Zweifeln hat seinen Mittelpunkt in ihm. »Wenn du vor dem Kinde stehst ...« so Ingeborg Pacher in ihrem Gedicht, »dann leg die lauten Worte ab, zieh den Liedermantel an, mit Träumen komm, dem Gewand deiner Hoffnung.« Doch nicht das Kind hat meine Aufmerksamkeit: Eher die Mutter, durchgetragen hat sie es, vor ein paar Stunden erst geboren.
	Kleine Pause
	Es ist noch gar nicht so lange her, da war ihr noch ganz anders zumute. Wie leben mit so viel Ungeklärtem? Sie wusste es nicht, konnte es gar nicht wissen. Die Angst legte sich wie Kletten um sie. In ihre Freude war etwas vermischt, was sie zutiefst beunruhigte. Und doch, das Ungeklärte klärte sich. Gott, so ihr Hymnus: Du stehst zu deiner Absicht. Neues willst du und du willst es für mich. Und du willst es nicht ohne mich: Die Erniedrigung deiner Magd, du hast sie gesehen und du willst, dass es ein Ende damit hat und sie aufrecht geht! Und die Mächtigen und Gewalttätigen, du stößt sie vom Thron! Und die am Boden liegen richtest du auf und die Reichen überlässt du sich selbst! Maria spürte: Den Grund meines Lebens – den hab gefunden. Und das macht sie stark und lässt sie den Widrigkeiten standhalten. Dem Engel des Höchsten zu begegnen? Maria wusste, was es bedeutet, wuchs täglich aufs Neue hinein: Nie mehr ohne ihn, nie mehr mit Halbheiten zufrieden, ums Ganze geht's!

Kleine Pause

So auch jetzt, wo sie ihr Kind zur Welt bringt. In einem Stall. Bei Ochs und Esel, Ratte und Maus. Unter Umständen, dass Gott erbarm. Aber von den Dingen überrannt, das wird sie nicht. Ganz im Gegenteil: Sie richtet sich auf und richtet sich ein und trotzt den Verhältnissen jenes Quäntchen Verheißung ab, ohne die es nicht auszuhalten ist in diesem Leben. Und Josef, der Praktiker? Er hilft ihr dabei. Und wenn ihr die Enge noch eben Angst machte, so tut sie das jetzt gleich gar nicht mehr. Denn mit dem Engel vis-à-vis verwandelt sich das Fremde in jene Kuhle, in der nicht Könige, aber in dieser Nacht wohl Gott geboren wird. Und davon nimmt sie. Und das macht sie groß. Und das verleiht ihrem Leben Flügel, es so und wenn es sein soll anders zu machen. »Du stellst meine Füße auf weiten Raum ...« (Psalm 31.19). Wenige Zeilen zuvor nur spricht der Sänger von Gott als dem »starken Fels«. Stehen, wurzeln, Boden unter den Füßen zu haben – und alles das aus der Verbundenheit mit dem, der will, dass ich bin. Alles das geht Maria auf, wo sie in das Gesicht ihres Kindes schaut – und alles andere vergisst. Sie wird es brauchen, denn mit ihrem Kind, so ahnt sie, würde sie schon bald mit Entscheidungen zu tun haben, die ihre ganze Kraft erfordern.

Kleine Pause

Festigkeit und Bewegung. In Maria findet sich beides. Schon als Mädchen, als ihr der Engel sein »Gesegnet« zurief. Und kurz danach, als sie sich aufmachte, über den Berg, ihre Schwester zu besuchen. Und als sie ihr entgegentrat, da sei das Kind in Elisabeths Leib in lauter Bewegung geraten. Und ebenso damals und damals vor allem, als der Kaiser die Volkszählung befahl und sie mit Josef über Stock und Stein zog, um Unterkunft bat und ihr die Leute mit der immer gleichen Verweigerung begegneten. Bis ihnen jemand (warum: sie wusste es nicht) im Hinterhof den Stall überließ. Aber eines, das wusste sie: Im Hinterhof geboren zu werden, das hängt dir an, solange du lebst. Das ist ein Makel, von dem du dich nicht mehr lösen kannst. Menschen wollen Erfolgsgeschichten, Bilder, die in die Augen springen, Lichtgestalten, die sie auffahren lassen und verzaubern. Wer mitsprechen will, muss was darstellen, sich ausweisen können.

Kleine Pause

Wie wird es sich entwickeln, mein Kind? Welche Wege gehen, wenn hier erst mal Schluss ist? Was wird es vorziehen, die Chaussée oder den Trampelpfad? Und wenn es eine Gratwanderung wird, wird es sie in Kauf nehmen oder nach Notausgängen Ausschau halten? Und wenn es Frieden sagt, welchen wird es meinen: nur den eigenen oder den auch, in dem der andere »Herberge« findet? Fragen über Fragen. Maria lässt sich Zeit. Und doch muss sie lernen, gerade sie: Mein Kind, es gehört mir nicht, ich kann ihm meine Liebe geben, ich kann ihm meine Gedanken, meine Ratschläge, meine Hoffnungen geben, aber seinen Weg wird es selbst gehen – und ob ich ihm dahin folgen kann, das weiß ich nicht!

Kleine Pause

Draußen beginnt es sich zu regen. Leute sind gekommen, aufgeregt und ziemlich zerzaust. Hirten. Mit tausend Fragen. Mit ganz anderen, als sie sie gerade hatte. Aber gut so. Denn sie weiß, wenn sie ins Grübeln verfällt, wird sie auf der Stelle treten. So aber wird sie es nicht halten können, ihr tief von Gott in sie Eingelassenes. Also wendet sie sich den Hirten zu – spürt: Im Hoffnungssog derer, die es eben noch gar nicht fassen konnten, was ihnen geschah, da wachsen ihr Flügel. Auch ihr. Und siehe: Sie tragen. Nein, überhaupt nicht auf und davon und in den Himmel schon gar nicht. Sondern hinein ins notwendig Nächste – denn mit Josef und dem Kind muss sie über die Grenze, nach Ägypten, fort von Herodes, der es nicht aushält mit der Geburt des Kindes dort im Stall. Die Flügel, kräftige und mächtige, brauchte sie später dann, als sie ihr Kind (längst zum Mann geworden) davon sprechen hörte, dass er sie verlassen müsse: Vater und Brüder und Schwestern, überhaupt »seine Familie« anderswo suchen müsse, überall dort, »wo die Menschen darangingen, den Willen Gottes zu tun«. Könnt ich euch vorstellen, wie mir war in diesem Augenblick? Aber die noch viel kräftigeren und mächtigeren Flügel habe ich dort gebraucht, wenig danach, als sie ihn kreuzigten und von seiner »Familie« keiner mehr zu sehen war. Erst damals, nein, noch immer nicht, sondern später erst ist mir aufgegangen, in Zittern und Zagen und allerersten Anfängen, was es war, was andere in ihrem Sohn gesehen und sie weder ihm noch sich selbst hat ersparen können: dass Gott seine Welt nicht länger hat warten lassen wollen, den Himmel aufgetan hat und endlich einer da war – für die Geängsteten, dass sie sich trauten und Mut schöpften – für die Hungernden, dass sie satt würden und anfingen, an das Leben zu glauben – für die Gequälten, dass sie Erbarmen und Gerechtigkeit fänden – einer da sei endlich, den Machern das Handwerk zu legen, und für das Leben noch Träume zu haben!

Kleine Pause

Den Machern das Handwerk zu legen, für das Leben noch Träume zu haben ... Mit wenigen anderen hat Miroslav Koscielniak Auschwitz überlebt. Millionen andere taten es nicht. Mit seinen Bildern will er helfen, gegen die Gewalt und gegen das Grauen in dieser Welt in der Geburt des Kindes die Geburt der Hoffnung zu sehen.

Zwischenspiel der Orgel oder Instrumente

Himmel, berühre

Gebet

Himmel/ Sprecher(in) 1
Berühre die Erde/
und senke deine wärmenden Strahlen/
in alles Erstarrte.

Berühre die Erde/ Sprecher(in) 2
und erhelle mit deinem Glanz/
die Finsternisse der Erde.

Berühre die Erde/ Sprecher(in) 1
und verzaubere mit deinen Farben/
alles Öde im Leben.

Berühre die Erde/ Sprecher(in) 2
und heile durch deine Kraft/
die Wunden der Welt.

Sprecher(in) 1

Berühre die Erde/
und erfülle mit frischer Fantasie/
die Enge der Herzen.

Sprecher(in) 2

Berühre die Erde/
und schütze mit deiner Nähe die Erde und das Wasser,
die Luft und die Pflanzen, die Tiere, die Menschen und alles,
was lebt.

Liturg(in)

Himmel auf Erden, lass dich umarmen!
Elisabeth Bernet

Stilles Gebet

Vater Unser

Segen

Wenn der Boden unter meinen Füßen schwankt, reichst du mir deine Hand. Wenn sich die Erde auftut und mich zu verschlingen droht, umgibst du mich mit deiner Liebe und bist mir Stecken und Stab.
So bleibe bei uns mit deinem Segen
für Leib und Seele!
So bleibe bei uns mit deiner Frische
für Geist und Sinn!
So bleibe bei uns mit deiner Nähe
auf allen unseren Wegen!
Gott Vater, Gott Sohn, Gott Heilkraft des Lebens

Orgel und Gemeinde

»O du fröhliche«
(EG 44)

Die Orgel begleitet in sachten Tönen nach draußen

(6)
Nach Hause

Eucharistisches Fest am Ersten Weihnachtsfeiertag

Liturgischer Baukasten

Die Gelegenheit

- Der »Fürst des Friedens« ist geboren
- Das Mahl der Freude (Eucharistie) feiern, von Herzen danken, neu sich verb(i)ünden
- Mit der Familie, den Freunden, die an Weihnachten zu Besuch sind
- Mit den Gästen der Gemeinde und aus anderen Gemeinden
- Ökumenische Gastfreundschaft praktizieren

Der Raum

- Im Altarraum: großer Tisch (mit frischem Weihnachtsstern)
- Seitwärts davon: zwei kleine Tische (mit den Gaben)

Materialien

- Bauerntisch
- Großes Tischtuch
- Zwei Gruppentische
- Frisch gebackenes, geschnittenes Brot auf Schalen
- Wein in Krügen
- Kelche
- Kleine Geburtsikone
- Zwei große Kerzen auf Kerzenhalter
- Programmblätter mit Bildmotiv, Glaubensbekenntnis und Liedern (ausgegeben bei der Begrüßung der Gäste beim Hereinkommen)

Musik

- Orgel
- Chor oder Singgruppe
- Wenn möglich: Instrumentalensemble/Bläser

Beteiligte Personen

- Liturg(in)
- Geübte(r) Sprecher(in) für die Lesung des Tages

Als ein behutsam Licht

Töne der Orgel helfen anzukommen im Raum

Liturg(in)

Prolog

Geboren
unter den Machthabern der Zeit/
Erfasst
von den Maßnahmen der Verwaltung/
Preisgegeben
an die Verhältnisse der Welt.

Mensch unter Menschen/
Unter den Gottlosen nahe bei Gott/
Unter den Heillosen Bringer des Heils/
Unter den Friedlosen Helfer zum Frieden.
Wolfgang Dietrich

Wir feiern diesen Gottesdienst im Namen Gottes, der die Liebe ist, im Namen Jesu Christi, der für die Liebe gelebt hat und gestorben ist, und im Namen der Kraft des Geistes, die nicht ruht, bis die Liebe zu immer neuen Wundern geboren und eines Tages alles in allem sein wird.

Orgel und Gemeinde

»Lobt Gott, ihr Christen alle gleich«
(EG 27.1–3.5.6)

Liturg(in)

Psalmgebet

Als ein behutsam Licht stiegst du von Vaters Thron/
Wachse, erlisch uns nicht, Gotteskind, Menschensohn!

Sanfter, wir brauchen dich dringender war es nie/
Bitte dich inniglich, dich und die Magd Marie!

Gib uns von deiner Güt nicht bloß Gered und Schein/
Öffne das Frostgemüt, zeig ihm des anderen Pein!

Mach, dass nicht allwärts Mensch gegen Mensch
sich stellt/
Weis das verratene Herz hin nach der neuen Welt!

Frieden, gib Frieden allen die willens sind/
Dein ist die Macht und die Ehr, Menschensohn, Gotteskind!

Orgel und Gemeinde

»Ehre sei dem Vater und dem Sohn und dem Heiligen Geist. Wie es war im Anfang, jetzt und immerdar und von Ewigkeit zu Ewigkeit. Amen.

Kyrie

Liturg(in)

Reiß ihn auf, deinen Himmel, Gott Adonai! Reiß ihn auf und komm und schau es dir an, das verwundete Antlitz deiner geliebten Erde und die aus dem Takt geratenen Herzen deiner Menschen, von denen du am Anfang so Großes dachtest! Kommt, ihr Wolken, regnet ihn aus, den alten Menschheitstraum, vielleicht lebt er noch! Und all den Zorn auch regnet aus auf alle die Dummheit, die wir uns leisten, wir Menschen auf dieser Erde hier, gerade so, als wäre zu leben das eine und Verantwortung dafür zu tragen das andere und beides hätte nichts miteinander zu tun! Und all die Liebe zum Nächsten und Fernsten! Und all die Kraft zum Gebet! Und all die Barmherzigkeit mit uns selbst und unseren Kindern! Regnet sie aus, ihr Wolken! Und lasst sie strömen, seine Herrlichkeit, in unsere verbrauchten Sinne, vertrockneten Gemüter, schal gewordenen Hoffnungen, mitten hinein: dass es endlich Gestalt gewinne, dein Königreich, tief in uns eindringe, uns die Augen öffne und zu neuen Ufern führe – erbarme dich!

Orgel und Gemeinde

»Kyrie eleison«
(EG 178.9)

Gloria

Liturg(in)

Gott bleibt bei seinem Traum. Er ist Liebe – erschienen darin, so das Evangelium: dass er seinen eingeborenen Sohn gab, dass alle durch ihn leben!

Orgel und Gemeinde

»Laudate omnes gentes«
(EG 181.6)

Liturg(in)

Wir suchen dich nicht, wir finden dich nicht, du suchst und findest uns, ewiges Licht/
Wir können dich, Kind in der Krippe, nicht fassen, wir können dein Licht nur Licht sein lassen!

Gemeinde

Amen

Heut schließt er wieder auf die Tür

Liturg(in)

Hört die Lesung für diesen Weihnachtsmorgen!

Sprecherin

Offenbarung des Johannes
(21.1-4)

»Selig sind, die Gottes Wort hören und bewahren!«

Chor oder Singgruppe und/oder Instrumente

Liturg(in) und Gemeinde

Das Nicänische Glaubensbekenntnis

Orgel und Gemeinde

»Brich an, du schönes Morgenlicht«
(EG 33)

Liturg(in)

Predigt

»Seht, welche Liebe uns der Vater erwiesen hat – dass wir Gottes Kinder heißen und es auch sind!« So, liebe Gemeinde, heißt es bei Johannes in einem seiner ganz kleinen Briefe (Erster Brief des Johannes 3.1) und so soll es uns mit Weihnachten bekannt machen. Wie predigen? Der Schreiber fackelt ja nicht lange. Sagt »seht«, sagt »wir«, sagt »Gotteskinder«. Aber er macht es mir damit nicht leichter, eher ungemütlicher. Vor allem mit dem Schluss. Denn auf einmal meint er zu wissen, dass das mit der »Gotteskindschaft« nicht erst sein wird, irgendwann, irgendwo. Und auch gar nicht vielleicht. *Längst sind wir's: hier und jetzt!*

Also mal sachte, Schreiber! Ich kenn mich doch und das schon ziemlich lange. Und andere auch. Und überhaupt das Leben. Aber »Gotteskinder« sind mir nur sehr wenige aufgefallen – eher andere, ausgesprochen andere! Und auf einmal kam mir der alte Martin Luther wieder, für den sich die Bibel schon damals als ziemliche Hürde darstellen konnte – aber auch das begriff: Die Bibel legt sich am besten durch sich selber aus, du musst es ihr nur zutrauen. Und das dann tat ich auch. Und die Spuren, die ich ging, führten mich zurück an einen Ort, wo von zwei Menschen die Rede ist, die ihre Heimat verloren.

Die Rede ist, bildlich gesprochen, von jenem Urgarten, wo Wasser und Boden und Pflanzen und Tiere und Mann und Frau und Oben und Unten und Gestern und Morgen freundlich beieinander waren. Eine himmlische Sinfonie – ohne Missgunst, ohne Gewalt, ohne Feindschaft, ohne Angst, ohne Hintergedanken. Nur Frieden. Liebe. Leben die Fülle. Ein Traum. Und dieser Traum währte so lange, bis es die Menschen reizte, sich dieser großen und kleinen, kleinsten und größten Balance zu entziehen, deren Grenzen auszutesten und sie zu überspringen. Dass sie sich, derart mit sich selbst beschäftigt, die Voraussetzungen nähmen, auf denen das Leben gründete – und sich heimatlos machten: Mag sein, sie hatten sich darüber noch nie Gedanken gemacht. Aber jetzt, wo sie dort draußen waren, »jenseits von Eden« – war es zu spät. Und so kam es, wie es kommen musste – die letzte Gebärde blieb dem Wächter an der Tür: dem Engel mit dem Flammenschwert. Es ist eine Gebärde der Gewalt und weist – in die Welt der Gewalt. Dort nun sollen sie suchen, was sie verloren, auffinden, was sie drangegeben haben: ein Stückchen Erde, das ihnen Heimat werden kann. Einen Weg zurück wird es nicht geben. Wer es so sucht, sein Stückchen zu Hause, wie und wann und warum und von welcher Seite auch immer, würde dem Engel nur immer ins Schwert laufen. Der Cherub vor der Tür, unübersehbar und unüberwindbar – ein Bild zerbrochener Kindheit und göttlichen Zorns!

Gottes letztes Wort? Ein nüchterner Blick in unsere Welt, und wir haben es schwer, uns Illusionen zu machen. Denn Indizien dafür, dass uns Gott auf Gedeih und Verderb mit dem Schwertengel zusammengesperrt hat, gibt es genug. Was der ihnen zufügt, fügen sie nun einander zu – unverdrossen und erfinderisch, als gelte es, den Beispielgeber millionenfach zu überbieten. Denn aus Schwertern wurden Kanonen und aus Kanonen wurden Raketen und aus der Bedrohung des Abel und dessen Tötung durch Kain ist heute der Tod von Millionen und die Bedrohung des Lebens insgesamt geworden. Zeigen wollten sie es, *sich selbst zunächst,* wie trotzköpfige Kinder *vor allem aber Gott* mit ihren Grenzüberschreitungen treffen – und erst spät ging ihnen auf, dass von ihren einst so großen Unternehmen nur eines geblieben war: gegen sich selbst gelaufen zu sein und es zu tun bis heute. Denn in ihrer Verranntheit ging ihnen gar nicht auf (und es tut es bis heute nicht), dass der Engel sein Schwert schon längst aus der Hand gelegt und Gott ihm eine ganz andere Geschichte auf die Seele geschrieben hat.

Die nämlich, von der es beim Propheten (Jesaja) so heißt: Das »geknickte Rohr«? Er wird es nicht zerbrechen. Und den »glimmenden Docht«? Er wird ihn nicht austreten, sondern Israel »gut« sein, »freundlich« zu ihm sprechen. Also: »Fürchtet euch nicht!« An den alten Krippenfiguren kann man diese neuen Töne förmlich ablesen. Da haben die Engel Musikinstrumente und Sprechbänder in den Händen – mit »Ehre sei Gott« und »Frieden auf Erden« und »Den Menschen ein Wohlgefallen«. Und mit dem allen ist natürlich der gemeint, der stark genug ist, vor dem Verkannt- und Übersehenzuwerden keine Bange zu haben, sondern Mensch wird in dieser Welt des geängsteten, verwundeten, mit Füßen getretenen und fast schon nicht mehr wiederzuerkennenden Menschseins und ihn hochhält, Gottes Traum. Eindrucksvoll ist mir das dieser Tage an einem Engel aus Mexiko zu Gesicht gekommen: Einen Stab trägt der in der Hand, so grün, wie es Pflanzen im Frühjahr sind – und an seinem oberen Ende drei große, weit geöffnete Blüten. Das Wunder der Weihnacht – deutlicher geht es nicht. An die Stelle des Schwertes ist die Sprache der Blumen getreten!

Und die dann will auch uns verwandeln. Das alte Tor nicht einfach wieder aufschließen. Nein, es bleibt dabei: Den Weg zurück – den gibt es nicht! Und doch soll uns dieses Stückchen Erde, das uns Heimat werden könnte, mir und dir und uns und allen Menschen auf der Welt, mehr sein nur als eine Fata Morgana, die sich mit jedem Stückchen näher an sie heran der Wirklichkeit endgültiger entzieht. Nein, so der Briefeschreiber Johannes, den ich jetzt, so denke ich, ein bisschen besser verstehe: Wir »heißen« nicht »Gottes Kinder«, wir »sind es«. Wir sind es, wie auch Jesus eines war. Dass sein Leben eines nur von ein paar Jahren war, spielt keine Rolle. Dass es »brannte«, sich infizierte – mit einem Kraftstrom in Berührung war, von dem er im Detail gar nicht so viel wusste, aber früh schon begriff, dass er es in ihm mit Gott selbst, mit der »Herrlichkeit des Höchsten«, der »Nähe des Vaters« zu tun hatte, die ihn zu einem Leben in Vertrauen und Hoffnung befähigte, durch nichts zu begrenzen. Darum ging's und darum geht es noch immer. Was sie auszeichnet, die »Kinder Gottes«, das sind nicht ihre Verdienst- und Vollkommenheitsgrade, sondern ihre Bereitschaft und Lust, sich einzufädeln in Gottes großes Abenteuer, die Welt und das Leben an ihr Ziel zu führen und sie sich nicht selbst zu überlassen. Und wenn das alles nur ausgesprochen wenig, der große Aufreger kaum und das triumphale Finale überhaupt nicht ist, dann ist das für Gott nicht das Ende seines großen Traums, sondern Grund noch einmal zusätzlich, es an Klarheit nicht mangeln zu lassen und im Stall als Kind geboren zu werden.

Chor oder Singgruppe und/oder Instrumente

Zwischentöne

Das Stück Himmel

Liturg(in)

Frieden wird – so Gottes Traum. Und mit Schalom zu beginnen und mit Schalom nie aufzuhören, hat Jesus den Tisch gestiftet. Den Tisch, der Menschen teilhaben, sich wiederfinden, sich miteinander zusammentun lässt. Die Klarheit des Geistes Gottes sei mit euch allen, so Jesu Einladung!

Wahrhaft würdig ist es, heilsam und recht, dass wir dir, Gott, Vater, Leben in Ewigkeit, allezeit und überall Dank sagen. Was du anfängst, wird sich in Liebe vollenden. Du lässt uns nicht, du segnest uns denn – und mit uns alles, was lebt und der Abglanz deiner Herrlichkeit ist!

Orgel und Gemeinde

»Heiliger Herre Gott«
(EG 185.4)

Liturg(in)

Einsetzung

Gemeinde

Vater Unser

Friedenszeichen

Einladung

An seiner Kraft und seiner Herrlichkeit, an seiner Hoffnung und seinem Frieden will Gott euch Teil haben lassen. In den Zeichen von Brot und Wein. »Heut schließt er wieder auf die Tür!« Und so kommt, alles ist bereit. »Schmecket und seht, wie freundlich Gott ist – wohl dem, der auf ihn traut!«

Gabenteilung

Das Brot wird auf dem Teller von Hand zu Hand weitergegeben. In Einzelkelchen der Wein. Zum Segensspruch reichen sich die Gäste die Hand. (Zwischenspiel der Instrumente/Bläser/Klavier/Orgel.)

Orgel und Gemeinde

»Weil Gott in tiefster Nacht erschienen«
(EG 56.1.4)

Dankgebet

Wir danken dir, Gott, Mensch gewordenes Licht, für dein Wort und die Zeichen deiner Nähe. Halte uns verbunden, wenn wir auseinandergehen. Bleibe bei uns im Lärm der Zeit und in der Hetze der Tage. Richte uns auf, wenn wir müde werden. Steh zu uns, wenn wir versagen. Hilf uns, nüchtern, aber mutig und voller Hoffnung zu tun, was du von uns erwartest. Ankommen soll es, dein Königreich, das der Welt einen neuen Schein verleiht. Aber dazu brauchst du Menschen, mich und so viele, die dir dabei helfen. Mach uns brauchbar, Barmherziger. Und sei, was immer geschieht und was immer wir tun, selbst mit dabei. Denn woraus sollen wir schöpfen, wenn nicht aus dir?

Stille

Segen

Liturg(in)

Es segne euch Gott mit der Behutsamkeit seiner Hände, mit dem Lächeln seines Mundes, mit der Wärme seines Herzens, mit der Güte seiner Augen, mit der Klarheit seines Geistes, mit dem Geheimnis seiner Anwesenheit: Gott Vater – Gott Sohn – Gott Heilkraft des Geistes.

Orgel und Gemeinde

»O du fröhliche«
(EG 44)

Die Orgel oder Bläser begleitet(n) mit festlichen Tönen nach draußen.

(7)
Nun singet und seid froh
Wunschliedervesper am Zweiten Weihnachtsfeiertag

Liturgischer Baukasten

Die Gelegenheit

- Höchste Zeit, nicht länger andere singen zu lassen, sondern es selbst zu tun.
- Wunschlieder, alte und neue, deutsche und von überallher auf der Welt
- Mit der ganzen Familie, mit Nachbarn, Freundinnen und Freunden und »Wildfremden«
- In einer einfachen Form: Eingang – Gebet – Geschichte – Lieder – Fürbitten – Segen
- Spätnachmittags als Singvesper
- Wie machen? Das erste Lied wird der (die) Organist(in) oder der (die) Liturg(in) wohl am besten selbst vorschlagen. Ein paar Vorschläge in Reserve zu haben (Taizé-Gesang oder Weihnachtskanon), ist ratsam. Aus dem Gesangbuch oder einem eigenen Liederheft rufen die Feiernden sodann Titel zu. Eine Auswahl entsteht und eine Reihenfolge. Wenn nötig, legen der (die) Organist(in) oder der (die) Liturg(in) die Strophen fest. Vielleicht auch sagen sie was zum einen oder anderen (wenn es etwas zu sagen gibt).

Der Raum

- Weihnachtlich geschmückter Kirchraum
- Zu empfehlen: so nah wir nur möglich zusammenrücken
- Die Wunschliedervesper ist gut auch an anderen Orten zu feiern
- Auf dem Bauernhof zum Beispiel (in der Scheune dort und mit den Tieren)

Material

- Gesangbücher (in ausreichender Zahl)
- Hausgemachtes Weihnachtsliederheft (in ausreichender Zahl)
- Programmblätter mit ausgewählten Liedern (in ausreichender Zahl)

Musik

- Kleinorgel oder Klavier (so nah wie nur möglich an die Singenden heran)
- Die große Orgel nur unter Vorbehalt
- Vielleicht hat jemand ein pfiffiges Stück und sein eigenes Instrument dabei: zwischen den Liedern können »Pausen für Besonderes« freigehalten werden

Beteiligte Personen

- Organist(in), Musiklehrer(in)
- Musikalische(r) Vater oder Mutter (mit der Fähigkeit und Geduld zu arrangieren)
- Liturg(in)

■ Sonstiges

- Bei aller Freude und Lust, noch ein Stückchen dazu zu setzen: nach spätestens einer Stunde sollte Schluss sein und die Vesper mit dem Wegesegen ihr Ende finden

Gottesdienst

Lautlose Stille

Die Glocken läuten. Am Eingang werden den Gästen die gemeindeeigenen Weihnachtsliederhefte ausgegeben, dazu ein kleiner Notizzettel und ein Bleistift. Einen Wunsch noch hatte der (die) Liturg(in), bevor die Glocken ihr Geläut beendeten: Alle Gäste sollten doch bitte noch ein bisschen nach vorne kommen und näher zusammenrücken.

Die Töne der Kleinorgel helfen beim Ankommen im Raum

Begrüßung und Einstimmung

Prolog — Liturg(in)

»Als lautlose Stille alles umfing und die Nacht in der Mitte ihres Laufes stand, da sprang, o Gott, aus den Höhen herab dein mächtiges, freundliches Wort« (Buch der Weisheit 18.14). Komm, guter Gott, in die lautlose Stille dieses Raums und späten Nachmittags!

Kleinorgel und Gemeinde

»Wisst ihr noch, wie es geschehen«
(EG 52.1-6)

Gebet — Liturg(in)

Du Gott, ein Kind. Auf Heu und Stroh bei Ochs und Esel. Auf der Seite der Kleinen von Anfang an. So lass mich dich nicht im Getöse suchen. Sondern dort, wo es die leisen Töne sind. Und manchmal, weil es wehtut, auch die nicht mehr. Schenk mir die Einfachheit der Hirten und die Demut der königlichen

Weisen, damit ich dich erkenne – als Kind, ganz klein und an einem Ort, wo dich keiner vermutet. Ich danke dir – und bitte dich, mich in dein Geheimnis noch immer ein Stückchen näher heranzuführen, damit ich begreife.

In Liedern und Psalmen

Liturg(in)

Auswahl A

Kleinorgel und Gemeinde

»Nun singet und seid froh«
(EG 35)

Liturg(in) gibt ein paar Hinweise auf die Geschichte des Liedes

»Zu Bethlehem geboren«
(EG 32.1-3)

Liturg(in) kommt mit dem einen und anderen Hinweis auf den mystischen Charakter des Textes zu sprechen und stellt auch den Verfasser kurz vor

»Weil Gott in tiefster Nacht erschienen«
(Dieter Trautwein, Strube Verlag München)

Organist(in) führt die Gemeinde in die Melodie ein

Weihnachten anders

Liturg(in)

Lesung

Hans hat sich sehr verändert. Er ist freundlicher geworden, zuvorkommender, nachsichtiger, bescheidener. Früher schnappte er sehr schnell ein, nahm »übel«. Aber jetzt tritt er nicht mehr so großspurig auf, weiß nicht mehr auf alle Fragen eine Antwort, und so auch fragt man ihn neuerdings gerne mal. Und er kann sogar um Hilfe bitten! Früher hielt er das für nichts als Schwäche. Ja, er hat sich sehr verändert. Und der Grund ist eine Weihnachtsgeschichte. Nein, nicht die mit Stall und Esel und Ochs und dem rücksichtslosen Wirt in Bethlehem und überhaupt mit der Zeit vor zweitausend Jahren. Ich will sie euch erzählen.

Kleine Pause

Ich traf Hans mit dem Kinderwagen. Darin lag sein Junge, zwei Jahre alt. Mit einem Mann, der einen Kinderwagen schiebt, kann man besser reden als mit einem Kollegen. Wir arbeiten in der gleichen Werkhalle als Ingenieure, genauer – ich arbeite in seiner Abteilung und er ist mein Chef. In der Vergangenheit hatten wir alle Angst vor ihm, jetzt aber, seit er sich verändert hat, nicht mehr. Das sagte ich ihm. Ich sagte: »Hans, weißt du eigentlich, dass du dich sehr verändert hast? Wir sind froh darüber und fragen uns manchmal, woher das wohl kommt.« Da antwortete er, ernst und nüchtern, als ob er Auskunft gäbe auf eine Frage nach der nächsten Haltestelle der Straßenbahn oder nach einer bestimmten Hausnummer: »Ich habe Gott gesehen ...« »Was ...«, sagte ich, »was hast du gesehen?« »Gott!« Mir war, das muss ich zugeben, ziemlich unbehaglich zumute. »Du hast Gott gesehen? Wo denn? Wo sieht man denn heutzutage Gott?« Er zeigte auf den Kinderwagen. »Hier!«, sagte er. Und dann erzählte er mir seine Geschichte.

Kleine Pause

Hans war das, was man einen modernen Menschen nennt. Oder vielmehr: Er wollte es gerne sein. Und so tat er alles so, wie er sich einen sogenannten modernen Menschen vorstellte. Zu einem modernen Menschen gehörte natürlich, dass er nicht an Gott glaubt und dass er sich manchmal lustig macht über Leute, die »noch« an Gott glauben – wie seine Frau zum Beispiel. Sie hatte es aufgegeben, mit ihm darüber zu reden, nachdem er ihr eines Tages folgenden Vortrag gehalten hatte: »Weißt du, an Gott könnte ich nur glauben, wenn ich ihn sehe. Und dann müsste es ein Gott sein, der alles kann, der über eine überragende Intelligenz verfügt, der immer genau weiß, was zu tun und was zu lassen, was gut und was böse ist – und der auch die Macht hat, das Gute, das Richtige wirklich durchzusetzen. Zeige mir einen solchen Gott und ich glaube an ihn. Aber wenn du ihn mir nicht zeigen kannst, dann lass mich in Ruhe ...« Seine Frau ließ ihn in Ruhe.

Kleine Pause

Eines Tages bekamen sie ihr erstes Kind, lange ersehnt. Er war dabei, sah zu, wie sich seine Frau plagte. Sie plagte sich mehr als andere. Es war ein Achtmonatskind: Sie wussten nur beide noch nicht warum. Sie wussten nicht, dass dieses Kind eher kam, weil es krank war. Deshalb verursachte es seiner Mutter besondere Schmerzen bei der Geburt. Man musste operieren. Und deshalb auch wich die Freude über das erwünschte Kind schon bald einem bitteren Leid. Will sagen: einer großen Enttäuschung. »Es wird, wie es aussieht, keine schwere Behinderung sein«, sagte der Arzt bei der Entbindung. »Aber es wird wohl keine Schule besuchen und vielleicht auch seine Arm und Beine nicht richtig bewegen können.«

Kleine Pause

Als er mit Erzählen so weit war, fiel mir erst auf, dass man ein Kind von zwei Jahren eigentlich nicht mehr im Kinderwagen spazieren fährt. Und außerdem, dass wir Kollegen von der Behinderung seines Kindes überhaupt nichts gewusst hatten. Und das bedrückte mich. Hans machte das alles viel mehr zu schaffen als seiner Frau. »Das ist wohl immer so bei den Vätern, ihre Schwäche ist es, immer stark sein zu wollen«, meinte er, bevor er weitererzählte. Er betrachtete es als eine persönliche Niederlage und fragte zunächst in seiner Verwandtschaft nach, ob »so etwas schon einmal vorgekommen« sei. Nein, so schlussfolgerte er. »Also muss es aus der Linie meiner Frau kommen.« Und eines Tages teilte er das auch seiner Frau mit und hatte dabei noch immer diesen ganz und gar überheblichen Ton. Seine Frau schwieg. In ihrem Herzen rechnete sie damit, dass ihr Mann sie wegen des Jungen verlassen würde, wie es so viele andere Männer tun. Sie wusste davon.

Kleine Pause

Das Kind war sechs Wochen alt. Seine Frau stillte gerade, als er vom Betrieb nach Hause kam. Ein mühsames Geschäft, denn der kleine Sohn hatte nicht die gleiche Kraft wie ein gesundes Kind. Von der Anstrengung schlief er ständig ein und musste geweckt und neu angelegt werden. Man musste ihm sozusagen dauernd gut zureden. Hans verließ in der Regel das Zimmer. Er konnte den Anblick noch immer nur schwer ertragen. Doch diesmal blieb er. Warum, das wusste er eigentlich gar nicht. Später sagte er: »Gott hat mich festgehalten!« Als er sich neben seine Frau stellte, machte der Junge die Augen auf und streckte seine Arme nach dem Vater aus, vielleicht nicht einmal bewusst, aber es sah so aus. Da nahm ihn Hans zum ersten Mal, obwohl man das Stillen eigentlich nicht unterbrechen soll (wie er aus Büchern wusste). Er hielt ihn lange fest und schaute ihn genau an.

Kleine Pause

An diesem Abend redete er wenig. Er dachte nach. Dann sagte er zu seiner Frau: »Das erinnert mich an ein Bild, wie ich euch beide vorhin so sitzen sah. Welches Bild mag das gewesen sein?« Als er schon im Bett lag, fiel es ihm ein, und er stand nochmals auf, kramte in seiner großen Mappe, in der er Bilder und Sprüche aus Kalendern und Büchern aufhob, und brachte seiner Frau das Bild der Heiligen Familie von Correggio, dessen Original im Besitz der Dresdner Gemäldegalerie ist. »Das ist es!«, sagte er. Weiter nichts. Erst nach ein paar Tagen konnte er seine Gedanken ordnen. Erst jetzt konnte er sie umsetzen in sein Leben. »Das ist Gott!«, sagte er. »Ein Kind! Jetzt habe ich ihn gesehen. Kein Mächtiger. Ein Schwacher. Er braucht mich. Ich begreife. Gott braucht mich. *Ein Gott, der mich gebrauchen kann. Nicht einer, den ich brauche, sondern einer, der mich braucht. Unser Junge braucht mich. Ich will ihm ein guter Vater werden ...« Und er wurde es.*

Dietrich Mendt

Kleinorgel oder Instrumente

Zwischentöne

Auswahl B Liturg(in)

Kleinorgel und Gemeinde

»Als die Welt verloren«

(EG 53)

Ein paar Sätze zur Text- und Melodiegeschichte

Kleinorgel und Gemeinde

»Ihr Kinderlein, kommet«
(EG 43.1-3)

Kleinorgel und Gemeinde

»Herbei, o ihr Gläub'gen«
(EG 45.1-3)

Kleinorgel und Gemeinde

»Ich steh an deiner Krippen hier«
(EG 37.1.2.4)

Ein paar Sätze zum Text und zur Melodie

Gesegnet

Liturg(in)

Fürbitten

Allen, die keine Heimat haben und an der Straße liegen, lass mich verbunden sein in deiner Liebe. Allen, die fliehen müssen und am Rand stehen, lass mich verbunden sein in deiner Barmherzigkeit. Allen, die vertrieben werden und im Finstern wohnen, lass mich verbunden sein in deinem Licht. Barmherziger Gott, ich bitte dich!

Vater Unser

Segen

Der Herr segne euch und behüte euch!
Der Herr lasse leuchten sein Angesicht über euch und sei euch gnädig!
Der Herr erhebe sein Angesicht auf euch und gebe euch Frieden!

Die Feiernden geben einander die Hand.

Kleinorgel Gemeinde

»O du fröhliche«
(EG 44)

Die Töne der Kleinorgel begleiten nach draußen.

(8)

Zeitenwende (Evangelium nach Johannes, 5.43f.)

Kleine Liturgie zum 1. Sonntag nach Weihnachten

Liturgischer Baukasten

- Die Gelegenheit
  - Das große Feiern ist vorüber
  - Die Gemeinde ist klein an diesem Sonntag
  - Noch einmal nachschauen, tut gut
  - Einfache Form im Dreiklang »Kommen – Verweilen – Losgehen«

- Der Raum
  - Der Kirchraum ist zu groß, die Gemeinde verliert sich
  - Besser: im Altarraum (einfacher oder doppelter Halbkreis um den Altar)
  - Am Boden zwischen den Stühlen: kerzenbeleuchtete Krippencollage vor den Umrissen eines alten Tores oder einer alten Haustür

- Materialien
  - Krippencollage
  - Kleine Kerzen (Teelichter)
  - Auf Pappe gemalt, großformatig): Umrisse einer alten Haustür oder eines alten Tores
  - Programmblätter mit Motivbild, Liedern und Glaubensbekenntnis

- Musik
  - Klavier oder Kleinorgel (nahe an den Feiernden)

- Beteiligte Personen
  - Liturg(in) ohne Talar
  - Zwei (geübte) Sprecher(innen)

Türen

Musikalische Einstimmung

Kurze Begrüßung — Liturg(in)

Votum

Gott ist die Liebe. In Jesus ist sie Mensch geworden. Der Heilige Geist stärkt sie, klärt sie, erneuert sie, bis sie einmal »alles in allem« sein wird. Was wir tun jetzt, wenn wir feiern, es geschehe im Namen der Liebe.

Klavier (Kleinorgel) und Gemeinde

»Fröhlich soll mein Herze springen«
(EG 36.1.2.6)

Sprecher(in) 1

Wie viele Türen schon haben wir aufgetan, weil wir Wände suchten, die uns schützen, und ein wenig Licht für unsere Augen!

Sprecher(in) 2

An wie vielen Türen schon glaubten wir, der Erfüllung unserer Hoffnung und dem Ende unserer Not näher zu sein?

Sprecher(in) 1

Wie viele Türen schon haben wir eingerannt, weil wir uns nach dem Leben sehnten, uns ins Zeug legten, nichts unversucht lassen wollten, es zu finden?

Sprecher(in) 2

Und wie oft sind wir enttäuscht worden, weil es kalt dahinter war, finster und leer!

Sprecher(in) 1

Die »Tür des Lebens«? Manchmal dauert es, sie zu finden. Denn so, wie ich sie mir wünsche, ist sie manchmal gerade nicht. Da muss ich schon lange Wege gehen und sorgsam suchen. Und das ist nicht leicht. Und dann wieder ist sie ganz in meiner Nähe. Und auch dort ist es nicht leicht, sie zu erkennen.

Sprecher(in) 2

Die Ersten an der Tür seien Hirten gewesen! Nichts mehr habe sie halten können! Hätten sich aufgemacht, dort draußen vom Feld vor Bethlehem, den ganz kleinen Spalt in der Mauer ihres Lebens zu finden!

Klavier (Kleinorgel) und Gemeinde

»Laudate omnes gentes«
(EG 181.6)

Liturg(in)

Tagesgebet

Großer Gott, Mensch geworden, damit auch wir zu Menschen würden, wie du sie willst und das Leben sie braucht. Gib dich zu begreifen in Gedanken, die weiterhelfen, in Worten, die befreien, in Taten, die heilen und guttun. Ein Stern springt aus der Sternenbahn: Lass dich finden, Licht des Lebens!

Klavier (Kleinorgel) und Gemeinde

»Vom Aufgang der Sonne«
(EG 456/Anhang Baden. Als zwei- oder vierstimmiger Kanon)

Liturg(in)

Lesung
(Erster Brief des Johannes 1.1-4)

Gemeinsam

Glaubensbekenntnis

Ich glaube, dass Jesus war, was wir sein sollten: Helfer und Freund aller, die ihn brauchten. Weil er liebte, musste er leiden. Weil er zu weit ging, musste er sterben. Und doch: Das letzte Wort wird nicht dem Tod, sondern ihm gehören. Und alle werden gemessen an ihm.

Ich glaube, dass mit Jesus ein neuer Geist in die Welt kam, der die verfeindeten Menschen neu miteinander sprechen lehrt und sich als Brüder und Schwestern erkennen lässt. Der uns ermutigt, den Aufstand der Liebe gegen den Hass fortzusetzen. Der unser Urteil schärft, die Verzweiflung überwindet und ein verfehltes Leben lohnend macht.

Ich glaube, dass ich durch Jesus erfahre, was Gott vermag. Wie ich mich ihm verdanke, so verdanken sich ihm alle Menschen, auch wenn sie es nicht wissen. Und wie er mich nicht allein lässt, so lässt er die ganze Welt nicht allein. Ihm sind wir verantwortlich in allem, was wir tun.

Auf der Schwelle

Klavier (Kleinorgel) und Gemeinde

»Ich steh an deiner Krippen hier«
(EG 37.1–3.9)

Anrede

Liturg(in)

Letzter Sonntag im rasch zu Ende gehenden Jahr ... *nach Christi Geburt.* Noch immer dreht sich unsere Zeitrechnung um diesen einen so eigentümlichen Punkt: um die Niederkunft eines Menschen, der keine Welten entdeckt, keine Kontinente erobert, keine Schlachten geschlagen, keine Bücher geschrieben, keine Demonstrationen angeführt, keinen Nobelpreis erworben hat. Was also war's, als der Kaiser zum Zensus aufforderte und die Menschen sich aufmachten, in die Stadt ihrer Geburt zu gehen und sich dort in Listen eintragen zu lassen? Und was ist es heute?

Vom Ende her gesehen ist die Sache klar: Jesus ist zu weit gegangen. *Im Namen Gottes* sei er gekommen, nannte Gott seinen *Vater.* Mit einer größeren Kühnheit hätte er gar nicht aufwarten können. Blasphemisch. Wer in aller Welt könnte so etwas sagen? Wer sich öffentlich sehen lassen mit einem solchen? Jesus in sein Haus einladen musste heißen: Ich pfeife auf alles, was Norm ist und Respekt und Majestät und Gehorsam beansprucht. Überaus unklug so etwas. Wer behalten will, was er hat, und auch morgen noch gesellschaftlich mit von der Partie sein möchte, der lässt von derlei tunlichst die Finger. Im Namen Gottes? Gegebenenfalls müsste man so ja Kaisern entgegentreten, das Hohe mit dem Höchsten konfrontieren, öffentlich darüber nachdenken, inwieweit das groß Herausgestellte echt oder doch nur geliehen, gestohlen oder angemaßt ist – und dürfte sich nicht wundern, am Ende ziemlich alleine dazustehen.

Fragt sich, ob Jesus falsch beraten war. Denn eines ist klar: Wäre er im Namen des Kaisers gekommen, man hätte ihm ein Amt angeboten, ihn zum Lehrer der Weisheit, zum Minister des Friedens gemacht. Frieden hatte einen guten Klang in Rom, die Welt sollte begreifen. Und wäre er im Namen des Gesetzes gekommen: Man hätte nicht lange gezögert, ihn zum Wahrer von Recht und Ordnung erklärt, Vorbild für alle. Und wäre er im Namen des Volkes gekommen: Man wäre ihm nachgelaufen, ihn aufs Podest erhoben, zum Volkshelden ausgerufen. Doch nichts: Es interessierte ihn nicht. »Seht, die Hungrigen, die Verfolgten, die Geängsteten!«, so seine Rede, wohin er auch kam. Die sie an sich trugen, die Wunden des Lebens: Ihnen galt sein Interesse, ihnen zuerst. Und mit ihnen denen, die sie den anderen immer wieder zufügten und meinten, ihre Gründe dafür zu haben. Mit dem »Reich Gottes«, das komme, hätte die nichts zu tun: »Eher noch geht Kamel durchs Nadelöhr!« In ihrer eigenen Welt hätten sie eingerichtet, stattlich und bequem – und doch: seltsam am Ende schon. Sie »tot« zu nennen – Jesus scheut sich nicht. Die sich selbst ihre Bedingungen schaffen und die Schwachen mit Füßen treten: Sie taugen nicht. Mit sich selbst sieht er sie alleine, ruhelos darum bemüht, sich einzumauern in ihrer Burg und im Hamsterrad des immer Gleichen ihre Runden zu drehen. Arm nennt er sie, ohne Frieden, unsäglich darauf aus, sich für den Schrei nach Brot und Gerechtigkeit unerreichbar zu machen. »Im Namen Gottes: schließt sie auf, die Türen eures künstlichen Paradieses, macht sie auf und folgt mir nach draußen – ins Leben!« Dass es noch vor den Königen die Hirten waren, die ihn fanden, als sich der Himmel auftat und der Engel mit seinem »Fürchtet euch nicht!« die Nacht vertrieb: Zufällig war das nicht. Preise konnte es für derlei Widerlauf natürlich keine geben. Und Dich spüre, wie auch ich mich ihm, 2000 Jahre danach noch in den Weg stelle, es gut mit ihm meine und frage: Kind in der Krippe, warum nur? Hättest du von der Liebe, als du erwachsen wurdest, nicht ein wenig differenzierter, diplomatischer sprechen können? Die Leute sind empfindlich, du weißt doch, und mancher versteht schlecht! Und Gott? Wenigstens den hättest aus dem Spiel lassen können. Über die Liebe und so hätte man sich vielleicht ja noch irgendwann verständigen können, aber dass du sie mit Gott zusammenbringst: sie Gott in Person nennst, sie gar gleichsetzt mit ihm, das ist dann doch zu viel. Ich weiß nicht, ob du dir über alles das im Klaren gewesen bist. Aber die Konsequenzen? Die musst du dann auch, so leid mir das tut, tragen ... Und so dann kam es, wie es anders gar nicht kommen konnte: »Im Namen des Gesetzes und des Kaisers und des Volkes und der hochheiligen Religion und was der Namen sonst noch alle – greift ihn, den am Boden Geborenen, und schafft ihn an den Galgen!«

Zu denen am Rand, »Kinder des Himmels« nannte er sie, tausend Mal mehr wert seien sie als Salomons Seide – zu ihnen zu stehen, die Verbindung zu suchen und wo die Verbindung zerstört war, sie wiederherzustellen: Wenn es das ist, *im Namen Gottes zu kommen*, die Liebe hochzuhalten, sie keinerlei Dispositionen auszusetzen, dann haben wir im Kind von Bethlehem, für dessen Geburt es in den Herbergen der Reichen keinen Platz gab, keinen schlecht Beratenen oder wirr Daherkommenden, sondern Gott, wie es ihn größer und schöner gar nicht geben kann: lange ersehnt, endlich da. Dann ist er da, Gottes großer Tag und der seines Schalom, den zu träumen er »am Anfang« begonnen hat und den zu träumen er so lange nicht aufhören wird, bis sich sein Friede in der Welt eines Tages herumgesprochen haben wird und die Liebe »alles in allem« ist. Und von dem schon hier und jetzt und in immer neuen Stücken und Anläufen zu spüren und selbst davon ein Stückchen zu werden, so wünsche ich es uns in diesen Tagen, wo wir uns vom einen Jahr nach Christi Geburt verabschieden und das nächste schon bald beginnt.

Musikalisches Zwischenspiel

Licht werden

Schlussgebet

Liturg(in)

Du bist nun bei uns, Gott, vor aller Augen, bei Ochs und Esel und Ratte und Maus, im Kind in der Krippe, im Hinterhof der Welt, im Schatten des Lebens. Hast es wahr gemacht, dein unendlich klares, herrlich lebendiges, Altes in Neues verwandelndes Wort, das du von Ewigkeiten her allen Zeiten zugerufen hast. Hast dich ausgesprochen in ihm, ganz und ohne Vorbehalt, für uns und für die Welt. Keiner soll zweifeln! Und keiner soll es wagen, sich deinem Ja zu widersetzen ... Und so sollen auch unter uns nicht mehr die Klage und die Angst, nicht mehr die Feindseligkeit und die Unzufriedenheit, nicht mehr die Gier und die Lieblosigkeit, nicht mehr die Rücksichtslosigkeit und der Mutwillen Raum haben ... Und deshalb soll dein Wort die Kraft unseres Lebens, der Gegenstand unserer Gedanken, der Rhythmus unserer Lieder, das Pochen unseres Herzens, der Beginn unseres Tages und der Schutz unserer Nacht und unser Leben der Schmuck und die Zierde und das Lob deines Wortes sein ... Sei mit uns auf unserem Weg, damit wir auf Kurs bleiben und mit dir ankommen, wo du einst »alles in allem« sein wirst und wir es mit dir sein sollen.

Stille

Vater Unser

Liturg(in)

Friedensgruß

Was ich mir wünsche

Die Unermüdlichkeit der Drossel,
da es dunkelt, den Gesang zu erneuern.
Den Mut des Grases,
nach so viel Wintern zu grünen.
Die Geduld der Spinne, die ihrer Netze
Zerstörung nicht zählt.

[...]

Die Härte des Eises, das der Kälte trotzt,
doch schmilzt im Märzlicht der Liebe.
Die Glut des Holzes, wenn es verbrennt.
Die Armut des Winds.
Die Reinheit der Asche, die bleibt.

Rudolf Otto Wiemer, gekürzt

Gemeinsames Lied

»Dies ist die Nacht, da mir erschienen«
(EG 40.1.2.5)

Segen

Liturg(in)

Wie das Meer den Glanz der Sonne widerspiegelt, so leuchte aus eurem Antlitz die Freude des Himmels an euch, seinen Geschöpfen. Es behüte euch Gott der Vater, der Sohn, die Heilkraft des Lebens!

Musikalischer Abschluss

Weihnachten II

Zugänge, Kolumnen, Meditationen, Ansprachen

(1) Der 25. Dezember

Kleine Kulturgeschichte

In den ersten drei Jahrhunderten kennt die Christenheit außer dem Osterfest keine weiteren Jahresfeste. Erst gegen Ende des 3. Jahrhunderts kommen (aus dem Osten) das Fest der Erscheinung und (im Westen) das Fest der Geburt Jesu Christi hinzu. Ihre weitere Ausgestaltung vollzieht sich in erkennbarer Parallele zum Osterfest: Es geht ihnen eine sechswöchige bzw. vierwöchige Vorbereitungszeit voraus, sie erhalten eine eigene Festwoche (Oktav) und es entwickeln sich Ansätze einer Festzeit darüber hinaus. Nach anfänglichem Schwanken der Tradition (in Ägypten und wahrscheinlich auch in Palästina feierte man Jesu Geburt im Mai) wiesen die ersten Kalender den 14. Nisan nicht nur als Jesu Todestag, sondern auch als dessen Geburtstag aus. Die Schrift »De pascha computus« (243) rechnet von der Tag- und Nachtgleiche des Frühlings (21. März), die dem ersten Schöpfungstag gleichgesetzt wird, bis zum vierten Schöpfungstag, an dem die Sonne erschaffen wurde, sodass Jesus, die »Sonne der Gerechtigkeit«, am 25. März geboren wäre. Die frühesten Zeugnisse über Jesu Geburt am 25. Dezember stammen aus Rom. Aus ihnen lässt sich erschließen, dass das Fest hier bereits um 335/37 gefeiert wurde. Eine andere römische Quelle (354) überliefert einen Kalender, in dem der 25. Dezember unter der Bezeichnung »Natalis Invicti« erscheint. Davon auszugehen ist, dass das von Kaiser Aurelian im Jahre 274 um die Wintersonnenwende eingeführte heidnische Geburtsfest des »Unbesiegten Sonnengottes« durch Weihnachten als dem Geburtsfest Jesu Christi ein Gegengewicht erfuhr und unter Kaiser Konstantin verchristlicht wurde. Eines der frühesten christlichen Mosaike Roms zeigt Christus in der Gestalt des Sonnengottes »Helios«, und noch zur Zeit Leos I. (440–461) wurde von Christen an den Stufen von Sankt Peter zu Weihnachten die Sonne verehrt. Von Rom aus verbreitete sich das Fest schon bald nach Nordafrika (erste Zeugnisse um 360), Oberitalien und Spanien (380). Für den nördlichen Raum Europas ist das Fest für diese Zeit noch nicht bezeugt, doch dürfte es alsbald auch hier Fuß gefasst haben. Auch in den Osten, der als Fest der Geburt Christi ursprünglich den Tag der Epiphanie (6. Januar) feierte, drang das Fest Ende des 4. Jahrhunderts vor und wurde bald zum beliebtesten und volkstümlichsten Fest der ganzen Christenheit. Das deutsche Wort »Weihnacht« ist etymologisch wohl als Zusammensetzung eines alten, untergegangenen Adjektivs (wih/wihen), das »heilig« bedeutete, mit dem Substantiv »Nacht« zu verstehen. Die Sprachform »Weihnachten« beruht wohl auf der alten Dativbildung »ze wihen nahten/in den heiligen Nächten«. Mit den »heiligen Nächten« wiederum könnten die »Zwölften« gemeint sein, die im Kulturkreis des

nördlichen Europa, schon lange vor der christlichen Zeit, tief verwurzelt waren.
Karl-Heinrich Bieritz

(2) Gottes Sohn

Prolog

Halb Mensch, halb Gott. Dieser Spuk im Hirn der Ahnungslosen. Ganz Mensch. Einziger wirklicher. Darum. Lauter Anwesenheit Gottes. Lauter Liebe. So.
Detlev Block

(3) Zeitenwende

Zugang

Volkszählung auf Befehl des Kaisers Augustus. Zensus unter der Aufsicht des Quirinius, Statthalter in Syrien. »Und alle gingen, sich eintragen zu lassen, ein jeder in seine Stadt.« Und alle gingen. Bis auf einen. Der kam. In Windeln. In einer Krippe. Ziemlich überraschend. Auf der Rechnung stand der bei keinem.

(4) Soll das heißen?

Zugang

Ihr werdet finden das Kind, in Windeln gewickelt und in einer Krippe liegen. Wie? Soll das heißen im Stall, bei Ochs und Esel, Ratte und Maus, in der Kälte, im Dreck, im Dunkeln, auf der Flucht, im Exil, erniedrigt, ausgestoßen, im letzten Winkel der Welt? Sehr unwahrscheinlich, Engel! Warum so bezweifelbar alles? Sollen wir erschrecken, Engel, weil nur Erschrockene die Ohren auftun, den Zweifel prüfen? Oder hat Gott selbst das Unmögliche möglich gemacht? Deshalb »Freude«? Deshalb »Fürchte dich nicht«?
Rudolf Otto Wiemer

(5) Da machte sich auf

Kolumne

Zu herrschen ist groß. Und zu herrschen ist teuer. Und ohne Steuern geht das nicht. Also, meine Herren Statthalter, Provinzfürsten und Steigbügelhalter, es muss etwas geschehen. Ein Zensus muss her. Geld in die Kassen, Männer in die Legionen, Frauen auf die Sklavenmärkt. Und mit den Kindern tut, was ihr wollt!

Wer was werden wollte im Römischen Reich, begriff. Die Zeit war günstig. Günstig für Karrieristen, Speichellecker, Denunzianten. Ungünstig für Leute, die sich verweigerten, dem trüben Spiel die Stirn boten und es beim Namen nannten. »Otterngezücht, Schlangenbrut ...« Johannes der Täufer so. Herodes warf ihn ins Gefängnis. Und als der Hof mal wieder Gelage feierte und die Menschen draußen nicht wussten, wie sie übers Jahr kommen sollten, da forderte des Fürsten Töchterlein den Kopf des Propheten, und Herodes fackelte nicht lange.
»Da machte sich auf auch Josef mit Maria ...« Doch, auch die Angst trieb sie nach Bethlehem. Denn in Nazareth zu bleiben, dem Befehl sich zu widersetzen, wäre zu gefährlich gewesen. Die Pax Romana: Ein Machtfrieden war es, nie etwas anderes. Frieden für die nur, die sich fügten. Und doch: Noch etwas anderes ließ sie gehen, mehr als die Vorsicht, schwer zu fassen, vorgeburtlich verborgen. Als es dann da war, das Kind, und die Hirten die Ersten waren und sie vom Glanz dort in der Krippe gar nicht genug bekommen konnten, da fiel es ihnen wie Schuppen von den Augen. Da hatte er aufgehört, Gottes Himmel, ein Ding hoch droben über den Wolken und eine Sache nur für Traumtänzer zu sein. Da lag er ihnen zu Füßen, als Kind im Stroh, die Tür weit auf. Und wären Maria und Josef Vögel gewesen, hätten sie verstanden und nicht weiter gezögert: In Vögeln wohnt der starke Drang, sich von der Stelle zu lösen und sich in den Himmel aufzuschwingen. In Menschen muss das erst geboren werden.
»Was ich will, immer gewollt habe?«, so Käthe Kollwitz in ihrem Tagebuch vom Februar 1917. »Dass ich mich finde, nicht irgendetwas, sondern *mich ganz.«* Das Leben nicht für Zwecke sparen. Nicht für Sachen. Nicht für Erfolg. Nicht für morgen. Und auch nicht für die Unsterblichkeit. Mich finden heißt: durch Meere, durch Flüsse, durch Bäche *zur Quelle*. Und tun musst du es selbst. Die »Fleischtöpfe Ägyptens« sind verlockend, aber sie werden es nicht richten. Und die Wege, auf denen du gehst, können schön sein, dich in Erfahrungen führen, wie du sie nie zu träumen wagtest, aber auch so: dass sie dir alles abverlangen, sich wie Gewichte auf dich legen, und du meinst, du schaffst es nicht. Alles das, in der Tat, und noch viel mehr ist möglich. Das Leben ist groß. Aber über allem wölbt sich der Himmel, und an Gottes Engel wird es auch dir nicht fehlen!

(6) Auf und davon

Weihnachtserzählung

Es gibt Geschichten, die nichts von Maria und Josef und dem Kind in der Krippe wissen und auch nichts von Bethlehem, den Hirten und den Königlichen aus dem Osten, und doch (und gerade so) wahre Weihnachtsgeschichten sind. Geeignet für Gemeindegruppen in der Vorweihnachtszeit oder die Familienvesper an Heiligabend.

Der Polizeibericht bestand aus einer einzigen Zeile nur: »Der vermisste Swen (8 Jahre alt) konnte gestern wohlbehalten gefunden werden. Zwölf Kilometer von hier. In einem Gehöft.« Deutlich mehr wollte die Tageszeitung herausgefunden haben: »Sträfliches Verhalten bei Kindesauffindung« so die Überschrift. Und darunter: »Unverständlich, wie die Frau erst nach drei Tagen Meldung machen konnte. Und das Verhalten der Mutter, es verstehe wer kann …« Was war geschehen? An einem späten Dezemberabend, kurz vor dem Fest, stand der kleine Swen im dunklen Zimmer der Parterrewohnung seiner Mutter und sah durch das Fenster – auf die hohen Mietshäuser gegenüber in ihrem so sonderbar violetten Licht. Die Wohnung war verschlossen wie so oft, denn die Mutter war mit ihrer Freundin gleich vom Büro ins Kino gegangen. Wenn er durch das niedrige Küchenfenster in den Hof hinabstiege und von dort draußen später wieder zurück, dann würde sie das nicht merken, keiner würde das merken – er war sich da ganz sicher.

In den Straßen der großen Stadt achtete niemand auf den Jungen, der da am kalten Abend ohne Mantel auf dem Gehsteig ging und zu einem Dach hinaufstarrte, auf das unsichtbare Lichter bunte Buchstaben an den nebeligen Nachthimmel schrieben. Swen, der sich nicht satt sehen konnte, ging wie gebannt weiter, und je näher er der Stadtmitte kam, desto wunderbarer wurden die Dinge, die ihm begegneten. Funkelnde Lichterketten spannten sich über die Straßen, und in den Schaufenstern flogen goldene Engel über starr ihm entgegen lächelnde Modepuppen mit allerlei Kleidern an. Menschen trugen bunte Pakete mit silbernen und goldenen Schnüren, und aus den Geschäften drangen allerlei Düfte und Weihnachtslieder. Und immer war da von einer stillen und heiligen Nacht die Rede, von der er noch nie gehört und die er noch nie gefunden hatte. Und so ging er weiter durch die laute, ziemlich unheilige Nacht, Stunde um Stunde, und wusste bald nicht mehr, wo er war und wohin er ging. Die Straßen der Vorstadt, die er durchquerte, sie glichen einander: Man hätte sie austauschen können, und keiner hätte es gemerkt.

Dass die Frau den erschöpften Jungen vor ihrem Haus noch fand, war ihren beiden Hunden zu verdanken. Irgendwann schlugen die an in der Nacht und hinderten sie, weiter zu schlafen. Aus der Erschöpfung und dem Erschrecken über das Gebell der Hunde sank Swen wenig später in einen tiefen Schlaf, aus dem er erst am nächsten Mittag erwachte. Als ihn die Frau nach seinem Namen fragte, sagte er: »Swen … Swen Groß.« Aber den seiner Straße wusste er nicht. Er wusste vieles nicht. Nicht wer sein Vater war und ob der noch lebte. Nicht warum die Menschen Weihnachten feiern. Und er fragte auch nicht danach. Nur eines wollte er wissen: »Warum hast du so große Hunde?« Neufundländer seien das, gab ihm die Frau zur Antwort. Sie habe eine Hundezucht, lange schon: seit sie auf der Flucht in dieses Land gekommen sei, früher hätten sie und ihre Eltern weit fort von hier gewohnt. Auch was Flucht ist, wusste Dieter nicht. Die Frau erklärte es ihm. Und sagte ihm auch, warum die Menschen Weihnachten feiern. Die Geschichte von der Heiligen Nacht in Bethlehem, kennst du sie nicht, fragte sie ihn. Er aber sagte, er kenne sie nicht … er wisse nur, was in seinem Geschichtenbuch stehe. Und in seiner Hosentasche kramte er nach einem zerfledderten Heft, in dem auf Bildern riesige Muskelmänner mit dünnen Köpfen aufeinander einschlugen, und aus den Mündern entstiegen ihnen Wortfetzen wie in Seifenblasen. Die Frau zerriss das Heftchen und warf es in den Ofen.

Sie benahm sich überhaupt recht merkwürdig. »Sträflich« sogar, wie die Zeitung später zu berichten hatte. Sie unterließ es zum Beispiel, die Polizei von dem aufgefundenen Kind zu benachrichtigen. Sie beherbergte es drei Tage lang bei sich, erzählte ihm von seltsamen Dingen und Begebenheiten und zog ihm einen Mantel über, der ihm beinahe passte und herrlich warm war. Ihr Peter, sagte sie, sei zwar ein Jahr jünger gewesen, aber sehr viel größer, als sie auf der Flucht waren und bei klirrender Kälte über das Meer zogen – und das Eis nicht mehr hielt und für den Jungen jede Rettung zu spät kam.

Schon am zweiten Tag war der Junge mit den beiden Hunderiesen gut Freund. In der Nacht nahm ihn die Frau mit vor das Haus. Und dort draußen war eine Luft und eine Stille, wie sie Swen noch nie erlebt hatte. Von der Stadt war in der Ferne nur ein dumpfes Rauschen zu hören, und am Horizont war ein gleißender Lichtstreifen zu sehen – mit unzähligen Sternen. In den Straßen der Stadt, so der Junge, seien die Sterne viel heller und größer und bunter. Und er lachte sie aus, als die Frau ihm zu verstehen gab, dass diese winzigen Lichtkügelchen dort droben millionenmal heller und größer seien als alle die Reklamesterne der Städte zusammen. Und als sie von den Sternen der Heiligen Nacht und dem neugeborenen Kind im Futtertrog erzählte, sagte Swen, er fände die Geschichte schön – und ob sie nicht noch mehr davon wüsste. Und vielleicht ja lag es daran, dass die Frau von der »Kindesauffindung« erst keinem was sagte.

Als dann Frau Groß kam und ihren Jungen abholte, freute er sich darüber. Aber irgendwie auch nicht. Seine Mutter spürte das, aber sie nahm es ihm nicht übel. Ganz im Gegenteil – als sie die Gastgeberin bat, den Jungen doch noch ein paar Tage bei ihr zu lassen, es gäbe noch so viele Geschichten, die sie einander zu erzählen hätten, da zeigte sie sich einverstanden. Warum? Keiner wusste es so recht. Auch die Tageszeitung nicht. Noch nicht mal die Mutter selbst. Geschichten am Rande – die sind manchmal so!

Wie immer ist da nichts verlaufen – so aber zum Anfang des Neuen geworden. Zur »Hütte Gottes bei den Menschen« (Offenbarung des Johannes 20.3). Mit Erschrecken zuerst. Aber dann mit Zeit, mit Stille, mit Zuwendung und Aufmerksamkeit, mit Einfachheit und Selbstverständlichkeit, mit Geschichten und Träumen. Gottes Schalom – es muss das nicht immer das Ganzgroße, das alles Überdauernde sein. Dass Gott »in sein Eigentum« kommt, fängt im Kleinen an. Bei den gerademal drei Tagen, in denen der Junge durchs Fenster stieg, nicht auffindbar war – und doch für sein Leben alles fand. Gottes großes Geschenk. Das aber lasst uns nicht für uns selbst reservieren. Lasst es uns hineintragen in die Welt, in unsere Familien, in unsere Gemeinde, zu unseren Freunden, zu denen, mit denen wir unsere Mühe haben:

Sachte Einspielung z.B. von Hans-Jürgen Hufeisen »Hüter der Nacht«/CD edition hufeisen zürich. Aus dem Kreis der Feiernden lösen sich bei jeder Schalom-Bitte zwei Personen, die im Altarraum aus einem Korb zwei Kerzen nehmen, sie am Hirtenfeuer entfachen und sich an zuvor vereinbarten Orten aufstellen. Alles das geschieht in großer Ruhe und darf dauern.

Schalom – wo Menschen schwer daran tragen, Weihnachten alleine zu feiern. Schalom – wo Menschen im Streit miteinander leben und keinen Weg zueinander finden. Schalom – wo Menschen krank sind und schwer daran tragen. Schalom – wo Menschen keine Arbeit finden und an sich selbst zweifeln. Schalom – wo Menschen unter dem Druck der Arbeit zu zerbrechen drohen und keinen Ausweg finden. Schalom – wo Menschen sich schuldig fühlen und nicht wissen, wie damit umgehen. Schalom – wo Menschen nach Brot und Gerechtigkeit hungern. Schalom – wo Menschen unter Gewalt leiden, Verfolgung, Krieg. Schalom – wo sich Menschen fremd fühlen und auf Zeichen der Aufmerksamkeit und Gastfreundschaft angewiesen sind.

Kleine Pause

»Das Kind in der Krippe ist der Schwur Gottes, dass er nicht lässt von dieser Welt und mit ihr noch etwas vorhat«, so Christoph Blumhardt einmal, der große württembergische Theologe am Ende des 19. Jahrhunderts. Und davon nehmt. Und davon erzählt. Und davon lasst »schmecken und sehen«.

(7) Wie die Träumenden

Predigt am 1. Weihnachtsfeiertag
(Psalm 126)

»Fröhlich soll mein Herze springen ...« Keine Frage: Eine Weihnachtspredigt muss heiter sein. Aber schaffen wir es denn, vom Kind in der Krippe heiter zu sprechen? Ganz so einfach ist das nicht. Denn so wahr sich in der Nacht der Christgeburt der Himmel auftut und die Hirten mit einer »Mär« in Berührung kommen, die sie sich in ihren kühnsten Träumen nicht hätten vorstellen können, so sicher auch ist es, dass sich von der in dieser Welt noch nicht allzu viel herumgesprochen hat und es das Leben schwer hat mit der Hoffnung. Aber sie hinter mir lassen, die Widerrede, was mich zweifeln lässt, abstreifen einfach, einmal nur und nur für einen kurzen Moment, darf ich das denn? Oder ist auch das nur wieder die alte menschliche Manier, von der Wahrheit nur das übrig zu lassen, was ins Konzept passt? Und ich frage mich in der Tat, ob sich unsere komplizierte Welt solcherlei Träumer noch leisten kann und *Realisten* nicht weit nötiger hätte. Lasst mich ein paar Umwege machen. Manchmal ja ist es der Slalom, der zum Ziel führt.

Erster Umweg: *»Palmström«*. Bei Christian Morgenstern einer seiner ganz besonderen Figuren: schlau, etwas hintersinnig. »Palmström« will es wissen: Er fragt, bevor er sich auf etwas einlässt. Und einmal hat er es mit etwas zu tun, was ihm schwer zu schaffen macht. Und fast wäre er verzweifelt, bis ihm (in der letzten Strophe des Gedichts) ein Stein vom Herzen fällt: »Und er kam zu dem Ergebnis/Nur ein Traum war das Erlebnis/Weil, so schließt er messerscharf/Nicht sein kann, was nicht sein darf.« Von Weihnachten ist dieses »Ergebnis« weit entfernt. »Fröhlich«? Fehlanzeige. Nüchtern eher, abgeklärt, unterkühlt bis zum Erfrieren. Nicht viel mehr als der kleine

Rest, den man ihm lässt. Und längst habe ich begriffen: Träume sind Schäume und spielen (wenn überhaupt) an den Rändern des Lebens ihre Rolle, aber ansonsten mögen sie besser den Mund halten und das Sagen anderen überlassen. Wie lange schon höre ich das. Längst ist es mir in Fleisch und Blut übergegangen.

Zweiter Umweg: *»Babylon«*. Weit fort von hier, an Euphrat und Tigris, 550 vor Christus. Da sitzen sie: gefangen, verbannt, von ihren Wurzeln weit entfernt. Israels allerletzter Rest. Sie haben ihre Harfen an die Weiden gehängt, sitzen und weinen. Was auch sollen sie anderes tun? Wie es ist, so hat es kommen müssen. Und so auch, wohl anzunehmen, wird es bleiben. Doch auf einmal kommt da einer, scheint sich um alles das überhaupt nicht zu scheren und singt ihnen etwas: »Wenn der Herr die Gefangenen Zions befreien wird, dann werden wir sein wie die Träumenden. Dann wird unser Mund voll Lachens, unsere Zunge voll Rühmens sein. Dann wird man sagen unter den Völkern: der Herr hat Großes an ihnen getan!« (Psalm 126) Ein Traumlied. Das Lied der Hoffnung gegen alle Hoffnung. Zukunftsmusik gegen die eng gewordene Gegenwart und Rezepte der Vergangenheit. In Bildern und Rhythmus und Kraft vorweggenommene Neuschöpfung. Und so auch die Wirkung. Als täten sich in der Wüste Quellen auf, so bringt es die aus der Hoffnung Gefallenen in Bewegung, hält ihre Gedanken zusammen, lässt ihre ausgezehrten Seelen sich selbst wieder fühlen, macht ihnen Mut, verleiht ihnen Flügel, gar nicht die großen, ganz kleine zuerst, die aber reichen. Kurz – schenkt ihnen jetzt schon Anteil an dem, was kommt. Jetzt schon – mitten im Aussichtslosen Anwartschaft darauf, aufzublühen, Frucht zu tragen, sich zu freuen seiner Schönheit. Dass nicht sein kann, was nicht sein darf? Hier nicht. Träume sind aus anderem Stoff!

Und so meint es Weihnachten. Nein, es stimmt nicht mit dem einfältigen Gegensatz zwischen Tatsachen und Traum. Die Wahrheit ist viel aufregender. Lasst es euch sagen und »fürchtet euch nicht«: Träume liefern nach – füllen auf, was in unserem so hochnormalen Tatsachenleben aus welchen Gründen auch immer wegsortiert und ausgeklammert wird. Fast schon möchte ich »Palmström« auf den Kopf stellen und sagen: *Realist? Na klar, aber so, dass du endlich anfängst, über die Ränder hinaus zu kommen und von dort draußen Neues in deine Räume einziehen lässt.* Licht, das sehen, und Luft, die atmen lässt. Wie, so die Hirten, als der Himmel aufging und die Nacht zum Tag wurde: Alles das soll geschehen sein und wir sollen es glauben? Ja, so die Stimme: So ist es und ihr seid die Ersten, an denen es sich bewahrheiten möchte! Geht hin und probiert es aus! Und dann gingen sie los, brachen auf aus dem immer Gleichen, wollten es wissen. Und sahen es – als die Herrlichkeit Gottes auf dem Boden im Stroh.

Und da fügt es sich wohl, dass es die Traurigen waren, die von allen guten Geistern Verlassenen, die den Traum vom sich öffnenden Himmel und der taghellen Nacht zuerst träumten. Die Hirten, und später die Fischer, die Zöllner, die Kinder, die Frauen, die Kranken – Leute also, die nicht so recht vorkommen in der Geläufigkeit und Wohlanständigkeit der Welt. Sie, ausgerechnet sie werden von einer Klarheit beseelt, dass sie an Hoffnung so viele übertrafen, von denen man so etwas im Traum nicht erwartete. Und so manchem wurde es heiß unter seinem Ansehen und seiner Macht, die er meinte, als Ausweis und Ausrede so dringend nötig zu haben. Und so manche haben sie zu spüren bekommen, die Macht und die Besonderheit der anderen, und sahen sich im Abseits oder noch weiter draußen wieder und erfuhren dort, was es heißt, in die Hände von Menschen zu geraten – und doch war da eine Glut in ihnen, die sie nicht schwächer machte und ihre Tortur zu einer ausgestreuten Saat, die das gerade erst Geborene erst so richtig geboren und groß werden ließ. Die Geschichte ist voller Beispiele. Ich denke an Dietrich Bonhoeffer und seinen einsamen Kampf (auch in der Kirche) gegen die Nationalisten oder an Martin Luther King (40 Jahre sind es her) in Amerika, an die friedliche »Kerzenrevolution« in Leipzig und anderen Städten der damaligen DDR vor 20 Jahren oder in Südafrika (auch das erst vor 20 Jahren) an Nelson Mandela. Alle Gewalt und alles Unrecht hat sie nicht davon abhalten können, daran zu glauben, dass er einmal kommen werde, der Tag, an dem der Albtraum zu Ende und die Gepeinigten mit ihren Peinigern an einem Tisch sitzen und neu miteinander beginnen würden.

Die Träume? Darum ist ihnen zu tun – der Beklommenheit und Verirrung meines Herzens Gottes Ankunft entgegenzusetzen. *Ins Weite wird sie es führen: ihm die Angst nehmen, es stark machen und schön!* Nicht dass es keine Nacht und keine Schmerzen mehr gäbe in einem solchen Leben. Mit Zauberhand geht es nicht in Gottes Welt. Aber die Nacht wird dort nicht mehr das Letzte sein und der Schmerz mit einer Kraft in Berührung kommen, die ihn tragen und hoffen lässt. Und laut wird die nicht daherkommen. Eher leise und ganz kleinen Schritten. Aber stark: »Ich spüre die Wunde, an der ich blute – und lebe. Ich spüre den Abgrund, in den ich falle – und stehe. Ich sehe das Band, das mich fesselt – und bin frei. Ich sehe die Nacht, die mich umhüllt – und sehe. Ich sehe das Feuer, an dem ich mich verbrenne – und bin heil. Ich sehe die Angst, die mich umgreift – und traue« (Agnes Lanfermann).

Wichtig nur – mit dem Träumen dann auch anzufangen. Von der »guten Mär« sich beflügeln zu lassen. Es auszuprobieren mit Gottes herrlicher Ankunft. Vielleicht werden dann auch unser Mund und unsere Zunge »voll Lachens und Rühmens« sein. Und dann kann »Jauchzet und frohlocket« und sich herumsprechen bis zum letzten Winkel der Erde!

(8) Fast tote Wurzel

Liedmeditation
Es ist ein Ros entsprungen

»Mitten im kalten Winter ...« So also. In Trümmern und Höhlen, Kälte und Nacht. Ein Winzling in harter Umgebung. Überlebenschance? Keine. Die aber nutzt er. Und siehe, er lebt! Und wird zum Zeichen! Die fast tote Wurzel, sie ist so frei, schmückt sich mit Leben. Und wo es die Hirten noch eben für einen Spuk hielten,

wenig danach beginnen sie zu laufen und wollen es wissen. Ja, ich kenne die Geschichte. Aber ich? Was hat sie mit mir zu tun? »*Das Röslein, das ich meine, davon Jesaja sagt*«. Jesaja? Der mit den Träumen? Die Gefangenen des Herrn: wiederkommen würden sie, zurück aus der Fremde, dem jahrzehntelangen Exil und über den Trümmern des alten das neue Jerusalem bauen? Und Gott selbst würde Wohnung machen, die Armen mit Gerechtigkeit richten und die Gewalttätigen mit dem Stab seines Mundes schlagen und Kinder junge Löwen und Kälber in einer Herde treiben und über allem würde der Zweig aus der Wurzel Jesse blühen stehen? Der? Ja, der! »Das geknickte Rohr, nein, zerbrechen wird es Gott nicht, den glimmenden Docht nicht auslöschen.« Traumtänzer haben sie dich genannt, dich zu den Akten gelegt. Ziemlich schräg das alles, hielten sie dir entgegen. Vorbei ist vorbei, halt uns nicht länger zum Narren. Meinst du, wie wüssten nicht? Je realistischer man sich darauf einstellt, desto erträglicher das Ergebnis. Nun ja, wenn du Äpfeln und Birnen, Autos und Waschmaschinen vergleichst. Aber wenn du etwas Ergebnis nennst, was doch in Wirklichkeit (vielleicht) etwas ganz anderes ist? Dann nämlich, wenn alles nach Plan verläuft und doch wieder auch nicht: dort nämlich, wo Gott seinen Part hat in diesem Spiel. Nicht zu bestreiten: Die Bedingungen waren hart und die Rose würde es schwer haben. Aber sie fürchtete sich nicht, traute ihrer Wurzel. Und so spross sie und kam zur Welt, irgendwo im Abseits, in einem Stall, am Boden, unter Leuten dass Gott erbarm! »*Das Blümelein, so kleine, das duftet uns so süß*« Nein, Geplagter, vergessen bist du nicht. Aber gesund werden braucht Zeit, hat seinen eigenen Rhythmus, kommt von innen, geht über Stufen, funktioniert nicht auf Befehl. So aber kann es geschehen: »Weiß Gott, ich spüre die Wunde, aber ich lebe. Ich spüre den Abgrund, aber ich stehe. Ich spüre das Band, das mich fesselt, aber ich bin frei. Ich spüre die Angst, die nach mir greift, aber ich traue mich!« Und mit einem Mal sind sie fort, die überflüssigen Wörter, und die Bahnsteige brauchen keine Lautsprecher mehr. Und auf einmal öffnen sie sich, die Verriegelungen, die dein Leben zu leben nur immer gehindert haben, und auf einmal hast du auch überhaupt keine Bange mehr, dir ins Gesicht zu schauen und zu sagen, mein Gott, so durch und durch irdisch und doch ein Stückchen vom Himmel. Und wenn das so ist und wenn das so wird, dann ist es an der Zeit, überall auf der Welt, das Fest des Lebens zu feiern und in den Sprachen der Welt die Lieder des Friedens zu singen. Nichts mehr ist, wie es war: Der Himmel hat sich mit der Erde verbunden: Die Mitte der Nacht ist der Anfang des Tages. Und wenn ihr dann geht, von hier fort in eure Wohnungen und Häuser, dann sollt ihr am Ausgang eine Rose geschenkt bekommen, deren Blühen euch sagt: Lasst gut sein, die halbtote Wurzel, sie lebt und ist stark – und aus ihre Blüte nehmt, so viel ihr braucht, teilt es mit anderen und fangt gleich jetzt damit an!

(9) Und das habt zum Zeichen

Die Hirten. Irgendwo draußen, weit vor der Tür. Ferngehalten, abgeschoben auch sonst im Leben. Ausgerechnet die machen die Entdeckung: die Entdeckung ihres Lebens. Glauben erst konnten sie es gar nicht. »Frieden?« »Fürchtet euch nicht?« Mein Gott, schon wieder dieses Auf und Davon! Was kommt einem nicht alles, wenn man so wochenlang, monatelang mit sich selbst allein ist, mit den Tieren unterwegs, zwischen Himmel und Erde, von den anderen weitab. Frieden! Ja, natürlich träumten sie davon. Lange schon. Ihr ganzes Hirtenleben lang. Wie anders auch? Gäbe es den nicht bald, wär bald gar nichts mehr. Vom ganz Kleinen zuerst. Von dem zwischen Hirt und Hirt. In Gefahr war der täglich, wiederherzustellen schwer. Doch anders auch träumten sie: vom Frieden der Menschen, zwischen Starken und Schwachen, Satten und Hungerleidern, Gebildeten und Ungebildeten. Von dem der Völker auch, der ganzen Schöpfung. Nur aber: Was kam da und kommt da nicht alles als »Frieden«? Kein Tag, an dem sich nicht irgendwer auf der Welt vor irgendwem zu beweisen hatte und es mit wohlgesetzten Reden, blitzgescheiten Analysen und unmissverständlichen Voraussetzungen tat. Katalogweise. Nur an der Sache, so ihre Erfahrung, katalogweise vorbei. Da änderte sich nichts. Der Unfriede blieb, verbiss sich, wanderte weiter. Und manchmal, da meinten sie schon, es habe sich etwas getan, doch nach einer Weile: Nichts hat sich getan, alles beim Alten und gesagt haben, das wollte keiner mehr. Und auch das fiel ihnen auf: Spricht einer von »Frieden«, seltsam, meint jeder seinen eigenen zuerst. Und wenn dann noch etwas übrig bleibt – nun ja, auch dann wird noch was sein, schwer zu sagen: denn übrig blieb bislang noch nichts. Aber das überhaupt für möglich zu halten, vielleicht ja gehörte das auch dazu, warum man sagte zu ihnen, wenn sie mal wieder zu Hause waren und so ihre Fragen hatten: »Also ihr von dort draußen, das ist ja wieder mal typisch. Ja, begreift ihr denn nicht?« Doch auf einmal – gingen sie doch. Ließen alles stehen und liegen, ließen sich ein auf diese seltsame Geschichte. Gingen los und kamen an. Im Stall, beim Kind. Kamen an und brachten keinen Ton über die Lippen. Und hatten auch gar nichts zum Schenken dabei. Standen nur und schauten. Und nahmen das Bündel in ihre Hände. Und gaben es den Eltern wieder. Und begannen zu begreifen, von tief drinnen und nur erst in Stücken, aber immer deutlicher. Doch, so begann ihre Seele zu sprechen: doch, auch dein Leben, Hirte, kann noch mal beginnen! Der Himmel hat zur Erde gefunden, der Knoten durchschlagen, der Frieden frei: raus aus den Wolken, den Parolen der Mächtigen entwunden, Gott selbst in ihm dabei, »Wohnung« zu machen endlich in dieser Welt. »Heut schließt er wieder auf die Tür zum schönen Paradeis, der Cherub steht nicht mehr dafür, Gott sei Lob, Ehr und Preis!«

Ein Moment Stille. Nachklingenlassen. Die Orgel oder Instrumente spielen das Lied in sachten Tönen. Und vielleicht ist ein Pantomime im Raum, der ins Hirtenfeld tritt und die »Öffnung des Paradiestors« spielt.

Das Tor? Es ist auf. Was also warten noch? Gottes Schalom? Ins Leben soll er. Sich herumsprechen dort. Zu blühen beginnen. Seinen Duft entfalten. Zum Hymnus in allen Sprachen werden: »Also hat Gott die Welt geliebt!«

Mitarbeiter(innen) machen sich auf den Weg zum Hirtenfeld. Aus einem alten Korb nehmen sie sich Kerzen, entfachen sie und begeben sich an markierte Orte im Altarraum. Beispiel: »Schalom, wo Menschen in Streit miteinander leben, darunter leiden, aber nicht wissen, wie weiter und wer zuerst!« Nach den Fürbitten kann sich der ganze Gottesdienstraum in ein großes Lichterfeld verwandelt haben. Als Abschluss empfiehlt sich das holländische Lied: »Schalom für Dorf und Stadt«/In: Martin Gotthard Schneider »Sieben Leben möchte ich haben«, Christophorus Verlag Freiburg.

(10) Mann, Josef!

Bildpredigt am Zweiten Weihnachtsfeiertag (Evangelium nach Matthäus 2,13-23)

Jan Rembrandt »Flucht nach Ägypten«

Wenn Gott geboren wird, geht in geraden Bahnen gar nichts mehr. Die Hirten? Bis ins Mark erschraken sie, so die Geschichte der Heiligen Nacht, als sich der Himmel über ihnen öffnete und sie den Engel hörten, jetzt endlich sei es so weit, der *Frieden auf Erden* mit Händen zu greifen – und ein Friede sei es auch für die, ja, für die zuerst, die es gewohnt waren, die ganz kleinen Brötchen zu backen. Und bald wird von Königen die Rede sein, königlichen Sternkundigen, Berittenen mit Rang und Namen – es habe sie etwas aufbrechen lassen, weit aus dem Osten, wo man sich mit den Sternen auskannte, nie zuvor hätten sie es für möglich gehalten.

Und heute dieses – mein Gott, man hätte es sich denken können: Herodes, der Vierfürst, misstrauisch und rachsüchtig, korrupt und ein Günstling des römischen Kaisers, spürt, wie nichts mehr ging in seinem Reich, wie da auch »Brot und Spiele« nicht mehr funktionierten und auch die Peitsche nicht mehr und er, von allen guten Geistern verlassen, zum Letzten auszuholen begann: Sterben sollten sie, die Neugeborenen Bethlehems. Was tun? Sie müssen fort! Besser gleich! Nur nicht zögern, alles zurücklassen – und fliehen! Man spürt dem Evangelisten die Erregung an. Weg von hier! Ab durch die Wüste, nach Ägypten! Nach Ägypten? Da war doch mal was! Waren die Väter und Mütter der heute Verfolgten dort nicht selbst einmal verfolgt – und schafften es nur mit allergrößter Mühe, dem Unterdrückungssystem des Pharao zu entkommen? Wie sich die Dinge gleichen! »Meinen Sohn, spricht Gott, ich habe ihn aus Ägypten gerufen.« Damals Moses, heute Jesus. Für den Evangelisten ist das kein Zufall: Wie Moses wird er kommen, das Volk zu befreien, es zu lehren, seinen Hunger zu stillen und seine Wunden zu heilen!

Die Welt hat ja nicht aufgehört, eine Welt der Gewalt, der Intrige und des Todes zu sein. Was in den Städten des Pharao geschah, geschah in denen auch des Herodes. Und so hörten die Menschen in der Geschichte der Flucht nach Ägypten auch ihre eigene Geschichte – und sie hören sie bis heute. Bis heute ja hat es nicht aufgehört, die Erbarmungslosigkeit der Mächtigen – und auf der Flucht vor ihnen sind Menschen, ganze Völker, noch immer. Die Flüchtlingsströme von heute sind nur noch viel, viel länger und die Maschinerie des Todes nur viel, viel grausamer. Aber was am schlimmsten ist? Dass es diejenigen, die davon hören und sehen, zu den besten Sendezeiten, schon morgen wieder, wenn von neuen Abgründen berichtet wird, vergessen haben. Warum das so ist?

Auch einen Esel hat das einmal interessiert. In einer seiner Geschichten lässt Thornton Wilder einen solchen einmal fragen: »Warum, sag, werden die Menschen geboren, wenn sie nur leiden müssen und sterben?« Und weil er selbst keine Antwort darauf hatte, aber auch von den Menschen keine bekam, musste er sich so behelfen: »Es ist schon eine sehr verwunderliche Welt, lieber Gott, wo du es nicht den Mächtigen, sondern einem Esel verdankst, am Leben zu bleiben ...« Und damit, liebe Gemeinde, sind wir mitten in der Geschichte dieses Zweiten Weihnachtsfeiertages. Inmitten der Gottesgeschichten überhaupt. Denn in den Blick kommen dort vor allem die Kleinen, die Eckensteher, am Boden Liegenden – Leute mit mehr Fragen als Antworten und kaum wen interessieren. Aber vom Leben lassen sie nicht ab. So nah sind ihm diese Kleinen und völlig Unbedeutenden, dass sie noch im Traum darum bangen!

Wie Josef. Nur Randfigur, Nebenrolle? Soll das bloß keiner meinen! Wahr ist: Wir wissen nicht viel von ihm. Kein einziges Wort ist von ihm überliefert. Ein großer Redner wird er also nicht gewesen sein. Doch einer, der hörte – hinhörte, heraushörte, von den Träumen der Menschen, seinen eigenen auch, nicht gering dachte, ganz im Gegenteil: sehr auf sie achtete, sie als Botschaft verstand, an ihnen arbeitete. Als Maria von ihrem Kind erfuhr, mochte es der »Engel Gottes« zuallererst ihm sagen. Das alles verstehen? Nein, er konnte es nicht. Wie ein Schock überkam es ihn. Er wehrte sich dagegen – fühlte sich betrogen, wollte weg. Doch nein: Josef hört noch einmal hin, spricht mit dem »Engel«, verhandelt mit ihm – und bleibt. Mein Gott, so seine Entdeckung: Was sind das doch für Wege, die das Leben durchziehen! Und was für Gedanken! Und ich bin hier, Gott, und schaue und mache mir meine Gedanken und treffe meine Entscheidungen und meine aus der Erdenperspektive, dir Paroli bieten, dich vor meinen Karren spannen zu können!

Und dann kam es praktisch und ein bisschen pfiffig sogar. Also, wenn schon die Tour von ganz droben im Norden nach drunten in den Süden, dann soll es zumindest ein Esel sein, auf dem die schwangere Maria ihr Plätzchen findet. Und im Stall, zu etwas anderem reichte es nicht, da soll es zumindest nicht zugig sein. Und das Kind soll es warm und gepolstert haben: Eine Futterkrippe müsste her. Und schon war der Bauschreiner bei der Arbeit und keiner sollte ihn hindern. Und was er zimmerte, konnte sich sehen lassen. Und als er im Gerümpel dann auch noch die alte Hirtenlaterne fand, da freute er sich und war fast schon ein bisschen stolz. Allzu viel mehr erfahren wir nicht von Josef. Und die Oratorien und Kantaten schweigen ganz. Was also war es, das dem Kind das Leben gerettet hat? Ein Zufallsgerücht, von irgendwem in den Hinterhof getragen? Oder die gezielte Aktion von unten, so schnell wie nur möglich das Bündel zu schnüren und sich auf den Weg über die Grenze ins Asyl zu machen: Im Hirn des Vierfürsten spiele sich die Hölle ab und so sei dem alles zuzutrauen? So oder so oder auch ganz anders – wir wissen es nicht. Eines nur: Josef hat die Gefahr begriffen, in allen ihren Konsequenzen, für sie alle drei, vor allem das Kind. Und so deutlich er sie gesehen hat, so groß wird seine Angst gewesen sein. Der Mordlust des Fürsten zu entkommen? Eine junge Frau, ein gerade geborenes Kind und er, fremd im eigenen Land!? Und doch, da war noch etwas anderes, fest in ihm verankert: Es gibt sie, die Rettung in äußerster Not, es gibt sie, solange es Menschen gibt und Gott, der nicht aufhört, sie zu sehen, die Tränen seines Volks. Erinnere dich, so seine Seele: Er hat sie herausgeholt, deine Väter und Mütter, hat sie der Willkür des Pharao entzogen, den Peitschen entnommen, sie stark gemacht und in ein Land gebracht, in dem »Milch und Honig fließen« – nein, du kannst nicht tiefer fallen als nur in Gottes Hand! Und wie er seine Treue den Vätern und Müttern erwiesen habe, so würde er sie jetzt ihnen erweisen. Es wird sie geben, die Chance, auch jetzt, wo es nach vorn so gut wie nichts mehr gäbe. Lasst sie uns suchen und was wir tun können tun! Das ist Josef. Geboren zu werden, geliebt, ernährt, beschützt und großgezogen zu werden, alles das ist menschlich, und die dafür aufkommen, müssen Menschen sein. Anders geht das nicht, auch Gott nicht. Josef weiß das. Er hält die Laterne und sattelt den Esel. Und als sich das Kind, Jahre später, lossagt von seiner Familie, Gott seinen Vater nennt und »die den Willen Gottes tun« seine Brüder und Schwestern, dann hat das viele überfordert. Auch Josef. Wie anders auch! Auch wir wären überfordert, wenn unsere Tochter

Philosophie studierte und von Stunde an hinschmisse und Popstar werden wollte. Aber Josef fasst sich – unterscheidet, weiß von einem anderen Willen, zwingt den nicht, gibt frei. Das Leben, so Josef, ist groß!

Wie viele Bilder sich über die Jahrhunderte mit dieser Fluchtgeschichte befasst haben, ich weiß es nicht. Was mir auffällt ist, dass es den Künstlern nahezu durchgängig darum geht, auf dem Weg nach Ägypten nicht Flüchtlingselend und Wüstenstaub zu zeigen, sondern *königliche Leute* in fast paradiesischer Gegend. Wie hier Jan Rembrandt, der Holländer:

Über die PC-Anlage wird Rembrandts »Flucht nach Ägypten« eingespielt. Ein paar Sekunden Pause.

Da ziehen und rasten sie: Maria in ihrem himmlisch blauen Gewand, Josef mit seinem Stock und das Kind, das in den Engeln seine ersten Spielgefährten zu finden scheint. Da ist kein Flüchten und zielloses Weiter, wie es Menschen seit Menschengedenken tun, darauf aus, ihr klein bisschen Leben in Sicherheit zu bringen. Nicht das, was ist, scheint die Maler zu interessieren, sondern das, was noch aussteht: in einer Welt, in der Gott geboren wird, zu werden erst anfängt. In der Flucht nach Weihnachten, so die Pinselstriche des Künstlers, ist einer mit, der nicht aufhört, den »Mühseligen und Beladenen« sein Selig! auszusprechen. Nicht mehr lange, dann wird es aus sein mit der Hinterlist, der Gewalttat und dem Tod! Die Tränen werden getrocknet werden, die Klage der Traurigen sich in das Lachen der Getrösteten verwandeln – aus fast totem Stamm es zu blühen anfangen. Mit Worten lässt sich das Halleluja der Künstler nur schwer beschreiben. Denn in der Flucht nach Ägypten vollzieht sich ja nicht nur ein Auf und Davon aus dem Machtgebiet des Herodes, sondern ein Fort aus dem Machtbereich der Mächtigen *überhaupt* – in den Beginn einer Zeit, in der sich die Verhältnisse der Welt von Grund auf geändert haben, die Kleinen nicht länger klein gehalten und gedemütigt werden, sondern ihren Platz gefunden haben und auf Bewahrung und Wertschätzung nicht länger verzichten müssen.

Dass das ohne den Menschen, der das in seinem Herzen und durch seine Hände bewegt, nicht möglich ist, dafür steht Josef. Wir sollten es nicht übertreiben – es wäre ihm nicht recht. Und doch an ihn denken – auf der Schwelle der Jahre und im noch ungeklärten Gelände dort drüben den Zimmerer aus Nazareth in unserer Erinnerung halten – es wird uns guttun!

Weihnachten III

Liturgische Miniaturen, Gebete, Fundstücke

(1) Ganz hell

Begrüßung und Einstimmung

Ein Stern springt aus der Sternenbahn. Ganz frei zieht er dahin./Ein Mensch verlässt den Lauf der Welt. Ganz frei wird er zum Weg./Ein Stern, ein Mensch, ein Weg, ein Licht. Ganz hell in unser Dunkel bricht.

Liebe Kleine und Große, ich begrüße euch zur Feier der Christgeburt. Das Gewusel, die Enge, das Halbdunkel im Raum: Ein bisschen soll es uns an das Original erinnern. Im Stall war es auch nicht heller. Und geräumiger schon gar nicht. Aber dort kam der Himmel zur Welt. Als Kind. Und das wollen wir feiern.

(2) Ein Kind ist uns geboren

Begrüßung und Einstimmung

Hirten und Knechte weckte der Ruf. Einfache Leute, tausendfach gescholten, verdächtigt, kundig des Rautons, der Dunkelstellen, sie waren gemeint./Standen und lauschten, konnten's nicht fassen, bis ihnen die Finsternis zerriss, hörten den Himmel sprechen, hießen ihn Engel./Weckt auch noch heute aller Lande verlorene Leute, kann was geschehen stammelnd nur nennen wir sie.

Liebe Gemeinde, ich grüße euch zum Fest der Christgeburt. Gibt es Schöneres? Die Unruhe war groß in den vergangenen Tagen. Wir sind noch ganz in ihren Fängen. Was ich uns wünsche? Dass wir von etwas berührt werden, das uns guttut. Und davon wird zu erzählen sein: »Das Volk, das im Finstern wandelt, sieht ein großes Licht, und über denen, die da wohnen im finsteren Land, scheint es hell. Denn siehe, uns ist ein Kind geboren, und die Herrschaft liegt auf seiner Schulter« (Jesaja 9.1-5). Kommt und seht und glaubt und lebt!

(3) Da siehst du

Kleines Anspiel

Zwei Frauen treffen sich am Gartenzaun. Ein Engel tritt dazu. Im Hintergrund, groß eingeblendet, ein traditionelles Krippenbild mit Maria und Josef.

Erste Frau

Kann ja nicht gut gehen!

Zweite Frau

Wie auch?!

Erste Frau

Ohne Mann!

Zweite Frau

Mit gerade mal 15!

Erste Frau

In diesen Zeiten!

Zweite Frau

Überall Hunger!

Erste Frau

Überall Krieg!

Zweite Frau

Keiner mehr traut sich!

Erste Frau

Die Römer im Land!

Zweite Frau

Entweder sie holen dir die Ernte!

Erste Frau

Oder die Söhne!

Zweite Frau

Und dann das!

Erste Frau

Ein Kind!

Zweite Frau

Nicht zu fassen!

Erste Frau

Aber schau sie dir doch an!

Zweite Frau

Kennt man den Vater?

Erste Frau

Den Vater?

Zweite Frau

Es muss doch ’nen Vater geben!

Erste Frau

Aber wer?

Zweite Frau

Kommt wohl vom Jugendamt!

Deutet auf Josef, die Frauen lachen

Erste Frau

Pflichtvater!

Zweite Frau

Ich könnte der eine ...!

Spuckt aus, dreht sich weg

Erste Frau

Im Weggehen

Die war doch früher nicht so!?

Zweite Frau

Da siehst du, wo man landen kann.

Sie gehen, sehen den Engel auf sich zukommen, bleiben stehen

Engel

Ein Kind ist euch geboren! Wie es heißt, wollt ihr wissen? »Wunderrat«, »Heilige Kraft«, »unendlich gut«, »Fürst des Friedens«. Geht und hört und schaut und staunt! Und hört endlich auf, schon alles zu wissen!

Sie bleiben noch einen Augenblick, schauen sich an, schauen sich um, denken nach und gehen dann ab

(4) Frohe was?

Erster

Weihnachten gut überstanden?

Zweiter

Na ja. Und selbst?

Erster

Geht so!

Kleine Pause

Zweiter

Warum machen wir das nur, schaffen es nicht einfach ab?

Erster

Gute Frage!

Kleine Pause

Zweiter

Dann müssten wir arbeiten!

Erster

Auch wieder wahr!

Kleine Pause

Zweiter

Also dann: Frohe Feiertage!

Will gehen

Erster

Frohe was?

Zweiter

Frohe Feiertage!

Erster

Ach so!

Gehen ab

(5) Gast sein

Prolog

Gast sein einmal. Nicht immer selbst seine Wünsche bewirten mit kärglicher Kost. Nicht immer feindlich nach allem fassen. Einmal sich alles gefallen lassen. Und wissen, was geschieht, ist gut.

Rainer Maria Rilke

(6) Der Engel der Nacht

Prolog

Vielleicht geht er auch unsere Straßen, der Engel der Nacht, lächelt auch unseren Sorgen zärtlich ins Gesicht, flüstert »seht doch« und legt über die ausgetretenen Stufen der Zeit einen Teppich aus Licht.

(7) Licht

Gnadenzusage

Leise tritt es über deine Schwelle, blüht die Farben einer neuen Zeit auf die Wände, verwandelt den Staub deiner Tage zu Gold und legt um deine Ängste warm seinen Mantel: Fürchte dich nicht!

(8) Ruf deinen Engel

Motivmeditation

Ruf deinen Engel
bevor du Brücken niederreißt
achtlos zerstörst was andere lieben
sie verletzt mit Worten
wie Pfeile

Bitt
deinen Engel
wenn du in den Nächten ohne Ruh
erkennst wie hilflos und verzweifelt
du bist

(9) Du großes Geheimnis

Eingangsgebet in einer Familienvesper

Großes Geheimnis, du bist da. Ich spüre es, ich ahne es und wenn es ganz still ist, höre ich es auch. Du bist da und doch – mit Händen nicht zu greifen, mit Worten nicht zu beschreiben. Sei bei uns jetzt, wenn wir von dir erzählen. Und öffne unsere Herzen, unsere Augen und Ohren und mach uns bereit, ein Stückchen einzutauchen, Gott, in dein Geheimnis!

(10) Auf der Seite der Kleinen

Gebet in einer Familienvesper

Du, Gott, ein Kind! Ein Kind in der Krippe, auf der Seite der Kleinen. Nicht im Glanz und in der Herrlichkeit lass mich dich suchen. Dort lass mich es tun, wo die Kinder schreien und das Leben zur Tortur geworden ist. Um die Einfachheit der Hirten, die Demut der Weisen bitte ich dich, dass ich dich erkenne als Kind in der Krippe *heute.*

(11) Mit allen deinen Wundern

Fürbitten an Heiligabend

Lass das Licht dieser Heiligen Nacht tief in unsere Herzen, barmherziger Gott, und erfülle uns mit deiner Freude. Von deinem Frieden gib uns, deinem Heil. Kehre bei uns ein mit allen deinen Wundern. Verwandle uns durch die Kraft deiner Liebe und lass uns dir folgen ohne Furcht und Kalkül. Mach uns zum Licht. Für alle, die im Dunkel leben. Die Traurigen lass uns trösten, die Hungernden sättigen. Den Einsamen wende uns zu und lass uns den Friedlosen zum Frieden zu werden.

(12) In dieser Nacht

Fürbitten an Heiligabend

Gott, in dieser Heiligen Nacht gedenken wir vor dir aller vergessenen Hoffnungen, aller enttäuschten Erwartungen, aller Sehnsucht, die Angst macht, weil sie zu groß scheint, aller Fragen, die keiner mehr stellt, aller Worte, die keiner mehr hört. All der Menschen gedenken wir vor dir, die hungern und dürsten nach Brot, nach Gerechtigkeit, nach Freiheit, nach Würde. All derer, die vergessen sind, Kinder ohne Zukunft, Leidende ohne Namen, Sterbende, um die keiner trauert. All derer auch, die unruhig sind und einsam, denen es schwerfällt zu vertrauen und an die keiner denkt. Lass sie zu dir finden im Wunder dieser Nacht, teilhaben am Glanz deiner Geburt, in der du sie wissen lässt, sie und uns und alles was lebt, wie groß deine Liebe ist und erklärt deine Absicht, am fast toten Stamm es blühen zu lassen.

(13) Lichter und Namen

Gebetsfolge
in einer Familienvesper

Im Original wurde die Gebetsfolge innerhalb eines Krippenspiels gesprochen. Sie kann es aber auch außerhalb, im Anfangs- oder Schlussteil einer Liturgie mit Kindern. Vielleicht so: Sachte Töne der Orgel, eines Glockenspiels, einer Flöte oder Xylophons. Sieben Kinder treten vor den Altar und stellen sich (in einigem Abstand) im Halbkreis auf. Sie haben eine Kerze in der Hand, dekoriert mit Krepp. Vor ihnen: ein kleiner runder Tisch, auf dem die Kerzen der Reihe nach abgestellt werden können.

Erstes Kind

Meine Kerze heißt *Erwartung.*

Ich warte auf dich, Jesus Christ/und weiß, dass du ganz nahe bist/
Du klopfst an meine Herzenstür/ich höre dich und öffne dir!

Zweites Kind

Meine Kerze heißt *Glauben.*

Jesus Christ, ich seh dich nicht/doch bist du da wie dieses Licht/
Ich fühle, dass du um mich bist/und höre, wenn du mit mir sprichst.

Drittes Kind

Meine Kerze heißt *Hoffnung.*

Ein Mensch, der ganz verzweifelt ist/und meint, dass Gott ihn ganz vergisst/
Ich sag ihm, dass du an ihn denkst/neuen Mut und Hoffnung schenkst.

Viertes Kind

Meine Kerze heißt *Liebe.*

Das Kind in dieser Heiligen Nacht/hat Gottes Liebe uns gebracht/
Und die es fanden, spürten bald/die Liebe wärmt, was jetzt noch kalt.

Fünftes Kind

Meine Kerze heißt *Freude.*

Gott hat in dieser Heiligen Nacht/die Freude in die Welt gebracht/
Und gehen auch die Kerzen aus/die Freude bleibt in jedem Haus.

Sechstes Kind

Meine Kerze heißt *Frieden.*

Gott kommt in unhörbarem Schritt/bringt aller Welt den Frieden mit/
Das Leben ist so neu, so schön/wenn alle Menschen sich verstehn.

Siebtes Kind

Meine Kerze heißt *Dankbarkeit.*

Ich finde dieses Fest ganz groß/nur, was soll ich sagen bloß/
Am liebsten würd ich lachen, singen/meinen Dank dir so zum Stall hinbringen!

(14) Das kleine große Geheimnis

Stille-Post-Segen in einer Familienvesper

Die Kinder kommen in den Altarraum und stehen im großen Halbkreis. Den Kindern rechts und links flüstere ich den ersten Segenssatz ins Ohr. Diese geben ihn an die Nachbarkinder weiter, bis er ganz außen angekommen ist. Von dort springt er auf die Großen im Kirchraum über. Das geschieht mit allen drei Sätzen des Segens. Die Gemeinde antwortet mit dem gesungenen Amen.

Gott segne dich./Gott gebe dir Mut und frische Kraft./Das kleine große Geheimnis sei dir gut und immer in deiner Nähe.

(15) Segnung der Kinder

Katholische Benediktionspraxis im Gottesdienst und zu Hause

Das deutsche »Benediktionale« empfiehlt dem Priester in der Messe am »Fest der Heiligen Familie« (1. Sonntag nach Weihnachten), nach dem Schlussgebet die kleinen Kinder nach vorne zu bitten, ihnen ein Kreuz auf die Stirn zu zeichnen und zu sprechen: »Der Herr Jesus segne dich, er schenke dir seine Liebe und erhalte dich in seiner Gnade.« Für den Schluss der häuslichen Bescherungsfeier am Heiligen Abend wird der Segensspruch durch Vater und Mutter empfohlen: »Der große Gott ist ein kleines Kind geworden. Er liegt in einer Futterkrippe im Stall von Bethlehem. Er erbarme sich unser, er schenke uns allen seine Gnade und segne uns. Amen.«

Jahreswechsel I

Hausliturgien, Vespern, Gottesdienste

(1)

Nur immer Anfang (Evangelium nach Lukas 2,24-32)

Vesper zum Jahresende

Liturgischer Baukasten

- Die Gelegenheit
  - Einfache Vesperform
  - Das Jahr war lang. Zusammengekommen ist so manches. Gut, nicht einfach weiterzustürmen, Pause zu machen, auszuatmen, einzuatmen, »Danke« zu sagen, »Bitte« auch und »Verzeih«. Gut, es dort zu tun, wo sich ein paar Tage zuvor der Himmel aufgetan und der Engel sein »Fürchtet euch nicht« zurückgelassen hat

- Der Raum
  - Kirchraum, Gottesdienstraum
  - Der Raum steht im Licht der Kerzen und Lämpchen
  - Das elektrische Licht ist so reduziert wie möglich
  - Im Altarraum: der geschmückte Altar, der Weihnachtsbaum, in der Mitte (wenn möglich) die Reste des Hirtenfeldes und auf der Seite die Weihnachtskrippe (oder der selbst gemachte Stall)

- Materialien
  - Reste des Hirtenfeldes (Schaffelle, Stöcke, Flöten, Mundharmonika, Wasserflaschen, Kannen)
  - Programmblätter mit »Simeon« und den Liedern, ausgegeben beim Ankommen der Feiernden

- Musik
  - Orgel, Kleinorgel
  - (Wenn möglich) Instrumentalensemble

- Beteiligte Personen
  - Liturg(in)
  - Sprecher(in)
  - (Wenn möglich) Pantomime während der Lesung »Simeon sieht«

- Sonstiges
  - Wenn die Vesper nicht als Familienvesper konzipiert ist, ist es ratsam, parallel dazu eine »Halbe Stunde Jahresabschluss« für die Kinder zu planen. Das kann in sehr einfach Form geschehen: durch eine Spiele-Runde und eine interessante Geschichte im Kreis
  - Während des Eingangsliedes gehen die Kinder mit den Mitarbeiter(inn)en der Gemeinde in einen Nebenraum und kommen während des Segensliedes wieder zurück

Gottesdienst

Da sind wir

Orgel und/oder Instrumente lassen ankommen

Sprecher(in)

Prolog

Großer Nachthimmel des zu Ende gehenden Jahres/
Schick deine Boten aus zu sagen/
Der Weg war lang! Aber jetzt seid ihr da/
Legt ab, lasst gut sein!

(Ein paar Worte noch zum Anliegen der Vesper und zum Verlauf)

Orgel und Gemeinde

»Du meine Seele, singe«
(EG 302.1.2.8)

Liturg(in) und Feiernde im Wechsel

Wie im Traum
(Psalm 114)

(a)

Als Israel aus Ägypten zog, das Haus Jakob aus der Fremde, da wurde Juda sein Heiligtum und Israel sein Königreich.

(b)

Das Meer, das es sah, floh, und der Jordan wandte sich zurück, die Berge hüpften wie die Lämmer und die Hügel wie die jungen Schafe.

(a)

Was war das, Meer, das dich zu fliehen trieb? Was war das, Jordan, dass du dich zurückwandtest wie von Kräften?

(b)

Ihr Berge, dass ihr hüpftet wie die Lämmer, und ihr Hügel, euch gabt wie junge Schafe?

(a)

Erbebe, Erde, vor dem Herrn, vor dem Gott Jakobs. Felsen verwandelt er in Seen und Steine in Wasserquellen!

Orgel und Gemeinde

»Laudate omnes gentes«
(EG 181.6/Mehrstimmig)

Tagesgebet

Liturg(in)

Im Auf und Ab unserer Zeit, im Wechsel von Tag und Nacht, von Woche zu Woche, Jahr zu Jahr, von fremden Gesichtern zu Freundinnen und Freunden, von Lachen zur Traurigkeit bist du, Gott, unser Halt. Im Auf und Ab unserer Zeit, im Wechsel von Hoffnung zu Verzweiflung, vom immer gleichen Alltag zu Träumen von morgen und einer besseren Welt bist du, Gott, unser Grund. Im Auf und Ab unserer Zeit, im Wechsel der Nachrichten, solcher, die sich beklemmend auf unser Herz legen, und solcher, die uns aufatmen lassen, im Lärm der Worte, die unserem Leben den Raum nehmen, und solchen, die kostbar sind und unser Leben gedeihen lassen, bist du, Gott, das Wort des Lebens. Sei gepriesen, so heute, so morgen, so alle Zeit durch uns, deine Geschöpfe, in denen du dich wiedersiehst als Liebe ohne Ende. Amen.

Orgel und/oder Instrumente

Zwischentöne

Simeon

Anrede

Liturg(in)

»Wie ist uns zumute am Beginn des neuen Jahres? Weihnachten dahin, die Kerzen niedergebrannt, Wachskerzen auf dem Tischtuch das Kind. Das neue Jahr, das Kind, es regt sich nicht. Wir warten auf sein Lächeln, auf seinen Schrei und halten den Atem an vor Angst. Das Wunder, kaum ein Glänzen am Horizont, geht in weiter Ferne vorüber.«

»Banges Neujahr« hat Hilde Domin ihr Gedicht zum Neuen Jahr überschrieben. Und so manchem von uns wird es in diesen Stunden ähnlich gehen. Nur noch ein Katzensprung – und wir werden uns von diesem Jahr verabschieden und in ein neues hinübergehen. Abschied und Anfang. Was war? Was wird werden? Was soll bleiben, mit mir gehen? Was lieber nicht? Wie aber kriege ich es los? Und wer entscheidet darüber? Wonach? Leicht ist das alles nicht. Schwellengang: auf engem Raum. 365 Tage sind es gewesen. Ein ganzes Jahr – und schon wieder vorüber. Wenn man älter wird, kommt einem das Geschwinde noch viel geschwinder vor. Was war da doch alles. Unglaubliches ist geschehen. Dinge, die uns weitergebracht haben, und von der Hand ging, wie wir das nie für möglich gehalten hatten. Wie viel anderes aber auch. Vergebliche Mühe, nutzloser Ärger. Wie viele ungenutzte Chancen, kostbare Zeit des Lebens. Und das dann soll es gewesen sein? Die Arbeit zwischen Stress und Stumpfsinn. Die Ehe zwischen Trieb und Trott. Und all der Kram, mit dem meine Woche gepflastert ist. Und all das Rennen vom einen zum andern. Und all der Druck, ja nicht aufzuhören mit dem Tanz um das Goldene Kalb, du könntest auf dem Präsentierteller des anderen landen. Und wie ein Sekundenwetterleuchten dann auch mal die Sehnsucht, mein Gott, wäre es doch endlich so weit, die Sache in Ordnung.

Aber was »in Ordnung«? Und wie »in Ordnung«? Vielleicht ja war da was vor ein paar Tagen, an Weihnachten, das es dir greifbarer gemacht hat – dich hat ahnen lassen: schau doch, da ist was, es könnte sich lohnen! Lukas, der »Grieche« unter den Evangelisten, erzählt von einem Menschen, dem eine Antwort auf dieses Fragen gleichsam in den Mund gelegt wird. Simeon sein Name. Ein Leben lang hat er sich umgeschaut, sich geregt und gehofft und ist darüber alt und grau geworden. Und auf einmal erlebt er, zufällig fast, dass da noch etwas ist:

Lesung des Textes und Pantomime des Simeon

Ob die Welt nach Weihnachten anders geworden ist? Simeon behauptet es: »Meine Augen haben den Heiland gesehen ...« Wonach er sich ein Leben lang ausgestreckt hat – nichts war umsonst. All die Erschöpfung, all die Klage und immer die Frage: Gott, wie lange noch!? Und alles das über Jahre, Jahrzehnte? Und immer mit der Angst, ob es denn irgendwann nicht noch viel schlimmer kommt. Und inmitten alles dessen die Erwartung des alles verändernden Wunders. Und dann eines Tages: »Meine Augen haben den Heiland gesehen!«

»Den Heiland sehen ...« Mein Gott: Ich würde ja gerne. Alle würden wir gerne. Aber was sehen sie denn, unsere Augen? Die Katastrophe an den Küsten Sri Lankas, Indiens, Thailands und Indonesiens, von der wir Bilder gesehen haben, während wir hier in Europa mit Feuerwerk und Krachern den Übergang ins neue Jahr feiern. Und doch – dass einer wie Simeon so sprechen kann, lässt mich nicht unberührt. Die Festigkeit seiner Überzeugung und der Frieden, der sich um ihn verbreitet, treffen mich, auch wenn ich Mühe habe, sie zu teilen. Denn wenn es das gibt, sag: Dann ist doch auch *mein* Warten nicht sinnlos – auch *mein* Unbehagen, *meine* Fragen, *meine* Zweifel nicht. Denn vom Leben ist das dann nur ein ganz kleines Teilchen. Und zementiert sind dann auch meine *Enttäuschungen* nicht. Und vergeblich dann auch meine *Erwartungen* nicht. Und lächerlich dann auch meine *Sehnsucht* nicht – und würde ich darüber alt und grau wie Simeon. Denn dann, so kommt mir, entscheidet über die Schönheit und den Wert meines Lebens nicht die Zahl meiner Jahre und Dekorationen, sondern etwas überraschend anderes. Für Simeon – das *Kind auf seinen Armen*. Ein Kind? Aber nun mal im Ernst ... Und schon ist es wieder da, unser Zurück hinter die Schwelle. Nicht dass es uns dort verboten wäre. Es lebt sich nicht schlecht auf halber Flamme. Und manchmal sehr bequem, durchaus ein ganzes Leben lang. Aber das Leben »im Licht« zu sehen, das geht so nicht. Da musst du dich bewegen – über den Rand hinaus – nicht längst schon alles wissen – die Augen auftun und lange Bekanntes und immer schon Gewohntes neu sehen lernen. Wie an Weihnachten vor ein paar Tagen: als Gott zur Welt kam – von der ganz großen

Hoffnung, nein, nicht das Ganze, sondern nur ein ganz kleines Stück – aber ein Stück Wirklichkeit – von der ganz großen Liebe, nein, nicht das Ganze, sondern nur ein ganz kleines Stück – aber ein Mensch, der sie zu leben begann – vom ganz großen Vertrauen, nein, nicht das Ganze, aber ein ganz kleines Stück – aber ein Anfang, der Mut macht und nach mehr verlangt. Ja, liebe Gemeinde: ein Anfang. Wir haben ihn doch erlebt, mit ihm doch auch schon ein bisschen begonnen. Dass wir ruhiger wurden – ein ganz klein bisschen anders zu denken begannen – uns einander Geschichten erzählten, schenken konnten, uns nah waren wie kaum sonst: ist das denn nichts? Und also wären die Geburt des Kindes, dieser herrliche Anfang Gottes mit dieser Welt, gar nicht ein oder zwei besonders feierlich verpackte Tage nur, die jetzt schon wieder hinter uns liegen, fein säuberlich im Regal verwahrt. Sondern ein allererster Schritt, dem andere und ganz, ganz viele folgen wollen und der »Welt einen neuen Schein« zu geben beginnen. Mögen unsere Gehversuche in diesen Tagen noch so klein und noch so unscheinbar und noch so ungelenk und noch so umstritten gewesen sein – es war ein Anfang. Und solange es einen Anfang gibt, hat die Welt noch eine Zukunft und ist noch überhaupt nicht zu Ende: ausgesprochen beweglich noch und veränderungsfähig und »festgefahren« gar nicht und »Nach mir die Sintflut« schon überhaupt nicht. Denn dann liegt sie wie das Kind in den Armen des Alten – in den Armen Gottes. Und der ist das »Licht« und lässt es »scheinen über Böse und Gute«. Und also stehen wir auch heute, im Finale dieses zu Ende gehenden Jahres, nur wieder – am Anfang!

Und doch an einem Punkt der ganz besonderen Art. Und auch von dem sollen wir wissen auf der Schwelle der Jahre. »Nun lässt du deinen Diener in Frieden Abschied nehmen ...« (Evangelium nach Lukas 2.29). In Frieden *Abschied nehmen.* Vom Jahr auch, das gewesen ist. Ohne Traurigkeit, ohne Sentimentalität, ohne Krampf, ohne Verbitterung. Gewiss mit der Frage, was sie war, die Ernte der Tage. Und doch nicht entmutigt, sondern aufmerksam, dankbar und ja: auch gnädig. Gnädig mit anderen, gnädig mit dir selbst. Abschied in Frieden und mit getrostem Herzen. Warum? So einfach und groß: weil Weihnachten war. Und über den Hirten das »Licht« nicht deswegen aufgegangen ist, weil sie so umwerfend toll und die Bilanzen ihres Lebens nicht zu überbieten waren, sondern umgekehrt: weil es für Menschen wie sie in diesem Leben Platz nicht allzu viel und Anerkennung so gut wie keine gab. Das »Licht« über dem Stall? Es lässt uns Abschied feiern zunächst von unserem Scheitern, aber dann auch (nicht immer ganz leicht) von unseren Erfolgen und Wohltaten. Abschied von den Abschieden auch, die das Jahr von uns forderte. Von geliebten Menschen zu lassen: das Schwerste vielleicht überhaupt. »Gib zurück ...«, so der Trost dieser Nacht! »Gib zurück in die Fülle dessen, aus der alles seinen Anfang und alles sein Ziel hat und es ein Ende dort nicht gibt, sondern alles nur neu sich in Leben verwandelt. Woher ich das weiß? Ich bin es: der Himmel auf Erden!«

Wenn das letzte Blatt vom Kalender fällt, geht es also immer auch darum, das Bleibende, neu sich Zusammensetzende einzusammeln. Die Momente des Glücks? Es gab sie und wie. Da kommt einer auf mich zu, erwartet habe ich das nicht. Da sprichst du mich an, und schon ist der Bann gebrochen. Da legst du dich quer, aber du tust es als Freund. Wir Menschen vergessen so schnell und haben deshalb Mühe, so recht auch zu verstehen. Und weil es so ist, habe ich es unternommen, mein Dankeschön des Jahres aufzuschreiben und nach A und B und C zu ordnen.

Und das geht so: Ich lobe den *Anfang,* den ich gemacht habe/ Ich danke für zwei, drei gute *Bücher,* die ich gelesen habe/ *Chancen* taten sich auf, ich habe die eine und andere genutzt/ Ich habe *Dank* erfahren, es tat gut/Ich hatte den einen und anderen guten *Einfall*/Ich durfte *Fehler* machen und hatte Menschen, die mir das nachsahen/Ich hatte ordentlich *Glück*, gesund zu bleiben/Jemand bot mir seine *Hand* und vieles ging besser/So manche *Idee* in der Schublade zu lassen, ist manchmal der bessere Weg/Ein paar *Jugendsünden* habe ich mir, Gott sei Dank, bewahren können/Meine *Kinder*, ihre tausend Fragen/ Was für ein *Luxus*, auch Unnützes denken und tun zu dürfen/Wie viel schöne *Musik* war da wieder/ *Niederlagen* machen dich erst wirklich stark/*Organisation* ist gut, aber manchmal auch das Gegenteil/Ich hab mir, ganz gegen meine Art, ein paar *Pausen* eingeräumt/Doch, das *Quäntchen* Ego, es steht dir und du brauchst es/ Nein, die paar *Rosinen* im Kopf, die nimmt mir keiner/Die *Sehnsucht*, mit einem Menschen, den ich liebe, ins Reine zu kommen/ Du bist so mancher *Täuschung* aufgesessen und hast es korrigieren können/Es lohnt sich, den Kampf gegen die *Unge-*

rechtigkeit weiter zu kämpfen/Ich habe das tiefe *Vertrauen* eines Menschen erworben/Wandern im *Wind*, Segeln im *Wetter*/*Tausend* offene Fragen und Wünsche/*Zeit*, zu neuen Ufern aufzubrechen!

Arm fällt sie nicht aus, die Beute des Jahres. Und darum kann ich loslassen. Mich lösen von allem, was es mit mir getan und wovor es mich bewahrt hat. Und darf gespannt sein, Gott, auf die neue Chance mit dir!

Orgel und Gemeinde

»Der du die Zeit in Händen hast«
(EG 64.1.3.6)

So geh uns zur Seite

Liturg(in)

Schlussgebet

Gott aller Kraft und Freundlichkeit – dass du unserem kleinen Leben diese große Spur gegeben hast, auf Erden schon dem Himmel nahe zu sein, dafür danken wir dir. Wir haben deine Zusage: das Kind in der Krippe. Und das wird uns führen, uns »schmecken und sehen« lassen. Dann gerade, wenn es uns schwerfällt, freizukommen auch aus den Labyrinthen unserer Tage und Geschäfte. Komm uns entgegen. Mit einer Geste der Ermutigung. Mit Menschen, die zuhören, ein gutes Wort für uns haben. Wo wir vom Alten ins Neue gehen besonders. Da sind Dinge, die schwer auf uns liegen, uns hindern und die wir gerne zurückließen. Und da sind andere, die wir die ganze Zeit nur wenig beachtet hatten, doch unbedingt brauchen. Hilf uns sowohl im einen wie im andern, aber lass uns das eine vom anderen unterscheiden. Und lass uns auch das begreifen: Die perfekte Wahl wird es nicht geben, auch dieses Mal nicht. So geh uns zur Seite, wenn wir uns aufmachen, und zeig dich als Stern, der das Große und das Kleine, die Zeiten und Räume und auch mich, dem einen großen Ziel entgegenführt, das du selber bist.

Stille

Vater Unser

»Der Friede Gottes, höher als alle Vernunft, bewahre eure Herzen und Sinne in Christus Jesus!«

Orgel und Gemeinde

»Komm, Herr, segne uns«
(EG 170.1-4)

Die Kinder kommen in die Vesper zurück, stellen sich um das verlassene Hirtenfeld im Halbkreis auf

Segen

Liturg(in)

Von guten Mächten wunderbar geborgen, erwarten wir getrost, was kommen mag/Gott ist bei uns, am Abend und am Morgen, und ganz gewiss an jedem neuen Tag/Der Allmächtige und Barmherzige segne euch/Der Vater, der Sohn, der Heilige Geist.

Orgel und Gemeinde

»Mache dich auf und werde Licht«
(EG 545/Badischer Anhang)

Die Kinder im Altarraum singen die erste, die Erwachsenen die zweite Stimme des Kanon.

(2)
Ehe denn die Berge wurden (Psalm 90.1)
Gottesdienst an Neujahrsabend

Liturgischer Baukasten

- Die Gelegenheit
  - Vieles war. Und so manches ist es wert, mit hinübergenommen zu werden. Aber manches auch nicht. Wie das eine vom anderen unterscheiden?
  - Gottesdienst am frühen Neujahrsabend
  - Ein liturgisches Mosaik

- Der Raum
  - Kirchraum, Gottesdienstraum
  - Die ganz große Gemeinde wird es nicht sein
  - Variante: Die Gemeinde trifft sich in einem oder zwei Halbkreis(en) vor dem Altar

- Musik
  - Orgel oder Kleinorgel

- Beteiligte Personen
  - Liturg(in)
  - Geübter Sprecher(in) für die Lesung des Psalms und/oder den Prolog

Prolog

Wach sein – das Leise hören – das Kleine sehen – das Feine spüren – das Wesentliche sagen. Wach sein – einen Schritt wagen – die Hand anbieten – liebevoll fördern – behutsam fordern. Wach sein – das Einfache lernen, weil es so schwierig ist.

Max Feigenwinter

Tagesgebet

Barmherziger Gott. Allen unseren Anfängen kamst du zuvor. Während wir in unseren Anfängen nur das Unerfüllte sehen, die Schwelle, hinter der Erfolg und Misslingen, Scheitern und Glück ununterscheidbar verwoben sind. Während wir uns schwertun damit, innezuhalten und das Wichtige vom Unwichtigen, das Brauchbare vom Hinderlichen zu trennen und uns nur misstrauisch dem neuen Anfang anvertrauen, klug geworden wie wir meinen durch allerhand Enttäuschungen und verlorene Hoffnungen. Während wir vor diesem Neuen dann doch wieder nur deutlich beklommen stehen, neue Enttäuschungen, neues Versagen fürchten. Während wir, Barmherziger, nicht loskommen so von uns, hast du dein Wort schon gesprochen. Und dafür danken wir dir. Und wenn wir unsere Wege im Neuen nun beginnen, dann sei uns gut und führe uns, was immer wir tun und was immer wir lassen, deinem Geheimnis, dir selbst, nur weiter entgegen.

Anrede

In der Bibel gibt es Texte, die sollte man einfach stehen lassen. Einfach lesen und hören und hören und lesen. Wie dieses alte Lied des Mose. Von Mose selbst wird es wohl nicht sein, so sagen uns die klugen Theologen. Von irgendeinem Unbekannten lange danach wird es stammen. Aber vorstellen können wir uns, wie er es doch war, dort droben auf dem

Berg. Ägypten, wo sie Sklaven waren, weit hinter sich und vor sich, bis an den Horizont, das Land ihrer Sehnsucht. »Milch und Honig ...« Dieses Lied vom Anfang und Ende, das unsere Kalender so klein macht und unser Leben so groß, dass wir dem Geheimnis der Geheimnisse ein bisschen näher kommen und begreifen dürfen, woher wir kommen und wohin wir gehen. Ein für alle Mal – und auch heute wieder, am Morgen dieses Neujahrstages, wo sich nichts weiter ändert, als dass aus einer »3« eine »4« wird, und doch sich alles ändern kann, wenn wir uns mit dem zusammentun, von dem hier die Rede ist. »Gott, unsere Zuflucht für uns!«

Zuflucht. Die Älteren werden sich noch sehr genau erinnern! Wie sie versuchten, dem Krieg und den Bomben und dem Hunger und dem Elend und dem Hass zu entkommen. Und wenn sie die Bilder von Gewalt und Krieg im Irak, im Sudan oder sonst wo auf dieser geplagten Welt sehen, dann sind sie wieder da, die Angst und der Schrecken von damals ... Aber auch die Jüngeren erinnern sich! An Enttäuschung, Eigensinn und Unverständnis im Umgang mit uns, den Älteren und Alten, und dem geringen Interesse nur für die Dinge, mit denen sie sich herumzuschlagen haben. Ja, wie wir alle täglich auf der Flucht sind vor der Wirklichkeit, in der wir leben, vor dem Mann und der Frau neben uns, vor den Kindern, den politischen und wirtschaftlichen Herausforderungen, den Fragen unseres Glaubens, vor uns selbst. Das ist dann oft eine Flucht nur irgendwie fort aus der Realität – in Illusionen, Scheinwelten, für viele ins Nichts. Hier nun aber, in diesem uralten Lied – da ist einer, zu dem du dich aufmachen kannst – der sich nicht erst ausweisen muss, sondern war, noch ehe du ans Leben überhaupt hast denken können, und sein wird, wenn du längst nicht mehr bist. »Von Ewigkeit zu Ewigkeit ...« In unsere mühsame Zeitrechnung bricht es wie eine Flut herein: »Der du die Menschen sterben lässt und sprichst, kommt wieder, Menschenkinder ...« Was ist da unser Fingereinmaleins vom einen Jahr zum anderen, von einem Menschenleben bis zum anderen, von einer Generation bis zur anderen!? Was sind da die Chroniken und Wichtigkeiten, die auch 20 ... wieder waren!? »Tausend Jahre sind vor dir wie ein Tag, wie eine Nachtwache ...« Da geht nichts mehr mit Uhren und sonst welchen Takten! Da schrumpfen unsere Maße auf eine Winzigkeit, und das Oben und Unten der Geschichte und unserer tausend Geschichten werden zum kaum mehr vernehmbaren Hauch über den Straßen der Ewigkeit.

Da liegt das Ende über allem, was wir tun und für so ungemein wichtig und noch nie da gewesen halten. Da sehen wir unsere Welt wie von einer Raumstation klein unter uns liegen. »Lässt sie dahin fahren – wie ein Wasser. Sie sind Gras, das aufblüht in der Früh, aber alsbald welkt und am Abend abgehauen wird.«

»Spiel mir das Lied vom Tod?« Ist es das, was wir hören sollen? Dass wir wie Zwerge sind zwischen den Beinen des Riesen, gut eine Zeit lang, Schatten zu spielen, aber das dann war's auch schon? Uns schön kommen, mag das Lied nicht. Da sind Akkorde, die wehtun. Aber vielleicht tut uns das alles gar nicht so schlecht – damit wir die Nichtigkeit von so vielem wieder erkennen, was wir täglich so tun und treiben und mit uns geschehen lassen, und die Hohlheit der Flut von Parolen und Bilder durchschauen, die wie Mückenschwärme auf uns einprasseln und gegen die man sich schon fast nicht mehr wehren kann. Denn darauf will das Lied unser Augenmerk lenken, dass zwischen dem, was Gott einmal gedacht hatte mit dem Menschen und dieser Welt, und dem, was daraus geworden ist, eine entsetzliche Wunde klafft – und nicht das ist das Normale dieser Welt, dass wir bei Gott unsere »Zuflucht« haben, sondern geradezu umgekehrt: dass wir es nicht tun und vor ihm fliehen. »Stellst unsere Sünden vor dich, unser Geheimstes ins Licht deines Angesichts.«

Mose hat es erfahren so. Wie sie es nicht mehr aushielten auf einmal mit Gott und der Verheißung, Gott zu einem Stück Handwerkskunst machten, ums Goldene Kalb zu tanzen begannen und später dann, als der Hunger kam, es aus war mit ihrer Hoffnung und sie sie eintauschen wollten gegen ein paar Fleischbrocken aus den Büchsen Ägyptens. »Darum fahren alle unsere Tage dahin und wir bringen sie zu wie ein Geschwätz ...« Darum also – weil wir die Hoffnung verraten, unsere »Zuflucht« lieber im Tod suchen als im Leben. Aber dann darf ich noch ein paar Takte weiterlesen, auch wenn da jetzt gar nichts mehr verschwiegen wird. »Lehre uns bedenken, dass wir sterben müssen, auf dass wir klug werden ...« Wie weit ist uns diese Gründlichkeit, sagt, schon abhanden gekommen? Wer denn wagt es noch, so offen und klar vom Tod zu sprechen, zumal vom eigenen? Wie haben wir ihn abgehängt, verdrängt, irgendwohin geschoben, dass ihn ja keiner sieht und unangenehme Fragen stellt. Aber warum eigentlich? Weil wir, denk ich, unser Geheimstes vergessen haben: Du kannst nicht tiefer fallen als nur in Gottes Hand, die er zum Heil uns allen barmherzig ausgespannt ... Nicht ich also und nicht du und nicht irgendwer. Ja, es ist so – keiner von uns weiß, ob er im nächsten Jahr noch einmal hier ist und mit den anderen Gottesdienst feiert. Aber auch der Tod wird die Regie einmal abgeben müssen und sich in neues Leben verwandeln.

Oft wird das Lied nur bis dahin gelesen. Aber er geht noch ein Stückchen weiter. Denn auf eine merkwürdige Weise bringt er uns nach dem Hinweis auf Anfang und Ende, Leben und Tod, Zeit und Ewigkeit in ihren unvorstellbaren Maßen zurück wieder in das, was überschaubar und unser Tägliches ist. Es scheint ihm wichtig: »Kehr dich doch um, Gott ... und sei uns freundlich ... und fördere das Werk unserer Hände!«

Unsere Hände. Nicht zerbrechen also will es uns, das gewaltige Lied, sondern uns freimachen. Uns anstiften zu etwas, was keinen Aufschub duldet. Uns Mut machen, es aufzunehmen mit diesem Leben – *trotz allem.* Der weiß, woher er kommt und wohin er geht und lernt, sich auch vor dem Tod nicht zu fürchten – der regt sich und tut, was er kann. Nicht vom mühsam verpackten Daueroptimismus zeitgeistiger Freudenmeister lässt der sich überwältigen, denen es vor allem um eines geht: dass die Laune stimmt und es klingelt in der Kasse, noch von der Hoffnungslosigkeit derer, die die Welt für gelaufen halten – bleibt ruhig stattdessen, fragt nach und wechselt den alten Kalender gleich heute noch gegen den neuen aus. Wir wissen nicht, was das neue Jahr bringen wird. Gott sei Dank. Auch die Computer, Macher und Kaffeesatzleser wissen es nicht. Keiner weiß es. Nur eines bleibt über die Jahrhunderte und Jahrtausende – und davon weiß Mose und singt sein Lied. Und weil es dem Ewigen gefällt, nichts für sich selbst zu behalten, sondern alles, auch seine Ewigkeit mit uns, seinen »Söhnen und Töchtern«, zu teilen, hat er sich, der nicht zu Fassende, vor aller Welt bekannt gemacht – im Kind in der Krippe. Deutlicher geht es nicht. Und ermutigender auch nicht.

Schlussgebet

Gott meiner Stunden und Jahre. Du hast mir viel Zeit gegeben. Sie liegt hinter mir und sie liegt vor mir. Und was ich habe, habe ich von dir. Ich danke dir für jeden Schlag der Uhr und für jeden Morgen, den ich sehe. Ich bitte dich nicht, mir mehr Zeit zu geben, doch um die Kunst, dein Geschenk zu nutzen. Ich bitte dich, meine Zeit ein wenig frei zu bekommen von Pflicht und Befehl, von fremden und selbst gemachten Vorgaben, die mich gefangen nehmen wie einen Vogel – frei zu bekommen für Augenblicke der Stille, des Nachdenkens, des Gewichtens, für ganz Unwichtiges auch, einfach nur, weil es Freude macht und den Trott der Tage unterbricht – für Menschen auch, die mit mir sind, nur dass sie mir im Gleichmaß des Selbstverständlichen als Menschen mit Talenten, Fragen und Sorgen gar nicht mehr aufgefallen sind. Um Sorgfalt bitte ich dich, dass ich meine Zeit nicht töte, nicht verderbe, sondern ihr begegne wie einem Streifen Land, es auf zu tun wie mit dem Pflug und Freundlichkeit und Dankbarkeit zu säen, Gedanken, Wünsche und Gespräche, dass Frucht wächst. Komm mir zum Segen, verlässlicher Begleiter. Und wenn ich dir aus dem Weg gehe, dann hefte dich an mich und bring mich zurück: Du kennst mich – besser als ich mich selbst.

Segen

Es sollen gesegnet sein die Völker aller Rassen, die Menschen aller Klassen. Himmel und Erde, Wolf und Lamm, Falke und Taube. Freund und Feind, damit sie Brüder werden und Schwestern. Schwarze und Weiße, damit sie Frieden schließen ein für alle Mal. Die Stummen und Blinden, die Dummen und Weisen und alle Gottes Weisheit preisen. So segne uns Gott, der Vater, der Sohn, die Kraft des Heiligen Geistes.

(3)
Zwischen den Jahren
Morgenbegrüßung

Liturgischer Baukasten

- Die Gelegenheit
  - Sich vom alten Jahr zu verabschieden und in das neue hinüberzugehen, kann überall gelingen. Die Tage werden ruhiger, durchlässiger für die Seele, unterwegs noch einmal zusätzlich
  - In den Stamm meines Lebens sind Kerben geschlagen, große und kleine: einfach abzuschütteln sind die nicht. Die Schwelle des Jahres zu nutzen, sich dort niederzulassen und nachzuschauen, für mich selbst, gemeinsam mit anderen und vor Gott: Es ist es wert
  - Liturgische Einkehr am Morgen
  - Entsprechend verändert: gut möglich auch am Abend

- Der Raum
  - Vorbereiteter Frühstücksraum
  - Stuhlkreis
  - In dessen Mitte: eine Collage
  - Markierte Himmelsrichtungen

- Materialien
  - Sitzgelegenheiten im Kreis (Stühle, Hocker, Kartons)
  - Für die Collage: Stroh, Holz, eine große Kerze
  - Vier Kerzen in einer verschlossenen Dose, Streichhölzer
  - CD »Segen« (Hufeisen-Edition Zürich)
  - CD »Klezmer-Celebration« (Pläne-Verlag Dortmund)
  - Morgenkalender (der Zahl der Teilnehmerinnen und Teilnehmer entsprechend)
  - Körbchen mit Zahlenkärtchen
  - Programmblätter mit Bildmotiv und den Liedern

- Musik
  - Meditative Musik
  - CD-Player
  - (Wenn möglich) Gitarre oder Querflöte

- Beteiligte Personen
  - Liturg(in)
  - Ein(e) geübte(r) Sprecher(in)
  - Vier Sprecher(innen) für »Nord«, »West«, »Ost« und »Süd«

- Sonstiges

  Die Einkehr wurde mit einer Schülergruppe der Sekundarstufe gefeiert. In leichter Veränderung lässt sie sich leicht auch auf andere Gemeinde-, Familien- und Projektgruppen übertragen

Gottesdienst

Sich einstimmen

Leise Musik im vorbereiteten Raum

Die Feiernden kommen im Stuhlkreis zusammen

Prolog

Liturg(in)

Atmet Stille!
Atmet sie ein und lasst sie in euch wachsen!
Lasst sie klingen, lasst sie singen, öffnet eures Herzens Tür!

Angestimmt, unterstützt (wenn möglich) durch Gitarre oder Querflöte

Kanon

(1) Schweige und höre!
(2) Neige deines Herzens Ohr!
(3) Suche den Frieden!

(In: »Gottesklang«, Stuttgart 1999)

Sich ausrichten

Liturg(in)

Von der Brache will ich sprechen. Viele kennen das Wort schon gar nicht mehr. Kennt ihr es? Die Brache, so sagt das »Wörterbuch der deutschen Sprache«, ist gepflügtes, unbebautes Land. In der Brachzeit bleibt der Acker liegen, damit sich der Boden erholt. Bei den Germanen war das ein Drittel der Ackerfläche. Eine kluge Einrichtung. Ihre Botschaft? »Schau, der Boden. Er ist hart und kalt. Blumen sind da keine. Sie machen Pause. Aber wenn es an der Zeit ist, dann hält es sie nicht – dann blühen sie auf, schöner als Salomons Seide!«

Kleine Pause

Nun ja, wir sind Städter. Und die Germanen, die sind nicht mehr. Aber den jährlichen Winter, den kennen wir. Und der kann uns helfen. Brache? Das ist die Natur im Ruhezustand. Dann schlafen sie, die Samen, die Knollen und Zwiebeln, und in den Nestern und Höhlen halten die Tiere ihren Winterschlaf, und die Pflanzen und die Sträucher und die Bäume stehen ohne Laub da: leben ihr Leben nach innen, sammeln Kräfte, ganz für sich und ohne es an die Glocke zu hängen, um sich alsdann, aber eben erst jetzt, neu nach draußen aufzumachen.

Kleine Pause

Haben wir ihn noch, den tiefen Sinn für das Grundlegende: das Ruhenlassen, das Kräftesammeln? Oder haben wir ihn verloren: den Schlagzeilen geopfert, dem Handy, den schnellen Parolen, den tausend mal tausend »ultimativen« Botschaften, »es« nicht anbrennen zu lassen? Aber wenn ich dann frage: Was ist es denn, dein tausend mal tausend ultimative »Es«, dann zerrinnt es mir zwischen den Fingern wie Sand und ich fühle mich genervt und müde. In einer Zeit, in der sich die Dinge nur immer zeigen, herzeigen lassen müssen, hat es der Respekt vor der Brachzeit schwer. Was brach liegt, ist nicht: taugt nicht, ist out, ist tot. Was für ein Irrtum, so die Botschaft der Brache: Wer eine Antenne dafür hat, was in einer Frage, einem Wunsch, einer Beziehung, einer Stimmung, einem Geschäft seine Zeit braucht, der spürt auch, wann er da ist, der rechte Augenblick, *die Schonzeit zu beenden und aufzutauchen.* »Tausend Jahre, Gott? Wie ein Tag sind sie vor dir, weniger noch: wie ein paar Stunden der Nachtwache nur ...« (Psalm 90.4). Der Dichter weiß, wovon er spricht.

Sachte CD-Musik »Mondnacht« (Aus: »Segen«, Hufeisen-Edition Zürich). Vier Teilnehmer(innen) legen die Kartonteile zu einem großen Stern zusammen und ordnen die Raumcollage neu an.

Wisst ihr, was Albert Camus, der große Franzose, einmal geschrieben hat? »Aufstehen. Straßenbahn. Vier Stunden Büro, Fabrik oder allein. Essen. Vier Stunden Büro, Fabrik oder allein. Straßenbahn, essen, fernsehen, einschlafen, schlafen! Montag, Dienstag, Mittwoch, Donnerstag, Freitag, Samstag. Immer der gleiche Rhythmus ... Das ist sehr lange ein sehr bequemer Weg. Aber eines Tages steht das Warum da. Und mit diesem Warum aus Überdruss und Erstaunen fängt alles an ...«

Nun ja, nicht mit »allem« wollen wir anfangen in diesen Tagen hier oben in den Bergen. Zu staunen wollen wir üben. Zu staunen darüber, was das alles sein kann, Gott, so ein Tag, den du uns schenkst. Manchmal ja schaut man und sieht nicht. Da muss man sich von so manchem erst lösen, zu sehen neu erst wieder lernen. An Gelegenheiten, denke ich mir, wird es nicht fehlen in dieser Woche. Aber zusammentragen, es »anschauen«, miteinander und vor Gott – das wollen wir gleich früh am Morgen nach dem Frühstück tun, noch bevor der Tag so recht beginnt.

Alle Teilnehmer(innen) bekommen jetzt ihren »Morgenkalender« in Din A6. Dieser besteht aus einem Titelblatt mit großer Uhr und sechs farbigen Tagesblättern mit jeweils einer Tagesaufgabe: 01) Stell dir vor, du wärst für einen Tag unsichtbar. Was tätest du? 02) Stell dir vor, du würdest einen schönen Brief bekommen. Von wem wäre der und was stände drin? 03) Stell dir vor, es würde dich jemand fragen, was das Wichtigste ist, das du je gesehen oder gelernt hast. Was würdest du antworten? 04) Stell dir vor, du könntest an dir selbst etwas ändern. Was würdest du? 05) Stell dir vor, du hättest plötzlich den Mut, etwas zu tun, was du dich noch nie zuvor getraut hast? Was tätest du? 06) Stell dir vor, Gott würde dir auf deine Frage antworten. Was würdest du ihn fragen? Für je einen Tag werden die Teilnehmer(innen) ihre Aufgabe lösen und zur »Einkehr am Morgen« mitbringen. In einem Körbchen, das die Runde geht, liegen Tagesziffern. Die Teilnehmer(innen) ziehen ihre Kärtchen und wissen so, wer gleich morgen früh dran ist und wer erst in den Tagen später.

Zeichen geben

Sprecher(in)

Vor euch – das Stroh und das Licht und der Stern. Gott hat sich aufgemacht, den Sternenhimmel verlassen, alles getan, dir und mir und allem was lebt so nah wie nur möglich zu kommen. Schaut in der Krippe: das Kind. Es geht nicht näher. Uns selber erfinden? Wir müssen es nicht. »Salz der Erde?« »Licht der Welt?« »Perle im Acker?« Was sucht ihr? Schaut in den Spiegel, dann seht ihr! Gott hat alles getan. Gott selbst, seine Liebe. Es gibt nichts Größeres ... Zeit also und Lust und Kraft und Mut, mit dem »von Gott in uns« (Dorothee Sölle) sich sehen zu lassen, es hochzuhalten, dieses von Gott in uns Hineingelegte: »auf die Gassen zu gehen, an die Hecken und Zäune« (Evangelium nach Lukas 14) und davon Geschichten zu erzählen, überall in der Welt, in der ganz kleinen, sehr persönlichen zuerst, dann aber weiter auch, wo immer sie fehlt, die Liebe, die Menschen es haben miteinander und der Frieden auf Krücken geht. Zeit aber und Lust und Kraft und Mut, von der Liebe, die groß ist, nicht nur zu erzählen, sondern sie zu tun: *sie mit Händen und Füßen und Herz und Verstand zu sein.*

Kleine Pause. Sachte Töne zu Giora Feidmans »Mazel Tov« (Aus: »Klezmer Celebration«, Pläne-Verlag Dortmund 1997). Eine Mitarbeiterin geht zu der Dose, öffnet sie, holt eine kleine Kerze heraus, entzündet sie an der großen Kerze in der Mitte des Raums und stellt sie an die Nordmarkierung. Drei andere tun dasselbe, stellen sie an die West-, an die Ost- und die Südmarkierung.

Sprecher(in)

Eine Kerze für den Norden der Erde.
Frieden euch!
Schalom!

Sprecher(in)

Eine Kerze für den Westen der Erde.
Frieden euch!
Schalom!

Eine Kerze für den Osten der Erde! Sprecher(in)
Frieden euch!
Schalom!

Eine Kerze für den Süden der Erde! Sprecher(in)
Frieden euch!
Schalom!

Die Musik klingt aus.

Gesegnet

Segne uns, Liturg(in)
du Quelle der Kraft.
Segne uns,
du Quelle der Liebe.
Segne uns,
du Quelle des Ursprungs.
Und lass uns der Welt ein Segen sein.

Angestimmt, (wenn möglich) durch Gitarre oder Querflöte

»Ausgang und Eingang, Anfang und Ende«
(EG 175)

Gipferl

ich
krümel ich
muss nicht
die ganze welt verändern
muss da einfach
einfach da
wenn man
mich krümel
braucht

(4)
Wie die Sonne
(Evangelium nach Lukas 2.46.47.49.50)
Gottesdienst am 2. Sonntag nach Weihnachten

Liturgischer Baukasten

Die Gelegenheit

- Es werden kleine Gottesdienste sein, die in den ersten Tagen des neuen Jahres gefeiert werden
- Und warum dann nicht fortsetzen, was mit dem 2. Weihnachtsfeiertag begonnen hat: sich nach den ersten Gefährten des Gotteskindes erkundigen? Nach Maria, der Mutter? Josef, den Vater? Simeon, den Alten? Den Königlichen aus dem Orient? Den Tieren im Stall? Sie alle haben viel zu erzählen, und vieles hat mit mir zu tun. Und reizvoll auch das: den Neugeborenen in seiner Entwicklung zum Erwachsenen zu begleiten
- Durchaus in klassischer Predigt
- Oder anders, im Halbkreis um den Altar: spontan und experimentell, unfertig und auf den persönlichen Weiterbau aus (»bibliologisch«)
- Kleine Liturgie
- Liturgische Varianten in Textabschnitt III
- Besondere Variante nach der Predigt: Rap-Dialog zwischen Eltern und Kindern

Der Raum

- In vielen Gemeinden wird wohl aus Gründen der Energieersparnis nicht in der Kirche, sondern im Gemeindehaus gefeiert

Materialien

- Bild »Jesus im Tempel« (Max Liebermann)
- Beamer oder Bildprojektor

Musik

- Kleinorgel oder Keyboard

Predigt

»Schaut, wie er sich schlägt in der Runde der Großen!« Jesus, der Wunderknabe. Ins Staunen versetzt er die Leute. Aber nicht nur die Leute: auch Lukas, den Griechen unter den Evangelisten. Man spürt es ihm förmlich an. Und doch – im Entscheidenden geht es dem Evangelisten um Applaus und Bewunderung gerade nicht, sondern um die Frage: Was hat sich ereignet in diesem jungen Mann aus Nazareth, das ihm eine Erwachsenheit zuweist, die der der Älteren und Renommierten erkennbar überlegen ist? Und darum auch, wie die Menschen, vor allem die Eltern, damit umgehen. Von Graham Greene stammt der Satz, ein wirklicher Autor wisse mit spätestens siebzehn, was er zu sagen hat – alles Spätere sei im günstigen Fall Auslegung und Kommentar, im ungünstigen Wiederholung und überflüssig. Auf die Geschichte des zwölfjährigen Jesus im Tempel, übertragen heißt das: Hier wird im Kleinen Jesu ganzes Leben erzählt.

»Er saß unter den Lehrern, hörte ihnen zu und befragte sie …« (Evangelium nach Lukas 2.46) Nicht heute, nicht morgen – sein ganzes Leben lang wird Jesus nicht aufhören, ein solches »Kind« zu bleiben, das mit einer erstaunlichen Selbstverständlichkeit die theologischen Großen seiner Zeit infrage stellt. »Auf dem Lehrstuhl des Moses sitzen die Schriftgelehrten. Sie binden schwere und unerträgliche Bürden zusammen und legen sie den Menschen auf die Schultern …« (Evangelium nach Matthäus 23.2-4), wird er später sagen. Nie wird er begreifen, wie es möglich ist, Gottes Weisungen derart weit weg von den Bedürfnissen und Möglichkeiten der Menschen zu deuten. Wie kann man Gott, die geborene Liebe, zu einer Art Generalstaatsanwalt verformen, dessen Wesen es ist, Anklage zu erheben und dafür die Voraussetzungen zu schaffen!? Und wieso weiß dieser Stand in just den Fragen ganz besonders Bescheid, die von ihm am weitesten entfernt sind!? Wie also kommt es, so will er wissen, dass da ein System von Geboten und Verboten existiert, das schon im Voraus bestimmt, was Menschen zu tun und was sie zu lassen haben!? Jesus, das »Kind«, wird nicht aufhören, gegen alle Schriftgelehrsamkeit eine einfache Erfahrung geltend zu machen: »gut« ist ein Junge oder ein Mädchen *wie von selbst, wenn er oder sie sich von seinen oder ihren Eltern gemocht weiß.*

Angst vor Strafe hingegen und ein nur immer erzwungener Gehorsam macht Menschen nicht besser, nur versteckter, absonderlicher, verhärteter. Gott ist wie die Sonne, so Jesu tiefste Überzeugung. »sie scheint über Gute und Böse, Gerechte und Ungerechte ...« (Evangelium nach Matthäus 5.45). Ein anderes Evangelium hat Jesus nicht. Es ist die Kraft seines Lebens. Sie nährte ihn von Anfang an. Sie trug ihn, inspirierte, ließ ihn zu sich selbst und zu den Menschen finden, die sich ohne ihn nur immer um sich selbst und ihr Schicksal der Zukunftslosigkeit gedreht hätten – und verließ ihn auch dort nicht, wo es steinig wurde in seinem Leben, abgründig, ausweglos, tödlich. Aber der Vorrat war auch dort noch nicht zu Ende, denn sein Fähnlein zu schwingen, nützte dem Tod nicht: *musste sich drei Tage später dem Leben beugen!*

Die Hamburger Kunsthalle zeigt ein Bild von Max Liebermann aus dem Jahr 1879: Ein Junge, noch ein Kind, beim Versuch, einer schriftgelehrten Autorität etwas mitzuteilen, was sein Herzensanliegen ist. Rechts neben dem Kind, in Riesenmaßen und schwarz gekleidet wie der Tod, die Gestalt eines der gefrorenen Gottesverwalter, mit denen es Jesus später immer wieder zu tun bekommen wird. Hinter ihm, über ein Geländer neugierig nach vorne gebeugt, professionell und wie zur Abschreckung die Heilige Schrift in der Hand, steht ein anderer Experte des göttlichen Willens und Wissens mit Augen, als wollten die sagen: Untersteh dich! Links neben dem Kind, auf den Stufen eines lichtdurchfluteten Treppenflurs sitzend, die weißhaarige, weiß gekleidete Gestalt eines älteren Herrn, der nicht gewillt ist, sich aus der Fassung bringen zu lassen. Vor ihm aber, da sitzt ein ziemlich alter Mann, die Hand nachdenklich an seinen Bart gelegt, die rot geränderten, müde gelesenen Augen unverwandt auf dieses Kind gerichtet, während die Heilige Schrift seiner linken Hand fast zu entgleiten droht – der spürt und sich in diesem Augenblick ganz sicher ist: Nicht was in diesem Buch dem Buchstaben nach geschrieben ist, lässt mich in Gottes Geheimnisse und Willen finden, wohl aber die Kraft und der Blick dieses Kindes. So einfach zu werden, so ursprünglich und unverstellt, so frei und unbewaffnet, so voller Vertrauen wie dieses Kind – die ganze Welt würde sich ändern, wenn das gelänge!

»Da sprach er: Wusstet ihr nicht, dass ich sein muss in dem, was meines Vaters ist? Doch sie verstanden nicht, was er

meinte ...« (Evangelium nach Lukas 2.49f.). Auch dieser Teil der Legende nimmt Jesu späteres Leben vorweg: Kein Mensch hat das Recht, so wird er versuchen, es ihnen begreiflich zu machen, sich als patriarchale Autorität zwischen Gott und Mensch zu stellen. »Niemand von euch soll sich Vater nennen auf Erden. Einer allein ist euer Vater – der Vater im Himmel!« (Evangelium nach Matthäus 23.9) Da gibt es eine Gottunmittelbarkeit des Vertrauens, die wesentliches Beziehungsmerkmal ist. Und die darf nicht verloren gehen: auch nicht und gerade nicht durch die professionellen Gottesvermittler – nicht durch die Priester am Opferalter, nicht durch die Professoren und Lehrer am Katheder. Gott ist nicht der verlängerte Arm des Vaters oder der Mutter aus Kindertagen. Umgekehrt wird ein Schuh daraus: Gott ist die Ermöglichung, der kindlichen Furcht vor Menschen, Instanzen und Agenturen zu entkommen, und die Ermutigung, sich nicht beirren zu lassen und dem eigenen Urteil Glauben zu schenken – die unverstellte Güte, die uns hilft, *Angst durch Vertrauen zu überwinden* und uns nicht an die Waffengläubigkeit von Terror und Gegenterror zu verkaufen – freundliche Einladung, heimisch zu werden in einer Welt, in der wir sonst nur Heimatlose sind: ausgesetzt, ausgegrenzt, auf uns alleine gestellt.

Wo ihn suchen also? Nein, bei den Verwandten ist er nicht. Und auch sonst nirgends, wo sie es für wahrscheinlich hielten auf dem Weg zurück nach Nazareth. Im Tempel fanden sie ihn. Dort, so gab er den Großen dort gerade zu verstehen, wo er Gott am nächsten war. Wie ihm aber nahe sein, so seine temperamentvolle Nachfrage dann, wenn Menschen meinten, Gott für sich behalten, ihn in Bücher, Gesetze, heilige Gemäuer und jahrhundertealte Gewohnheiten sperren zu können? Jesus verstand das nicht. Frei müsste man ihn geben, dessen »Gnade reicht, soweit der Himmel ist, und dessen Treue, soweit die Wolken gehen« (Psalm 108.5) – ihn sich aufmachen lassen in die Labyrinthe des Lebens, wo sich Menschen danach sehnen, von Gott ganz unmittelbar und auf Augenhöhe zu erfahren: von Gott als Mensch, der mit ihnen weint und mit ihnen hofft und ihnen dort, wo sie für sich selbst nur immer Sackgasse, nur immer Ende sehen, zum Anfänger des neuen Lebens wird. Was uns Größeres wünschen, wo wir dabei sind in diesen Tagen, neu uns auszurichten und die Segel zur Ausfahrt zu setzen!?

Rap-Dialog

Eltern

a) Sóhn – warum hást du uns – dás – getán?
b) Síeh doch – dein Váter und – ích – haben dích – mit Schmérzen – gesúcht!

Mädchen und Jungen

c) Gesúcht – warúm?
d) Wísst ihr nicht – dáss ich – seín muss – in dém – was meines Váters ist?

Die Zeilen können gemischt werden. Zum Beispiel: a – b – c – d. Oder: a – c – b – d. Wichtig: die rhythmische Stringenz.

(5)
Mirjam ihr Name

Gottesdienst am letzten Sonntag nach Weihnachten

Liturgischer Bauplan

Die Skizze des vorherigen Plans ist leicht auf diesen Gottesdienst zu übertragen. Ratsam: die Marienpredigt an drei Stellen durch Bilder zu verstärken (über Beamer oder Bildprojektor auf die Wand oder Leinwand projiziert)

Gottesdienst

Prolog

Still stehen manchmal/Kein hierhin, kein dorthin./
Ohne Furcht die Uhr anhalten./
Begreifen: wenn nichts geschieht, geschieht viel!

Segen

Einen Stern wünsche ich dir,
zu dem sich deine Träume erheben, himmelwärts steigen über die Leiter der Nacht, Stufe um Stufe.

Einen Stern wünsche ich dir,
der dir ins Fenster leuchtet und deine Dunkelheit durchstrahlt.

Und für alle die kalten Tage, in denen das Licht
nur von Weitem scheint, wünsch ich ihn dir in deinem Herzen und auch ins Stroh zu deinen Füßen.

Predigt

Längst ist es nicht mehr frisch, das neue Jahr. Von seiner Unberührtheit schon einiges dahin. Und ist doch erst ein paar Tage alt. Die Spuren auf seiner Haut: Sie zeigen sich schon und tun weh. Und auch ich spiele meinen Part in diesem Spiel – längst wieder auch ich, ich mache mir da keine Illusionen. Aus alt wird eben nicht durch Knopfdruck neu. Und was ich nicht zu Ende brachte, bleibt mir als Last oft zentnerschwer erhalten – da kann ich mich drehen und wenden, mit Leuchtfeuern, Knallern und noch so guten Vorsätzen nach vorne stürmen: Es wird nichts ändern. Von einem aber möchte ich auf der Schwelle der Jahre nicht lassen. Mich zu erinnern. Mich einen Moment lang noch einmal mit einem Menschen beschäftigen, ohne den es Weihnachten und »Nach Christi Geburt« gar nicht gäbe. Mit Maria, der jungen Frau mit fünfzehn oder sechzehn Jahren, die dem Kind das Leben gab – es neun gefährliche Monate lang unter ihrem Herzen trug – es getragen hat gegen alle Gefahren und Gerüchte – es am Anfang gar nicht glauben wollte und recht zu begreifen nie auch ganz aufgehört hat – und doch sich mit ihm auf den Weg machte, den der erwachsen Gewordene meinte gehen zu sollen – bis nach Golgatha, wo sie mit zwei anderen Frauen die Einzige war, die blieb – die anderen, die Männerfreunde, waren längst über alle Berge.

Kleine Pause. Wenn möglich: Bildeinspielung.

Nicht Maria eigentlich: *Mirjam ist ihr Name.* Dass sie Jüdin war, lässt so manches erst wirklich verstehen. Was wissen wir von ihr? Nur wenig. Aber das ist Hinweis genug. Als sie da waren, die Hirten – angekommen im Stall, endlich begriffen, gar nicht genug bekommen konnten und davongingen dann, ohne Zeit zu verlieren, es auszubreiten, was sie gesehen, bis in den letzten Winkel, da wurde sie von all dieser Geschäftigkeit überhaupt nicht erfasst, sondern ging in den Stall nur noch tiefer hinein und nahm ihr Kind nur noch fester in die Arme, um es zu schützen und dem Schicksal seinen seelenlosen Lauf gerade nicht zu gewähren. Denn wahr ist:

Keine andere als du, Mirjam, begann früher zu ahnen und zu begreifen. Kein anderer und keine andere vor dir, Mirjam, erkannte klarer, dass da etwas geschähe, dem weder du noch irgendwer sonst das Ziel und das Maß und den Weg würde vorgeben können – dass sich da in der Person des von dir geborenen Kindes etwas verwirklichen wolle vielmehr, das das Gesicht eines anderen trüge – Gottes Gesicht, wie es deutlicher noch kein Auge »je gesehen« und kein Ohr »je gehört« habe und keine Fantasie der Welt sich das jemals hätte ausmalen können. Das aber, Mirjam, halt nicht für dich! Lass es uns wissen, was du »in deinem Herzen bewegst« (Evangelium nach Lukas 2.19) – jetzt, wo doch alles fast schon vorbei und die Hirten und die Weisen längst wieder fort sind und du und Joseph und das Kind die Flucht vor dem Römerfreund und Blutsauger-Fürsten, Gott sei Dank, überstanden habt!

Und irgendwann ist es Markus, der Jahre danach die Geschichte so beginnen lässt: »Hört, so Jesus, die Zeit ist gekommen, Gottes Neuland dicht vor der Tür! Tut Buße und glaubt an das Evangelium!« (Evangelium nach Markus 1.1). Wo du noch Zeit gebraucht hast, Nischen, Umwege, Pausen und Windungen, kommt der mit ein paar Hinweisen aus. Johannes der Täufer – der habe nur den Boden bereitet. Aber dann werde einer kommen, dessen Schuhe zu lösen der nicht wert sei. Und der nun sei da – habe nicht lange auf sich warten lassen, sei angekommen einfach, angekommen in dieser Welt der Pilatusse und Herodesse und wer sonst es ist, der seine Lust daran hat, auf Kosten der anderen zu leben – habe Zeichen gegeben, markante Signale – keiner habe sich ihnen zu entziehen vermocht – keiner sei an ihnen vorbei gekommen, ohne sich zu fragen, sich zu wundern, sich zu ärgern oder mächtig zu erschrecken. »Die Zeit ist gekommen, also ändert euch!«

Wer ist der? So ja, Mirjam, ist es im Stall auch deine Frage gewesen. Dein Sohn konnte damals noch gar nicht sprechen. Andere sprachen. Andere hörten. Anderen gingen die Augen auf. Wer ist es, der da durch mich ins Leben gekommen ist? Du bist die Frage nie losgeworden – hast sie unerledigt weitergegeben – an den Evangelisten, der sie zur Leitfrage seines Evangeliums gemacht hat. Wer bist du, der da kommt und Dinge tut, wie sie noch keiner getan hat? Kranke heilt? Hungernde sättigt? Blinden die Augen auftut? Gelähmte zum Gehen bringt? Sich mit den Mächtigen und Frommen anlegt und Gott seinen Vater nennt? Wer bist du, sag, der an Gott und der Welt und sich selbst auch da nicht zerbricht, wo sich die Dinge zum Kreuzweg zu verdichten begannen und die Freunde, auf deren Nähe es jetzt ganz besonders angekommen wäre, sich in alle vier Himmelsrichtungen davonmachten? *»Heut schließt er wieder auf die Tür zum schönen Paradeis!«* Du hättest die Lieder gerne mitgesungen, dich mit den Gästen der ersten Stunde gerne mitgefreut. Aber du konntest es nicht – sahst es kommen, was kam – ahntest den Preis, den die Liebe in dieser Welt schon immer kostete – so damals, so heute. Und so waren es die Hirten, die öffentlich machten, was sich so entscheidend geändert hatte unter der Sonne. Und die Heldentaten der Großen waren es dann gar nicht mehr, die den Wechsel der Jahre signalisierten, sondern ausgesprochen rätselhaft – die Geburt eines Kindes im Futtertrog der Tiere. Und irgendwann hörte der Evangelist davon: Ja, so seine Botschaft, es ist so weit, der Himmel hat sich zur Erde aufgemacht, soll die sich jetzt, wertgeschätzt und stark, dem Himmel entgegenstrecken!

Wer möchte da nicht mittun, wenn Hochzeit gefeiert wird! Alle seine Aufmerksamkeit nicht der Erfüllung dieses uralten Menschheitstraumes zuwenden! Wer möchte da noch bleiben, der er ist!? Sich von seinen immer gleichen Rezepturen und immer gleichen Gewohnheiten nicht endlich verabschieden und hinsehen heute und hinhören morgen und nachschauen übermorgen, wie es anders geht!? *Nein, meine Lieben. Bleiben muss jetzt gar nichts mehr!* Was euch beschwert und am Weiterwandern hindert, legt es ab, lasst es los, übergebt es der Verheißung: »Siehe, ich mache alles neu!« (Offenbarung des Johannes 1.5).

Kleine Pause. Wenn möglich: Bildeinspielung.
Vorschlag: indianische Pachamama.

Und doch willst du noch einmal selbst an uns heran. Uns an etwas erinnern, Mirjam, was dir viel abverlangte und doch wichtiger war als alles andere auf der Welt. Und als du »durch« warst mit allem, hat dich das mit deinem Sohn zusammengebracht, wie du dir das immer gewünscht, aber wohl nie für möglich gehalten hast. »Neu werden, sich ändern« willst du uns sagen: Das klingt nach Kraft, hat mit Kraftakt aber wenig zu tun. Nicht »Ich muss« oder »Du sollst« oder »Tu doch mal endlich« ist das Thema. Neu werden, das ist ein leises, tägliches Bitten um Geduld und Barmherzigkeit und Nachsicht für die, die sich daran machen. Das aber vor allem:

um Nachsicht für sich selbst. Viel eher als der ganz große Wurf ist das ein langsames Voranschreiten, mühsames Entlangtasten: Auf dem Weg mit Jesus nur ganz wenige Schritte und doch nicht einer ins Leere, sondern *der Angst und dem Tod geradewegs davon!* Und vielleicht ist es das, Maria, was dich bei den Letzten nicht nur am Kreuz, sondern bei den Ersten dort auch hat sein lassen, wo der Stein ins Rollen kam. Wie immer dich die Nachricht erreichte und was sie in dir auslöste, wir wissen es nicht. Wir wissen nur eines – die Geschichte deines Sohnes ging weiter, sie blieb nicht im Grab, und als es zur Gründung der ersten Gemeinde kam, war deine Familie weit vorne an. Deutlich musste werden, dass es dem Himmel nicht nur damals darauf ankam, in Bethlehem, sich mit der Erde zu verbünden, sondern auf den Terrains und den Schwellen dieses Lebens immer wieder – und ein letztes und entscheidendes Mal dort, wo es dem Tod nicht gelingen durfte, der Hoffnung einen Strich durch die Rechnung zu machen. Und dazu brauchte es Zeuginnen und Zeugen. Wenige nur. Die einen, die anderen. Und heute uns. Das neue Jahr – wir nehmen es als »Anno Domini« und machen erste Schritte. Mit seiner ganzen Fülle wird es kommen – aber in allem nur immer mit dem verbunden sein, der »das A und das O« (Offenbarung des Johannes 21) ist: *für* dieses Leben geboren wurde, *für* dieses Leben gestorben ist und den Tod, den großen Neinsager, nur immer neu *in Leben verwandelt.* Mit ein paar Zeilen möchte ich dich grüßen:

Licht
wird wieder
wachsen
aus dunklen Fensterhöhlen
der erloschnen Glut,
im Stroh
werden wir
Blumen finden,
Sterne
und vielleicht
neuen Mut.
In der Knospe der Nacht
träumt schon
ein neuer Morgen.

Isabella Schneider

Jahreswechsel II

Zugänge, Kolumnen, Meditationen

(1) Die Zwölf Heiligen Nächte

Kleine Kulturgeschichte

Vielleicht sind die Wochen vor Weihnachten tatsächlich verloren, und wir beginnen erst dann zu verstehen, »wenn die Lieder gesungen und die Kerzen abgebrannt sind« (Jörg Zink). Und dann gelingt es vielleicht wirklich, etwas wiederzuentdecken, was für viele Generationen von so großer Bedeutung war und die »Heiligen Zwölf Nächte« genannt wurde. Brache zwischen den Jahren? Für die Tourismusbranche längst kein Fremdwort mehr. Doch einfach nur fort? Fort von hier auf einen anderen Rummelplatz der Welt? Mit Brache hat das wenig zu tun. Schonzeit braucht Geist, braucht Übung. In Gemeinden sind Gruppen am Werk, sich darauf einzurichten. Zu Hause oder unterwegs. Projektgruppen, Familiengruppen, Junge Gemeinde: sportlich, familiär, kreativ, spirituell. Zur Vorbereitung einer Hüttenfreizeit zwischen den Jahren wurden junge Familien zu einem Ideenwochenende eingeladen.

Tage der Stille, in denen man einen inneren Weg durch die kürzer werdenden Tage und die langen Nächte ging, Schritt für Schritt auf die eine Stelle zu – die Krippe, in der man dem Mysterium begegnete, Tage der Stille sind sie nicht mehr, die Tage des Advent und der Christgeburt. Es ist, als wäre uns das Heilige abhanden gekommen, überflutet von Lichtern, überlärmt von Parolen, okkupiert vom Zwang, es bis zum Fest ja nur irgendwie hinzubekommen und es allen recht zu machen. Und wenn das Fest einmal Quelle der Kraft sein wollte, dann ist es wohl nur noch der Augenblick, in dem auch die letzte Reserve aufgebraucht ist.
Vielleicht sind die Wochen vor Weihnachten tatsächlich verloren, zumindest für eine Reihe von Jahren. Und so bleibt wohl nur, die Stille dort zu suchen, wo sie noch unzerstört ist – in den Tagen danach. Vielleicht ja verstehen wir mehr, wenn die Lieder gesungen und die Kerzen abgebrannt sind. Und vielleicht ja besteht die Chance, eine Folge von Nächten so wiederzuentdecken, die für viele Generationen vor uns von hoher Bedeutung waren – die zwölf »Heiligen Nächte«, deren Reihe am Christfest beginnt und auf das Fest der Epiphanie hinführt. Vielleicht finden wir in ihnen noch den Moment, vom Geheimnis berührt zu werden, dass Gott, der ganz große, in einem Kind geboren wird, unter Bedingungen, die alle Erfahrung und alles Begreifen übersteigt. Seit alters war die Zeit um Weihnachten von Nächten bestimmt. Wenn etwas Großes und Wichtiges geschah, dann geschah es in der Nacht. Im Jahrkreis der nördlichen Völker brachen um die Wintersonnenwende die Götter in das Leben der Menschen ein, bedrohlich und hilfreich, zerstörerisch und segnend, beides zugleich. Dann stürmte das wilde Heer Wotans über die Waldgebirge, Frau Holle zog über das Land, umgeben vom Heer der toten Kinder, und segnete das Feld und den Stall. Die Toten gingen um,

und unberechenbare Mächte trieben ihr Unwesen, der Schimmelreiter und der Klapperbock, und mit Räucherwerk, Amuletten und Beschwörungsritualen schützte man Haus und Hof. Unter den Angelsachsen sprach man von den »Nächten der Mütter« und rührte damit an Geburt und Tod, Ursprung und Ende, Quelle und Abgrund des atmenden Lebens.

Christen waren es, die in die Nächte der Götter das Leuchten des Lichts brachten, der Unberechenbarkeit der Mächte die »Klarheit des Herrn« entgegensetzten, den Angstträumen der Menschen mit der Freundlichkeit Gottes begegneten und von Gott überhaupt ganz andere Nachricht hatten: nicht in der »Wilden Horde« würde der über das Land reiten, sondern in der Gestalt eines Kindes kommen, nicht in Sturm und Wetterwolken, sondern unmerklich fast, auf leisen Sohlen. Und die »Nächte der Mütter« erzählten von der einen nur, der jungen und einfachen, Maria mit Namen, die Gott dazu bestimmte, die Mutter dessen zu sein, der ein Bruder aller war. Nicht mehr vom Heer der toten Kinder war die Rede, sondern von der Geburt des Kindes, nicht mehr von Reitern und gespenstischen Tieren, sondern von den lichten Boten Gottes, die man Engel nennt, nicht mehr von einem Wirbel todbringender, launischer Götterspektakel, sondern von einem Frieden, in dem Platz für alle sei.

Was ist es, was uns in diesen Tagen wieder die Tafelbilder der alten Meister an die Wände hängen lässt? Die Dürer und Altdorfer, die von der Weiden und Rembrandt, die Ikonen und die Romantiker? Keine Galerie, die sie nicht zeigte in den Wochen zwischen den Jahren? Auf Postkarten, Einkaufstaschen und Mouse-Pads gehen sie von Hand zu Hand. Stall und Krippe, Hirten und Engel, Mutter und Kind, Ochs und Esel, Stroh und Balken unter dem Dach und Hühner auf der Stange. Ein Kind, das im Stroh liegt, warm, geborgen in einem Kreis von freundlichen Menschen, eine Mutter, einfache Bäuerin: Maria, wie sie für viele Generationen Urbild und Inbegriff der Frau war, den Frauen in den christlichen Ländern Bild ihrer Hoffnungen und ihrer Leiden, und irgendwo in diesem Ensemble, nicht immer ganz eindeutig wo und wie und warum, der Vater. Was ist mit diesen Bildern? Viele von uns haben ja nicht nur die Bilder verloren, sondern auch das Fest, das sie begründen. Wir haben uns in eine Welt aufgemacht, in der für eine romantischen Geschichte wenig auszurichten bleibt. Wir haben uns in eine Welt aufgemacht, die stumm geworden ist in all ihrem Lärm. Randlos dehnt sich der Kosmos über den letzten Fixstern hinaus in eine gähnende, nachtschwarze, leere Welttiefe, und fast schon ist es gleichgültig, wie wir uns entscheiden und wohin es uns verschlägt. Als Gefangene einer Welt, die keine Heimat mehr ist, bleiben wir mit unseren Ängsten allein. Selten erreicht uns ein Wort. Und was in uns ist, behalten wir für uns oder spielen unser Spiel. So werden wir Heimatlosen gleichsam einmal im Jahr am Ufer des Christfests angetrieben und hoffen, Fuß fassen zu können, von der Rastlosigkeit eine gnädige Zeit lang verschont zu sein. Doch wir finden (nur) Erinnerungen, vielleicht an unsere Kindheit. Wir finden Bilder und Geschichten von früher und auf irgendeiner gemütsstarken altdeutschen Altartafel die Familie, die wir vermissen – den Vater, auf den Verlass war, das Kind, das wir (noch) gerne wären, die Mutter, der nie etwas zu viel war und die unsere Wünsche von den Augen abgelesen hat.

Aber die Bibel erzählt das alles ja noch einmal in einer ganz anderen Sprache. Die Geschichte vom Kind in Bethlehem wird dort nicht als Abbild unserer eigenen Lebensgeschichte erzählt, sondern deshalb, weil das Kind später zum Mann heranwuchs, dem es vor allem um eines ging: den Verlorenen den Weg zum Vater zu zeigen. Das doch ist das eigentlich Erregende an der Lebensgeschichte des Jesus von Nazareth – dass da einer von sich selbst sagt, in seinem Leben nicht einmal einen Schlafplatz für die Nacht gehabt zu haben (für die Füchse und die Vögel das Selbstverständlichste der Welt), den Heimatlosen seiner Zeit aber die Füße wusch, Tisch und Bank, Wasser und Wein, Brot und Gemeinschaft anbot. Licht des Lebens!
Und so lasst uns durch die dunkelsten Nächte des Jahres gehen und in uns aufnehmen, was da an Überraschendem und Erschreckendem, längst Vergessenem und nie Gehörtem, nie für möglich Gehaltenem, Tröstlichem, neu mich Auf- und Ausrichtendem zu uns kommen möchte. Wir können es nicht zu allen zwölf Nächten tun, dazu ist unsere Zeit zu kurz. Wir tun es zu sechs. Gleich zu Silvester, zwischen »10« und »11«, wollen wir mit der »Nacht der Weissagung« beginnen, an Neujahr mit der »Nacht der Mächte« und in den Tagen darauf mit der »Nacht des Aufbruchs« und der »Nacht der Träume« fortfahren. Und abschließen wollen wir unseren Gang mit der »Nacht der Geburt« und der »Nacht des Sterns«. Und eines zum vorläufigen Schluss dann noch: In seinem Lobgesang spricht der alte Zacharias, der Vater Johannes des Täufers, vom »Weg zum Frieden, den unsere Füße finden werden«. Die Hoffnung des Zacharias, sie möge uns beflügeln. Ich wünsche es uns sehr und freue mich auf unsere Hütte.
Nach Jörg Zink (»Zwölf Nächte«, 1992)

(2) Der Schweif

Zugang

Wenn die Kerzen abgebrannt und die Lieder gesungen sind, ist das nicht einfach »ausgefeiert«, sondern die andere Seite der heiligen Zeit, ihre stille, durch und durch erquickliche. Wer gerne schreibt, schreibt jetzt. Wer gerne singt, singt jetzt. Wer gerne schläft, schläft jetzt. Wer gerne spazieren geht, geht jetzt spazieren. Wer gerne lacht, lacht jetzt. Wer gerne seinen Gedanken nachgeht, geht jetzt seinen Gedanken nach. Wer sich gerne zurückzieht, tut's jetzt. Wer gerne mit anderen zusammen ist, tut's jetzt. Wer am liebsten alles vergisst, nützt jetzt die Gelegenheit. Die Zeit zwischen den Jahren? Wie der Schweif des Sterns.

(3) Am Schlagbaum

Motivmeditation

In der Neujahrsnacht spüren wir, dass es eben nicht immer so weitergeht, sondern dass jeder Augenblick unseres Lebens einmalig ist und nicht wiederkehrt, dass unsere Zeit weiterläuft und auch einmal ausläuft. Wir spüren, dass wir endlich sind. Ich verstehe deshalb die Menschen sehr gut, die in der Nacht der Jahreswende einen Gottesdienst besuchen, die ein Wort der Ewigkeit hören möchten und die es drängt zu beten. Es wäre dumm zu meinen, dass diese Leute Pessimisten seien und Trübsal bliesen, während die Leute mit den Knallfröschen und Sektkorken das Leben bejahen. Auch die Menschen, die es zur Besinnung treibt, suchen die Freude – nur suchen sie sie in anderer Richtung oder wenigstens nicht nur bei Knall- oder anderen Orgien. Sie wissen, dass unsere Endlichkeit nicht mehr Angst erregend ist, wenn wir bei dem Herrn der Zeit geborgen und mit ihm in Frieden sind. Was *hinter mir* liegt und was ich falsch gemacht habe, darf mich nicht mehr von ihm trennen: Er bringt es in Ordnung. Was ich *vor mir* habe, die neuen dreihundertfünfundsechzig Tage, nehme ich aus seiner Hand, und nichts wird mich treffen ohne seine Zustimmung. Und wenn der letzte Schlagbaum kommt, wird er mich erwarten. Aus diesem Einklang mit dem Herrn der Zeit kommt eine Freude, die nicht mehr auf Verdrängung beruht. Die Jahreswende sollte für uns eine rote Ampel sein, die uns einen Augenblick anhalten und innehalten und dann die Frage stellen lässt, wohin des Wegs.

Helmut Thielicke

(4) Unabgelaufene Füße

Motivmeditation

Vor einiger Zeit besuchte ich mit meiner Enkeltochter eine Freundin, die ein Kind bekommen hatte. Die Enkeltochter sah das Kind lange und bewegt an, und schließlich sagte sie: »Es hat so schöne unabgelaufene Füße!« So ist es auch mit dem neuen Jahr. Es hat so schöne unabgelaufene Füße. Immer wenn etwas anfängt – ein neues Leben, die Ehe von zwei Menschen, eine neue Zeit und ein neues Jahr, überkommt Menschen eine Art gerührter Hoffnung. Noch ist das Neue nicht verletzt, gedemütigt und beschmutzt, noch ist es nicht korrumpiert, noch hat es wundervolle unabgelaufene Füße.

Jeder Anfang hat die Zartheit und den Glanz des Unverdorbenen. Er ist eine Erinnerung und ein Versprechen, eine Erinnerung an alle die Anfänge, die in Hoffnung begonnen wurden; ein Versprechen, einmal wird es einen Anfang geben, der nicht in Kürze überholt und in den Staub der Anfänge von gestern gesunken ist. Es ist vielleicht ein müdes Lächeln, mit dem wir den Anfang der neuen Zeit begrüßen. Wir haben zu viele Anfänge gesehen, die nicht gehalten haben, was sie versprochen haben. Aber ganz ohne Hoffnung ist das Lächeln nicht: Wer weiß? Es könnte ja sein, dass dieser Anfang nicht trügt. Es könnte ja sein, dass der Prophet Jesaja recht hat. »Gedenkt nicht an das Frühere und achtet nicht auf das Vorige. Denn siehe, ich will ein Neues schaffen, jetzt wächst es auf, erkennt ihr's denn nicht?« (Kapitel 45, Verse 18+19).

Fulbert Steffensky

(5) Fündlein des Lebens

»Was bei den Menschen unmöglich ist, bei Gott ist es möglich ...« Lukas so, der Evangelist. Losung des Jahres. Begleiten will sie mich. Im Gemenge gut zu unterscheiden sein. Schön ist das Leben. Schön und groß. Aber leicht ist es nicht. Und für manche wird es ziemlich schwer werden. Und für etliche, wie sie es sich nie hätten vorstellen mögen und heute nicht wissen, wie damit fertig werden. Und doch, ich will mich nicht ducken, meiner Angst nur so viel Raum gewähren, wie es gar nicht anders geht. Denn auf dem Weg, so lasse ich mir gesagt sein, da bist du nicht allein. Da ist noch wer. Und der hat sein Auge auf dich, lange schon, und du weißt nicht warum. »Was bei den Menschen unmöglich ist ...« An die vielen Vorsätze muss ich denken, mit denen wir das alte Jahr hinter uns gelassen und uns auf das neue eingestellt haben. Mehr Zeit für die Kinder! Endlich mal darüber sprechen, wo es mich umtreibt und drückt! Und das mit der sorgsameren Ernährung und täglichen Bewegung, warum lasse ich mir das immer wieder sagen und tue es nicht längst? Nein, die alten Gewohnheiten, sie sollen mich nicht länger lähmen, ablegen will ich sie, dort drüben gegen was Neues eintauschen! Aber die meisten der guten Vorsätze, wir wissen das, sind schon nach ganz kurzer Zeit wieder dort, wo sie herkamen. Von dort, wo sie als Gedanken einmal aufgebrochen sind und sich zu etwas hätten entfalten können, wenn wir uns wirklich auf sie eingestellt und sie eingelassen hätten. Schwierig also. Und einige ziehen für sich nun die gegenteilige Konsequenz – sich das alles doch (bitte schön) nicht anzutun und es zu nehmen wie es kommt: ohne Erwartungen, ohne die Hoffnung auf Veränderung, ohne den eigenen möglichen Schritt. »Bei den Menschen unmöglich.« Nun ja, vielleicht. Aber Leben will ich so nicht. Wie es ist, so kann es doch nicht einfach weitergehen!? Die Armen den Reichen gehören und die Dummen den Klugen und die Geschlagenen den Verschlagenen und die Naiven den Raffinierten und die Friedfertigen den Streitsüchtigen!? Und ich steh am Zaun und sehe zu!? Da muss es doch noch etwas anderes geben! Und von diesem Faktor X spricht der Evangelist im zweiten Teil seiner Überlebensration. Und auf einmal ist da gar nichts mehr »unmöglich« und die Dinge und ich in Bewegung. Und deshalb will ich das neue Jahr nicht einfach als veränderte Zahl sehen, sondern als Gottes Einladung an mich und dich und die ganze Welt, sich aufzutun und Neuland zu betreten. Natürlich wird mir nicht alles gelingen. Und natürlich wird es mir da und dort im Jahr, wie anders auch, ziemlich wehtun und ich werde Menschen brauchen, die mir da ganz besonders nahe sind. Die Phalanx der Verhältnisse werde auch ich nicht nach Gutdünken wegzaubern können, und ich werde viel Geduld aufbringen und etliche Kompromisse eingehen müssen. Aber auf eines will ich achten – dass ich mich meine Hoffnung nicht dadurch zerstöre, dass ich ihr nichts Wirkliches zutraue und ihr, noch bevor sie zu fliegen begann, die Flügel stutze. Gottes »Möglich« – das ist vor allem seine Auseinandersetzung mit meiner Selbstgefälligkeit, Resignation und Faulheit. Er kennt doch unsere gekonnte Neigung, schon gleich in der ersten Kurve den Kopf in den Sand zu stecken. In der Bibel erleben wir es mit Petrus, Jesu Freund der ersten Stunde. Als er ihnen auf dem Wasser entgegenkommt und Petrus ihn sieht, da ist er schon über der Bordwand. Komm, sagt Jesus, trau dich, ich bin's! Doch als er das Wasser sieht, traut er lieber seiner Angst, und Jesus muss es mit ihm noch einmal versuchen. »Unmöglich bei den Menschen, aber möglich bei Gott!« Groß liegt es vor mir, das neue Jahr. Unergründlich wie das Wasser vor Petrus. Wird es mich tragen? Ich weiß es nicht. Ich werde es probieren müssen. Mit all der Hoffnung, die ich habe. Und die lässt mich mit Gott verbunden sein. Und mit dem kann mir das, worauf ich keinen Pfifferling setze, zum Fündlein des Lebens werden.

Jahreswechsel III

Liturgische Miniaturen, Gebete, Fundstücke

(1) Mein Heute, mein Morgen

Gebet an Altjahrsabend

Ohne wenn und ohne Sorgen leg ich meine Zeit in deine Hand. Sei mein Heute, sei mein Morgen, sei mein Gestern, das ich überwand. Frag mich nicht nach meinen Sehnsuchtswegen, bin aus deinem Mosaik ein Stein, wirst mich an die rechte Stelle legen, deinen Händen bette ich mich ein.

Edith Stein zugeschrieben

(2) Über die Klage hinaus

Gebet an Altjahrsabend

Schmerzlich entbehre ich, Gott, was du mir genommen hast. Aber ich stehe nicht mehr gegen dich auf. Immer noch weine ich, aber ich spüre, es wird ruhiger in mir. Eine stille Dankbarkeit beginnt zu wachsen auf dem Grund meiner Tränen. Vielleicht dass es nie wieder sein wird, wie es war. Aber dass es war, dieses Schönste, kann mir niemand rauben. Mögen auch meine Wunden bleiben, aber ich glaube, ich werde eines Tages über die Klage hinauswachsen. Ich werde zurückschauen und danken, dass ich beschenkt war in einem Maß, das Worte nicht fassen können!

Sabine Naegeli

(3) Gemustert

Dank am Ende des Jahres

Gott, ich danke dir, dass nicht alles nur schwarz und weiß ist. Dass es scheckige Kühe gibt, blassgelbes Hundsgras, bunte Spechte mit einem roten Flecken unterm Schwanz, graublaue Forellen und bräunlich violette Wolfsbeeren. Dass es Gold gibt, das zu allen Farben passt, und pockennarbige Gesichter, nicht nur kurze und lange Schnäbel im Übrigen, denn der Gimpel hat einen dicken und der Wiedehopf einen krummen. Ich danke dir dafür, dass nicht nur die Beständigkeit, sondern auch umgekehrt: die Unbeständigkeit eine Aufgabe ist. Und Dank auch für die, die Fehler machen: Fehler machen und Fehler verzeihen, aber Dank auch für die, die es noch nicht hinbekommen. Nur ich, Gott, will stets das Entweder-oder und bin doch zum Schluss gemustert.

(4) Was schlägt die Uhr?

Gott in Ewigkeit. Was schlägt uns die Uhr heute Nacht? Habe Geduld mit uns. Habe Geduld mit uns, wenn wir an Zeitschwellen einhalten und zwischen Bangigkeit und Übermut nicht recht wissen. Habe Geduld mit uns Sterblichen, die wir für uns selbst so oft nicht haben und es uns selbst so und anderen nicht leicht machen. Gott des Erbarmens, wir bitten dich:

Gemeinde:

Erhöre uns!

Gott in Ewigkeit. Wir zählen die Jahre und was wir in der Zeit zu Wege gebracht haben. Was zählt bei dir? Hab Erbarmen mit uns, wenn wir Bilanz ziehen, die Summe ziehen, verdaten. Hab Nachsicht mit uns, wenn wir die schnellen Rechner lieben. Und stell dich quer, wenn wir nur noch zur Summe rechnen, was Geld bringt, und vergessen, was bei dir zählt. Gott der Gerechtigkeit, wir bitten dich:

Gemeinde:

Erhöre uns!

Gott in Ewigkeit. Was, wenn sich unser Leben nur immer wiederholt? Was wenn sich nichts Neues mehr ergeben sollte, keine Entwicklungen zum Guten, kein überraschender erster Schritt? Nimm uns die Sorge, wir müssten das als das Gesetz des Lebens sehen. Und gib uns die Kraft, in Wiederholungen zu wachsen, sie dort aber, wo sie zur Last werden und Entwicklungen blockieren, getrost durchbrechen und es noch einmal ganz anders versuchen. Gott der Freundlichkeit, wir bitten dich:

Gemeinde:

Erhöre uns!

Gott in Ewigkeit. Du weißt, wie sehr wir uns nach Beständigkeit und Dauer sehnen. Ganze Branchen leben davon. Wir bitten dich: Nimm uns die Sorge um uns selbst, ermutige uns, unsere Zeitlichkeit nicht als etwas Belastendes, sondern als ein besonderes Vermächtnis zu verstehen, für das es einmal Zeit war zu kommen und für das es einmal Zeit sein wird zu gehen. Lass uns dankbar erinnern, was im vergangenen Jahr gelungen, und in Gelassenheit tragen, dass etliches nur halb oder gar nicht gelungen ist. Und dass es dann bald ein neues Anno Domini sein wird: Das lass uns nicht vergessen und ihm getrost entgegengehen. Gott der Treue, wir bitten dich:

Gemeinde:

Erhöre uns!

(5) Erinnert!

Kleines Kerzenritual im Jahresschlussgottesdienst

Im Altarraum werden an einem erzgebirgischen Schwipp-Bogen nacheinander sieben Kerzen angezündet. Mit jeder Kerze wird eine Gruppe von Menschen aus der Gemeinde erinnert. Zwischendurch stimmt die Gemeinde, von der Orgel oder Instrumenten begleitet, in den Taizé-Gesang ein: »Bleib mit deiner Gnade bei uns« (EG 789.9). Unterschiedliche Sprecher(innen) können die Vielfalt der Gemeinde darstellen.

Sprecherin a

Das erste Licht – für die Kinder in unserer Gemeinde. 18 von ihnen wurden im vergangenen Jahr getauft. Sei ihnen gut, guter Gott!

Gesang

Sprecher b

Das zweite Licht – für die Mädchen und Jungen in unserer Gemeinde. 16 von ihnen wurden im vergangenen Frühjahr konfirmiert. Ja, so ihr Versprechen: Wir wollen es mit dir probieren. Sei mit ihnen, Gott der Verlässlichkeit!

Gesang

Sprecher c

Das dritte Licht – für diejenigen in unserer Gemeinde, die einander gefunden, sich einander versprochen und für ihren gemeinsamen Weg in der Ehe Gottes Segen empfangen haben. Bleib ihnen verbunden, Gott der Liebe!

Gesang

Sprecherin d

Das vierte Licht – für die Kranken in unserer Gemeinde. Krankheit verändert, stellt alles auf den Kopf. Warum? Warum gerade ich? Wie wird es weitergehen? Lass von dir spüren, Gott des Trostes!

Gesang

Sprecherin e

Das fünfte Licht – für die Verstorbenen der Gemeinde. Auf dem Friedhof und hier in der Kirche haben wir Abschied von ihnen genommen und mit den Angehörigen gebetet. Halt sie in deinem Frieden, Gott der Zeit und Ewigkeit!

Gesang

Sprecher f

Das sechste Licht – leuchten soll es für die, die wir als Neue aufgenommen haben in deiner Gemeinde. Und leuchten soll es auch für die, die sich aus unserer Gemeinde verabschiedet haben. Komm uns zur Antwort, werd uns zur Frage, Gott der Klarheit und Unterscheidung!

Gesang

Sprecher g

Das siebte und letzte Licht – für dich und für mich und für uns alle soll es leuchten. In unsere Freuden, in unsere Sorgen. In unsere Stärken, in unsere Schwächen. In unser Gelingen, in unser Misslingen. Komm uns, du Licht des Lebens, zu immer neuem Anfang mit dir!

(6) Wanderer

Prolog zu Beginn des neuen Jahres

Wanderer du zwischen Angst und Vertrauen/
mit der Ungewissheit beladen, ob dir Herberge bereitet ist, wenn es Nacht wird/
Immer wieder verlierst du den Gefährten aus den Augen/
Immer wieder wird er dich einholen.

Sabine Naegeli

(7) Offene Tür

Prolog zu Beginn des neuen Jahres

wie ein haus
mit offener tür
möchte ich sein

wie die bitte:
bleib stehen
laß dich auf mich ein

wie eine zusage:
ich nehm mir
zeit für dich

wie eine hoffnung:
wir haben uns
etwas zu sagen

Peter Klever

(8) Nun führe uns

Kyrie und Gloria an Neujahr

Nun führ uns, Gott, ins neue Jahr. Vergib uns unsere Ferne, unser Fehlen und unsere Feigheit in der Zeit, die war. Mit denen, die uns quer kamen, uns kränkten, verletzten, lass uns neu zusammenkommen. Und wenn wir in der Zeit, die kommt, unsere Wege gehen, dann komm uns zum Segen, zum »Weg« und zur »Wahrheit« und zum »Leben«. Erbarme dich!

»Herr, erbarme dich«
(Gemeinde: gesungen oder gesprochen)

Die Liebe des Himmels, die gestern war, und die Güte der Allmacht, die heute ist, die bleiben bei dir und beschützen dich: »Fürchte dich nicht!«

»Ehre sei Gott in der Höhe«
(Gemeinde: gesungen oder gesprochen)

(9) Woher nehmen?

Kyrie und Gloria
zu Beginn des Jahres

Woher die Sicherheit nehmen zu sagen: Ich weiß? Woher die Hoffnung nehmen zu sagen: Es wird? Woher den Mut nehmen zu sagen: Ich bin? Woher die Freiheit nehmen zu sagen: Du? Woher die Liebe nehmen zu sagen: Wir?

»Herr, erbarme dich«
(Gemeinde: gesungen oder gesprochen)

Lass dir an meiner Gnade genügen, so Gott, denn meine Kraft ist in den Schwachen mächtig!
(2. Brief des Apostels Paulus an die Korinther 12.9)

»Ehre sei Gott in der Höhe«
(Gemeinde: gesungen oder gesprochen)

(10) Im Auf und Ab

Tagesgebet zu Neujahr

Gott, im Auf und Ab unserer Zeit, im Wechsel von Nacht und Tag, von Woche zu Woche, von Jahr zu Jahr, vom Schlafen zum Wachen, von Fremdheit und Vertrautheit bist du unser Halt. Im Auf und Ab unserer Zeit, im Wechsel von Hoffnung zu Verzweiflung, von nimmer endendem Alltag zu Träumen von morgen und einer besseren Welt bist du, Gott, unser Grund. Im Auf und Ab unserer Zeit, im Wechsel von Ratlosigkeit zu Einsicht, vom Vergessen zum Erinnern, von ödem Einerlei zur köstlichen Mühe um Wahrheit bist du, Gott, unser Licht. Im Auf und Ab unserer Zeit, im Wechsel von Nachrichten, die sich beklemmend auf unser Herz legen, und solchen, die uns die Welt umarmen lassen, im Lärm der Worte, die unserem Leben kaum mehr Raum lassen, und in den kostbaren, die unser Leben wieder gedeihen lassen, bist du, Gott, das Wort des Lebens. Im Auf und Ab unserer Zeit, Gott, sei gepriesen durch uns!

(11) Kostbar

Tagesgebet zu Beginn des neuen Jahres

Meine Zeit, Gott, steht in deinen Händen. Kostbar ist sie, denn sie kommt von dir, wird von deinen Händen gehalten und wird wovon sie ausgegangen ist wieder zurückgehen. Und so will ich sie nutzen, meine Zeit, sie als kostbares Geschenk in Ehren halten, mich in ihr umtun mit ungeteilter Aufmerksamkeit. Die unnützen Gedanken, ich will sie mir ersparen, die unnützen Worte nicht beachten, mir alles versagen, womit deine Zeit vertan, vergeudet, umgestoßen wird wie ein Eimer altes Wasser. Darauf achten aber, anderen vom Geschenk deiner Zeit zu erzählen, sorgsam darauf achten, ihnen nicht zur Last zu fallen, ihre Zeit nicht zu stehlen und es auch Wäldern und Bergen und Tälern und Fluren nicht anzutun, denn auch sie, Gott, kommen aus deiner Liebe und leben von dem, was du ihnen gibst. So lass mich meine Augenblicke und Stunden aus deinen Händen nehmen und sie hegen und pflegen alle Tage – das Jahr ist groß!

(12) Der frische Zweig

Vor dem Segen an Neujahr

Dem Segen im Neujahrsgottesdienst kann eine Sendung vorangehen. Hierbei wird das Bild von Noah mit dem Olivenzweig entweder an die Altarwand projiziert oder die Feiernden bekommen es kurz zuvor ausgehändigt und nehmen es mit nach Hause.

Der frische Olivenzweig? Zeichen neuen Lebens/
Nach Wochen Wasser wieder Boden unter den Füßen/
Nach Zeiten der Hungers wieder säen und ernten/
Nach Strecken der Angst wieder atmen/
Endlich Licht, endlich Raum/
Das Leben ist groß!
Gepriesen sei Gott!

(13) Wenn ihr nun geht

Segen an Altjahrsabend

Wenn ihr nun geht, aus der Zeit, die war, in die Zeit, die kommt, dann geht ihr nicht allein. Gott geht mit euch – mit der Behutsamkeit seiner Hände, mit dem Lächeln seines Mundes, mit der Wärme seines Herzens, mit der Güte seiner Augen, mit der Klarheit seines Geistes, mit dem Geheimnis seiner Gegenwart. So segne euch Gott: der Vater, der Sohn, die Kraft des Heiligen Geistes!

Epiphanien I

Hausliturgien, Vespern, Gottesdienste

(1)
Warum nicht?

Ökumenische Vesper am Dreikönigstag

Liturgischer Baukasten

- Die Gelegenheit
  - Den 6. Januar als »Dreikönigstag« zu feiern und es mit der katholischen Nachbargemeinde ökumenisch zu tun, ist eine der Feiervarianten geworden und wird gerne gepflegt
  - Ökumenische Vesper
  - Variante: Ökumenische Vesper mehrerer Gemeinden
  - Wo gewünscht, auch am Vormittag (entsprechend modifiziert)
  - Gestaltungsvarianten unter Textabschnitt II und III
  - Im Anschluss: Gemeindeempfang zum neuen Jahr (abgeschlossen mit einem Wegesegen und dem Kanon »Mache dich auf und werde Licht«/EG 545/Badischer Anhang)

- Der Raum
  - Kirchraum (evangelisch oder katholisch)

- Materialien
  - Programmblätter mit Bildmotiv, Eingangspsalm, den Liedern und Hinweisen zum liturgischen Verlauf
  - Wenn Gemeindeempfang: kleines Buffet

- Musik
  - Orgel
  - Wenn möglich: Bläser und/oder Instrumentalensemble

- Beteiligte Personen
  - Liturg(in)
  - Zwei Sprecher(innen)
  - Pantomime

- Sonstiges

Wenn (wie im konkreten Fall) die Gemeinden dabei sind, sich an einem ökumenischen Entwicklungsprojekt zu beteiligen, empfiehlt es sich, die Ankunft der »Sternsinger« zu einem besonderen liturgischen Ort zu machen. Möglich auch: die »Sternsinger« kommen zum Empfang und werden dort begrüßt

Gottesdienst

	Ankommen
	Orgel und/oder Instrumente
	Einstimmung
Sprecher(in)	Prolog
	Sie schauen nach oben. Und warten auf den, der da kommt. Doch von oben kommt er nicht. Sie schauen vergebens. Indessen hinter ihrem Rücken: der da kommen soll, kommt.
Liturg(in)	Votum
	Orgel und Gemeinde
	»Wie schön leuchtet der Morgenstern« (EG 70.1.2.4)
Liturg(in) und Gemeinde im Wechsel	Psalm 72 (EG 738)
	Gesungener Abschluss

»Ehre sei dem Vater und dem Sohn
und dem Heiligen Geist«

Kyrie — Liturg(in)

Gott, himmlisches Licht, heller als Sonne und Mond. Leuchte uns. Dass wir dich finden in der Dunkelheit unseres Herzens, in den Widersprüchen unseres Lebens, in der Hetze unserer Zeit. Gott, Mensch gewordenes Licht. Tritt heraus aus der Verborgenheit und gib es zu erkennen, das Geheimnis deines Wesens. Dass wir dich sehen, die Klarheit und Freundlichkeit, den Trost und die Kraft deines Schalom endlich schmecken und so in Klarheit und Freundlichkeit, Liebe und Kraft, Mut und Verlässlichkeit endlich selbst erkennbar werden. Erbarme dich!

Orgel und Gemeinde

»Kyrie eleison«
(EG 178.9)

Gloria — Liturg(in)

»O welch eine Tiefe des Reichtums, beides, der Weisheit und der Erkenntnis Gottes! Wie unbegreiflich sind seine Gerichte, wie unerforschlich seine Wege!«

Orgel und Gemeinde

»Laudate omnes gentes«
(EG 181.6)

Weite Wege

Lesung — Sprecher(in)

Jesaja 60.1–7.9.11.15

Orgel und/oder Instrumente

Zwischentöne

Die »Sternsinger« kommen zur Eingangstür herein, gehen durch den Mittelgang in den Altarraum und übergeben ihre Gaben, die der weiteren Entwicklung eines ökumenischen Gesundheitsprojekts im Hochland der peruanischen Anden dienen

Sprecher(in)

Dank der Gemeinde/
Dank den »Sternsingern« und Projektverantwortlichen

Die »Sternsinger« verlassen den Altarraum

Orgel und Gemeinde

»Der Wege so viel«
(Aus: tvd-Verlag Düsseldorf)

Liturg(in)

Seltsamer Heiliger

Rabbi Chama war ein frommer Mann und von großer Gelehrsamkeit. In der ersten Hälfte seines Lebens, so die Überlieferung, habe er ungewöhnlich viele und kluge Schriften verfasst. Dann aber sei er vor allem damit beschäftigt gewesen, sein Werk auf das Äußerste zusammenzustreichen. Dabei sei er mit solcher Strenge ans Werk gegangen, dass von der Menge seiner Gedanken und Sätze nur noch ein Quäntchen übrig blieb. Seine Schriften brennen zu sehen, tat seinen Schülern weh. Dem Rabbi selbst aber schien es überhaupt nichts auszumachen. Ganz im Gegenteil: Nie war er fröhlicher, und manchmal habe man ihn sogar tanzen gesehen. Wenig danach sei er gestorben. Groß war sein Vermächtnis nicht. Gerade mal ein Zettel. Und darauf eines nur: »Geheiligt sein Name«. Größeres als Gott zu loben, gibt es nicht!

Kleine Pause

Seltsamer Heiliger ... Aber so sind sie: Gott auf der einen, die Welt auf der anderen Seite, sie selbst (ein bisschen fremd, ein bisschen verloren) dazwischen. Ähnlich die Geschichte, von der der Evangelist Matthäus erzählt.

Sprecher(in)

Lesung mit Pantomime
(Evangelium nach Matthäus 2.1-12)

Anrede

Liturg(in)

Was war es, das sie aufbrechen, weite Wege machen ließ, die paar Männer dort unterm Stern? Einem Ziel entgegen, von dem sie wenig wussten – und alles erhofften. Erstaunlich das Vertrauen, das die Männer in ihr Vorhaben setzen. Über den Weg, den sie gehen, haben sie keine Aufzeichnungen. Sie lassen ihn sich weisen und machen sich auf. Neuland. »Du siehst Dinge und fragst: Warum? Ich aber träume von Dingen, die es nie gegeben hat, und frage: warum nicht?« (Georg Bernard Shaw). Nicht so also ist es, wie wir es lange (allzu lange) für selbstverständlich hielten: dass Christus zu »den Fremden« gebracht wurde. Umgekehrt: Auf die Reise haben sich »die Fremden« gemacht, gewiesen durch Himmelserscheinungen. Wie? Durch Himmelserscheinungen? Darf das denn? Ja, es darf. Gott spricht in vielen Stimmen. Nicht nur in der der »Priester und Schriftgelehrten«.

Kleine Pause

Über das Reisegepäck der Männer lassen sich nur Vermutungen anstellen. Ihr Beruf: hinschauen, hinhören, die Horizonte ausleuchten. Achtsam darüber wachen, was »diese Welt im Innersten zusammenhält«, und den Menschen (und Regenten) entsprechend raten. Doch nicht was sie zusammenhält, drängt sich den Wächtern auf in diesen Tagen. Ganz, ganz anderes – was sich anschickt, längst dabei ist, die Welt zu zerreißen. »Noch nie waren wir so reich wie heute – aber noch nie auch waren wir so habgierig wie heute. Noch nie waren wir so satt wie heute – aber noch nie auch waren wir so unersättlich wie heute. Noch nie waren wir so versichert wie heute – aber noch nie auch so in Angst wie heute ...« (Wilhelm Willms) Schwer zu tragen, alles das. Doch sie packen es ein, ihr Gepäck, und nehmen es mit.

Kleine Pause

Wie lange sie jetzt schon unterwegs waren? So ganz genau wussten sie das nicht. Es kümmerte sie auch gar nicht. Eines nur verwunderte sie: Als sie nach Jerusalem kamen, weit im Westen, war er auf einmal nicht mehr zu sehen, der Stern, der sie führte die ganze Zeit. Wie weg, verglüht. Seltsam, denn – königlicher hätte sie Herodes in seinem Palast gar nicht empfangen können! Nichts, was ihnen der König nicht geboten hätte! Nichts auch, was ihn nicht interessiert hätte: ihre Herkunft – ihre Reise – das vor allem, was sie denn wüssten »über diesen«, diesen unbekannten anderen, den die Leute in ihren Geschichten »König« nannten. Erst als Jerusalems Priester von Bethlehem sprachen und die Fremden nicht länger verweilen wollten, war er auf einmal wieder da, der Stern dort droben am Himmel. Und führte sie. Geradewegs ans Ziel. Nicht in die Residenz der Macht. Nicht in die Festung der Generäle. Nicht aufs Parkett des großen Geldes. *In einen Hinterhof. Zu einem Kind.* Und dort – erkennen sie es wieder, das Licht, das ihnen eben noch den Weg von ganz dort droben gewiesen hatte – erkennen es wieder, wie aus der Sternenbahn gesprungen und die Erde gegen den Himmel tauschend, im Gesicht dieses Kindes. Nur viel, viel schöner noch und tausendmal lebendiger.

Kleine Pause

Vielleicht erinnert ihr euch: Als im großen New York die Türme einstürzten, da waren es die kleinen, ganz persönlichen Gesten, die die Hoffnung nicht ganz haben sterben lassen und die Menschen in ihr Leben zurückfinden ließen. Der Klingelton des Handys, der Zuruf des Feuerwehrmannes, das kalte Wasser irgendwo in der Stadt, mit dem man sich den Staub aus dem Gesicht wischen, in etwa wieder sehen konnte. Die kleinen Gesten. Warum, so die Frage des Dichters, gelingt es dem Kind, mich durch nichts als sein Lächeln zu entwaffnen? Er kann es sich nur so erklären: »Wie ein großer Friede ist das. Ich kann aus meiner Haut, kann es mir leisten. Vor einem Starken fürchte ich mich. Er könnte seine Stärke gegen mich einsetzen. Ich muss auf der Hut sein, mich wappnen. Für die Liebe ein Fiasko. Sie kann sich nicht entfalten. Nicht so hier, im Lächeln des Kindes: da wächst mir etwas zu, das mich abrüsten lässt.« Stellt euch vor, so geht es den weit Gereisten auf – und im Rhythmus des alten John Lennon, seht, beginnen sie sich zu bewegen wie Leute, die es noch gar nicht fassen können: »Imagine there's no countries/Nothing to kill or die for/No religion too/Imagine all the people/Living life in peace ...« (1971) Himmel und Erde: auf immer verbunden. Der Tag, an dem die Köpfe der Menschen endlich zur Vernunft kommen und ihre Herzen sich bekehren werden – der Tag, an dem die Arsenale sich öffnen und die Waffen zu Pflugscharen geschmiedet und Hungernde endlich zu essen haben werden, die Kinder endlich Frieden lernen und keiner den anderen schlägt, weil es ihm am Nötigsten fehlt: Der Tag wird kommen und nichts und niemand auf der Welt wird ihn aufhalten. *Fest des Lebens wird man ihn nennen. Und bleiben, wie es ist, muss dann gar nichts mehr!*

Kleine Pause

Sehr viel mehr als der Rabbi hatten auch die Männer nicht mehr, als sie aufbrachen. Gold und Weihrauch und Myrrhe für ein Leben, das sie erst jetzt so recht zu leben begannen, wo sie beim Kind waren. Und jetzt – auf »alten Wegen« zurück? Undenkbar. Dass das letzte Wort noch überhaupt nicht gesprochen, also alles noch überhaupt nicht ausgemacht und noch voller Verheißung und Hoffnung ist: Sie wollten es auskosten, das Wunder, es tief in sich verankern, sich ganz von ihm durchdringen lassen. Doch dann als *Veränderte verändert auch leben.* Als »Salz der Erde« – vielleicht nur ein *Korn*: aber das Korn, man wird es schmecken. Oder als »Licht der Welt« – vielleicht nur ein *Funke*: aber der Funke, er leuchtet und wärmt. Oder als »Stadt auf dem Berge« – vielleicht nur als Hütte: aber die Hütte, sie lacht aus den Fenstern und lädt zum Verweilen!

Orgel und/oder Instrumente

Zwischentöne

Sucht ihn

Fürbitten

Liturg(in)

Gib, dass wir das können, Gott: deinen Namen aussprechen, ihm Stimme geben im Getöse der Welt. Gib, dass wir das können: ihn ausrufen über denen, die leiden, endlich aufhören damit, im Leiden dieser Welt nur Zuschauer zu sein, beginnen stattdessen, vor Ort zu sein, wo Menschen nicht weiterwissen. Vor Ort wie du. Anfangen endlich, den Kummer und den Schmerz und die Angst und die Tränen zu teilen. Erkennbar werden so – als Menschen: in der Kraft deiner Liebe, im Licht deiner Hoffnung, in der Schönheit deines Friedens. Gib, dass wir das werden, Kind geborener Gott!

Stille

Vater Unser

Liturg(in)

Sendung

»Fürchtet euch nicht!« Sagt es leise weiter. Allen, die sich fürchten. Sucht ihn. Aber nicht in den Sternen. Und auch in den Palästen und Schaufenstern nicht. Sucht ihn auf Augenhöhe: im Augenblick, im Nächsten und Naheliegenden. Wo ihr Angst habt, traurig seid, euch alles zu viel ist: Dort sucht ihn – ihr werdet ihn finden!

Orgel, Instrumente und Gemeinde

»Gib mir deine Hand«
(Aus: tvd-Verlag Düsseldorf)

Liturg(in)

Segen

Die Orgel und/oder die Instrumente begleiten hinaus.

(2)
Leben die Fülle
(Evangelium nach Johannes 1.17)
Vesper an Epiphanias

Liturgischer Bauplan

Die Gelegenheit

- Nicht »Dreikönigstag«, sondern Tag der »Erscheinung des Herrn«
- Was geschehen ist, Gott, lass geschehen sein
- Mach sie durchlässig, Gott, deine Welt: durchlässig für dich
- Vesper am frühen Abend
- Liturgischer Dreiklang: Lied – Verheißung – Gebet
- Liturgische Varianten in Textabschnitt II und III

Der Raum

- Die Gemeinde ist nicht groß an diesem Abend
- Es empfiehlt sich, im Altarraum zu feiern (Halbkreis um den Altar)
- Kerzen bestimmen das Licht
- Die elektrischen Lichter so reduziert wie möglich
- Wenn möglich: ostkirchliche Taufikone (vor dem Altar oder als Bild an der Wand)

Musik

- Kleinorgel oder Keyboard
- Wenn möglich: Instrumentalensemble (Gitarre, Querflöte oder Klarinette)

Gruß und Votum

Epiphanie, Erscheinung Jesu Christi, uraltes Fest der Christenheit. Und wir, liebe Gäste, versammelt zur Vesper. Seid herzlich gegrüßt. Was wir auch tun, ob wir sprechen oder singen oder beten oder unseren Gedanken nachgehen, es geschehe im Namen Gottes – des Vaters, des Sohnes, der Kraft des Heiligen Geistes.

Psalm im Wechsel

(Psalm 100.1-5)

Liturg(in) Jubelt dem Herrn zu, alle Lande!

Gemeinde Dienet dem Herrn mit Freude! Kommt vor sein Angesicht mit Frohlocken!

Liturg(in) Erkennt, dass der Herr allein Gott ist!
Er hat uns geschaffen, wie wir sind, sein Volk, die Schafherde seiner Weide!

Gemeinde Kommt durch seine Tore mit Dank, in seine Vorhöfe mit Lobgesang!
Dankt ihm, ehrt seinen Namen!

Liturg(in) Denn gut ist der Herr, ewig währt seine Huld und seine Treue von Geschlecht zu Geschlecht!

Gemeinde mit Orgel

»Ubi caritas«
(EG 608/Badischer Anhang)

Tagesgebet

Mein Glaube, Barmherziger, ist nur ein brüchiger Steg über Tiefen. Schon der nächste Windstoß kann ihn mit sich fortreißen. Vertrauen? Ein Wort meiner Muttersprache ist das nicht. Noch heute reibe ich mir die Hände daran wund, und was ich eben noch will, gebe ich schon bald wieder auf. Du aber, Gott, baust mir Brücken. Mit dir gewinne ich Boden unter den Füßen. Und mein Misstrauen verwandelt sich in mutiges Beginnen. Mein Unvermögen? Es hindert mich nicht mehr. Ich lebe aus dir. Und dafür danke ich dir.

Ansprache

Für viele, die allermeisten wohl ist der sechste Januar der »Tag der heiligen drei Könige«. Und damit ist Weihnachten, so könnte man meinen, so recht abgeschlossen. Dabei vergessen wir, dass für Millionen von Christen im östlichen Teil dieser Welt das Fest der Christgeburt heute überhaupt erst beginnt. Und das in besonderer Weise. Nicht so sehr so, dass da einige »Durchlaucht und Hochwohlgeboren« von weit aus dem Orient kamen, Wüsten und Steppen hinter sich ließen, um sich nach dem neugeborenen Stern zu erkundigen, von dem sie gehört hatten. Nein, das ökumenische Erbe der östlichen Christen an uns westliche ist etwas weit Älteres und Ursprünglicheres. Johannes der Täufer sei es gewesen, der eines Tages einen getauft habe, über dem sich der Himmel aufgetan habe mit der Kunde, nein, zu Ende sei es mit der Welt noch nicht, denn Gott habe sich aufgemacht, Gott selbst: »in seinem Eigentum Wohnung zu machen« – Mensch zu werden, nicht irgendein Mensch, sondern so, wie Gott ihn gedacht hatte, damals, als er daran ging, die große und die kleine Welt zu schaffen: aufs Engste mit ihm verbunden, »voller Gnade und Wahrheit«, darauf aus, der Verkehrtheit und Gnadenlosigkeit dieses verirrten, verwirrten, geschundenen Lebens ein Ende zu bereiten und die Tränen der Traurigen in das Lachen der Erlösten zu verwandeln. Johannes so in seinem Evangelium.

Kleine Pause

Was haben wir uns in den vergangenen Tagen nicht alles gewünscht. Freude, Frieden, Glück und Erfolg – und Gesundheit natürlich. Herzenswünsche. Zeichen unserer Aufmerksamkeit. Sollst wissen, so ihr Signal, dass du dich auf mich verlassen kannst! Nur aber – wie lange? Nun ja – eine Zeit lang. Aber kaum ist es das eine, da ist schon bald auch das andere, dem wir uns zuwenden – gerade so, als käme es dort, wo wir nicht sind, vor allem auf uns an und dort, wo wir sind, gerade nicht. Seltsame Konfusionen, die wir uns leisten. Da wäre es manchmal, denke ich dann, gar nicht schlecht, es käme uns einer mit Wünschen, die ins Klischée so ganz und gar nicht passen. Mit dem Wunsch etwa nach »Wüstenzeiten« – nach Phasen des Rückwärts, der Gegenläufigkeit, des Langsamer und Einfacher. Nach Zeitstrecken also, in denen sich ankündigt: Da geht es nicht einfach nur immer so weiter, nein, da ist etwas an sein Ende gekommen und so, wie es war, wird es morgen nicht mehr sein – fällt euch etwas ein dazu oder soll es das für den Rest eurer Tage gewesen sein!? Der so tat, war Johannes der Täufer. In den Weg hat er sich ihnen gestellt. Runter vom Ross, wenn du weiter willst! Und wenn du es schnell magst, dann nimm den Umweg! Zu den Kantenlosen gehörte er nicht. Und allzu viele Freunde wird er nicht gehabt haben. Aber – so ist das mit der Wahrheit: »Schwarzbrot«, nicht Fast Food, du musst sie kauen, für den schnellen Verzehr ungeeignet!

Kleine Pause

Ein Fluss, so heißt es in einer alten Geschichte, hatte eine Wüste zu überqueren. Er würde sie nicht umgehen können und fand doch keine Stelle, durch sie hindurchzukommen. Und seine Angst, irgendwann auszutrocknen im unendlichen Sand: von Tag zu Tag wurde sie größer. Da hörte er eine Stimme, die ihm riet, sich dem Wüstenwind anzuvertrauen. Der könne ihn an einen Ort tragen, ohne dass es der Wüste möglich sei, ihm Schaden zuzufügen. Doch der Fluss – er traute sich nicht. »Dich zu verlieren fürchtest du ...?«, hörte er die Stimme fragen. »Nun ja, mag sein. Aber ans Ziel kommen wirst du so nicht. Dass du ein anderer wirst, der Wind dich aufsaugt, dich fortträgt wer weiß wohin und du im Regen weit fort von hier wieder zur Erde fällst – so ist das Leben, du wirst es dir gefallen lassen müssen!« Es dauerte lange, länger, noch viel länger. Doch eines Tages war es so weit: er ließ sich forttragen, weiter und weiter – und kam an.

Kleine Pause

Wüstenzeiten, in denen alles versandet – sie gehören zu meinem Leben. Zeiten der Beklemmung, des Zweifels, der Ratlosigkeit. Perioden der Überforderung und Hoffnungslosigkeit. Doch treffen sie mich nicht blind, ich bin mir da ganz sicher, sondern dazu, den Rhythmus meines Lebens neu zu beleben. Nach neuen Takten ihn auszurichten nach neuen Takten – anderen als denen, die es schon immer waren, mir einen Weg nach drüben aber, durch die Wüste hindurch, nicht weisen können. »Mach mich gesund, mach mich gesund, du kannst es doch, du kannst es doch«, so die Menschen immer wieder, wenn sie auf Jesus trafen. Der aber, noch bevor er sich daranmachte, das ihm Mögliche zu tun, fragte sie erst (mehr nur als einmal), ob sie es denn wirklich so meinen – denn Menschen zu heilen und sie nur einfach so zu lassen, wie sie sind, dazu sei er nicht geschickt!

Kleine Pause

Die Tür ist auf! Kehrt um von euren alten Wegen! Da ist einer, dem daran liegt, dass ihr gesund werdet! Vom Rand der Wüste aus (nicht zu überhören) ruft es uns der Täufer über die Jahrhunderte hinweg zu. Zögert nicht – Leben »aus Gnade und Wahrheit« erwartet euch: Leben die Fülle. Und wie sich das anfühlt, schon bald würden sie es erfahren: mit dem Himmel, der sich aufgetan habe über der Taufe am Jordan, und der Stimme, die zu hören war, würden der Verlogenheit und Gnadenlosigkeit des Herodes und aller der anderen, die die Gnade und die Wahrheit mit den Füßen treten, schon bald ein Ende gesetzt werden: »Seht, das ist mein geliebter Sohn, an dem ich Wohlgefallen habe!« Nicht aus sich selbst würde er es haben, der da kommt mit Wundern und Zeichen, sondern was er auch tut: aus dem Vorrat dessen würde er es nehmen, der von Urzeiten an nichts als die Liebe ist und keinen Zweifel daran aufkommen lässt, in Liebe einmal »alles in allem« (1. Brief des Apostels Paulus an die Korinther 15) zu sein, es mag sich der Tod und seine Helfershelfer dagegen stellen, wie er will, es werde ihm nichts nützen.

Kleine Pause

Da also ist er wieder, der Fluss, der lebt, weil er sich traut und tragen lässt. Auch Johannes ließ sich tragen: von der Hoffnung auf den, der nach ihm komme und »er es nicht wert sei, dessen Schuhriemen zu lösen« (Evangelium nach Johannes 1.27). Auch der ließ sich tragen: von der Kraft dessen, den er »Vater« nannte. Und auch ich darf mich tragen lassen – und muss mich keine Sekunde darum kümmern, ob es denn der, der mich trägt, auch wirklich so meint und stark genug ist, es so meinen zu können. Er ist es. »Siehe, ich bin bei euch – bis an der Welt Ende!« (Evangelium nach Matthäus 28.28).

Kleine Pause

So es mir gesagt sein lassen soll ich aber dann auch – mir selbst zuliebe, aber auch denen, die mit mir leben und auf Zeichen meines Gnaden- und Wahrheitslebens warten. Wenn sie frei sind, die Quellen, die mich nähren, dann kann das gelingen. Wo sie es nicht sind, dort nicht. Im Kalender neulich fand ich eine kleine Geschichte: »In der Nähe des alten Bauernhaues stand ein alter Brunnen. Sein Wasser war köstlich, seit Langem reichlich vorhanden. Eines Tages wurde alles modernisiert. Neue Mauern, neues Dach, neue Wasserleitung. Es schien an der Zeit. Den Brunnen brauchte man nicht mehr. Und bald schon war er vergessen. Jahre später erinnerte man sich. Und einer wollte es wissen: den Brunnen sehen. Doch das Wasser war nicht mehr. Warum, wollte er wissen. Bis er es fand, vergingen Monate. Der Brunnen wurde von Hunderten kleinster Bäche gespeist. Die aber kamen von weither. Solange Wasser entnommen wurde, floss etwas nach. Und die winzigen Gänge blieben rein und frei. Doch als man es ließ, versiegten auch die Bäche – und von dem, was war, blieb nichts mehr übrig ...«

(3)
Mach die Luke auf!
(Erstes Buch Mose 8,1-12)
Gottesdienst mit Abendmahl an Epiphanias

Liturgischer Baukasten

- Die Gelegenheit
  - Der gemeinsame Tisch hat zu Epiphanias oder den Sonntagen danach ihren guten Grund. Als Ort des Dankens, des Atemholens und geklärten Neubeginns. Fast wäre nichts mehr übrig geblieben, aber schau, mach die Luke auf, dort vorn: der Regenbogen
  - Gesamtgottesdienst am Vormittag
  - Liturgische Bausteine in Textabschnitt II und III
  - In kleiner Form auch als Hausliturgie (Gemeinde- oder Projektgruppe) oder für unterwegs (Familien- oder Seniorengruppe) geeignet

- Der Raum
  - Kirchraum, Gottesdienstraum
  - Wo es möglich ist, hat der Altar die Funktion des Tisches
  - Wo nicht, empfiehlt es sich, den Tisch im Altarraum zu bereiten

- Materialien
  - Eucharistischer Tisch (festlich geschmückt)
  - An der Altarwand: Noah und die Taube (z.B. Walter Habdank »Bilder der Hoffnung«, Kösel Verlag München)

- Musik
  - Orgel
  - Wenn möglich: Instrumente (Klarinette oder Querflöte, Gitarre, Drums)

- Beteiligte Personen
  - In der vorliegenden Form vollzog sich die Ansprache im Dialog zwischen Liturg(in) und Sprecher(in). Zwei andere Sprecher(innen) waren an der Liturgie beteiligt (Prolog, Lesung, Gebet). Das geht natürlich auch anders

Ansprache

Liturg(in)

Die Geschichte von Noah – der großen Flut und dem gerade noch rechtzeitig gezimmerten Kasten, in dem die Wenigen, die übrig geblieben waren, Zuflucht fanden, von jeder Sorte zwei – und der Luke dann, die aufging, wochenlang verschlossen, Mensch und Tier auf engstem Raum, der Angst und ihrem Schicksal überlassen, doch jetzt auf einmal: freier Blick für den Käpt'n und den ersten freien Flügelschlag der Taube. Urgestein biblischer Erzählkunst. Ich mag es. Mich einlassen auf die Bilder, mich mit ihnen nach hier und nach dort bewegen und das auch, mich rütteln und schütteln zu lassen von ihnen und am Ende nicht mehr recht wissen wohin, ich liebe es. Botschaften wollen sie mir übermitteln. Botschaften, die es in sich haben. Und eigentlich ist (m)ein Problem mit ihnen nur das, dass ich den Ausgang der Geschichten mitunter schon kenne. Der Orkan, so weiß ich, legt sich. Und die Wassermassen fließen ab. Und der Vogel bleibt, kommt nicht mehr zurück. Und das Schiff setzt an Land. Und Noah baut einen Altar. Und Gott schließt mit den Überlebenden einen »ewigen Bund«. Und am Horizont der Regenbogen!

Kleine Pause

Sprecher(in)

Na also, wusste ich's doch: eine Krise nur, nichts Besonderes. Ziemlich ärgerlich und ziemlich unnötig auch. Aber irgendwann wird die Störung zu Ende sein, die Dinge in die Reihe kommen: lieb' Vaterland, magst ruhig sein!

Kleine Pause

Liturg(in)

Gottes erbittertes Ringen mit dem Menschen, die aufs Äußerste gesteigerte Dramatik dieser Szene – wer sieht sie eigentlich noch? Längst haben wir uns angewöhnt, von Gott nur das zu meinen, wie es uns passt – ihn nah an uns heran zu holen und fest in unsere Arme zu nehmen, um ihn ja nicht entweichen, auf- und davonfahren zu lassen in Räume, die den meinen entzogen sind, und mich mit Fragen zu konfrontieren, vor denen ich so gerne verschont bliebe. Spüren wir ihn noch, den Kampf, den Gott hier mit Noah und Noah mit Gott austrägt. Es ist ein Kampf ums Ganze. In Sprache gebracht, meisterhaft, von Carl Améry einmal. Über zwanzig Jahre ist es her, ich erinnere mich:

Kleine Pause

Sprecher(in)

»Was rufst du mich, Törichter? Ich helfe dir nicht. Du hast dir selbst geholfen. Erwählt, geprüft, verbündet mit der Allmacht, wie du sie verstehst, hast du dich daran gemacht, aus deiner winzigen Weltecke heraus die Welt zu erobern. Hast die Zeichen deiner Siege, unübersehbar, in die Flanken der Berge, in den Schoß der Erde, auf die Linien des Wassers und hoch in die Sterne geschrieben. Und nun, da du mit deiner Siegesfahne auf den Leichen stehst, da du dich einsam fühlst, Angst hast vor den Geistern, die du geweckt hast, kommst du und willst von mir die alten Verheißungen zurück! Warum forderst du? Fordere ich von dir? Meine Blauwale, Laufvögel, Schmetterlinge, meine Bäume, Büsche, Blumen, ich fordere sie nicht zurück. Auch meine Flüsse nicht und Seen und Gräser und Käfer. Nicht mal meine Völker, die Huronen und Tasmanier, die Pruzzen und Indianer. Auch meine geliebten Diener nicht, die frommen – in meinem Namen habt ihr sie auf die Scheiterhaufen gebracht und verbrannt. Alle gehören sie dir – du stehst auf ihnen, hast sie unter deine Füße gebracht, gratuliere, ganze Arbeit. Hast mich angeschrien: Lass mich, geh fort – solange du da bist, bin ich nicht frei! Also ging ich – gab dir, was du wolltest, hab mich zurückgezogen, das Feld dir überlassen. Was also schreist du? Hab ich dir nicht alles übergeben, die Sorge auch um dich selbst? Aber was hast du daraus gemacht? Nein, ein Untertan bist du keiner mehr – doch ein Tyrann bist du den Deinen geworden, ein Pfähler und Ausbeuter, brauchst ihre Qualen, um dich an deiner Macht zu erfreuen. Solange du gefressen wurdest, hieltest du die Welt für unerträglich. Aber nun frisst du selbst, unersättlicher, unerbittlicher als je einer sonst, schreist mir entgegen, nicht für die Vögel sei der Himmel und für die Abkömmlinge der Schimpansen sei in der Weltgeschichte kein Platz. Ich aber sage dir – kein Himmel, der nicht zuerst für die Vögel da ist, und was du dem Geringsten meiner Schimpansen antust, das tust du, nein, nicht ihnen und auch nicht mir, sondern im Letzten dir selber an. Wenn du nicht wirst wie eines dieser Kleinen, wird das Fest des Lebens ohne dich gefeiert. Wie? Das neue Jerusalem? Die Tore aus Zeder, die Türme aus Edelstein? Wo sie sind? Was fragst du, Rasender? Frag dich selbst und rechne: zwei mal zwei ist vier. Prachtbauten hast du dir errichtet: mit meinen Wäldern. Und die Steine, mit der ich sie schmückte, die Stadt, in der ich gewohnt hätte so gerne mit dir: zu Geld hast du sie gemacht.

Nein, ich fordere sie nicht zurück. Doch schau und lass dich nicht beirren: zwei mal zwei ist vier. *Soll ich, der Abwesende, Wunder wirken, die du dem Anwesenden nicht glaubst?«*

Kleine Pause

Liturg(in)

Mit wem genau Gott die Auseinandersetzung führte, keiner weiß es. Noah jedenfalls hatte Zeit in diesen Wochen, über alles gründlich nachzudenken. Mit den Tieren, den kleinen und großen, den eleganten und ziemlich gewöhnlichen, den intelligenten und gerade mal durchschnittlichen, mit denen es das Leben nur gemeinsam geben konnte – er lebte mit ihnen, dicht an dicht. Es so zu tun, so seine Entdeckung damals, ist nicht mit Gold aufzuwiegen! Gnadenlosigkeit, dort wohl hat sie es besonders leicht, wo sich Menschen aus den Augen verlieren und es ablehnen, nacheinander zu fragen. Wir erleben es jeden Tag und tun doch nichts anderes. Wir machen uns Bilder voneinander und kommen überhaupt nicht auf die Idee, dass zwischen dem, was wir uns ausmalen, und dem, was ist, ein himmelweiter Unterschied besteht. Wir lassen dem anderen überhaupt keine Chance, sich zu zeigen, wie er ist, weil es uns überhaupt nicht interessiert, wie er ist. Hauptsache: ich habe ihn »im Kasten«. Noah hat seine »Gnadenfrist« im Überlebenskahn genutzt. Mensch und Tier: sie helfen einander. Die Taube? Sie schafft es nicht mit ihrem Flügelschlag, die Luke ist fest: sie braucht einen, der sie ihr öffnet, sie fliegen lässt. flieg, sie auffliege ihr hilft. Und Noah? Er sieht nur das Wasser, immer nur Wasser, seit Wochen schon, die »Dinge dahinter«, er kommt nicht hin, braucht wen, der sie ihm zeigt, in ihm aufgehen lässt aus so und so vielen Chaostagen und Katastrophenerfahrungen: du, da ist noch was, Leben in Sicht, schau her, der Ölzweig. Die Taube und Noah – sie brauchen einander.

Kleine Pause

Sprecher(in)

Was ist *meine Taube*, die ich fliegen lasse? Darf sie denn überhaupt – oder gehöre ich zu denen, die die Luke ihres Lebens lieber geschlossen halten? Erich Fried fällt mir ein: »Dich dich sein lassen, ganz dich. Begreifen, dass du nur bist, wenn du alles bist, das Zarte und das Wilde, das Gestern und Heute, was sich anschmiegt und was sich losreißt. Wer nur die Hälfte liebt, liebt gar nicht. Der schneidet zurecht und verstümmelt ...« Dich dich sein lassen, ganz dich. Was hindert mich?

Kleine Pause

Und auch daran denke ich, wie schwer es uns fällt in unseren Gemeinden, Schulen, Büros – Dem Vogel, der fliegen will, mit der Hoffnung zu begegnen: doch, du kannst es, du brauchst mich nicht als Gouvernante. Klar wird mir dann: die Geschichte des Noah nur einfach erzählen, das reicht nicht. Das ist es: Noah an mir selbst geschehen zu lassen. Endlich wahr sein zu lassen und gut, dass ich das, was ich bin, nur deswegen bin, weil ich es nicht für mich alleine bin, sondern andere, vielleicht wenige nur, vielleicht viele mit mir. Und auch das: was ich habe, nicht einfach festhalte, eifersüchtig vergrabe, sondern es einsetzen, freigeben, mit anderen teilen muss, wenn etwas dabei herauskommen soll!

Kleine Pause

Liturg(in)

Als Jesus von Johannes getauft wurde, so die Evangelien in großer Übereinstimmung, da habe sich »der Himmel aufgetan und der Geist sei wie eine Taube herabgekommen ...«. Für einen Zufall halte ich das nicht. Für Jesus nämlich war ausgemacht (bis hoch ans Kreuz und noch ein Stückchen weiter): *Ich habe mein Leben nicht aus mir, nicht einen Atemzug lang, ich habe es aus anderem Leben und mit dem Leben anderer zusammen – und lebe, wenn ich lebe, in dieses Geheimnis nur immer weiter hinein ...* Die Geschichten sind voll davon: Auf Jesu Schiff war sie auf, die Luke, wie es weiter nicht ging. Und davon profitiert haben Menschen, die damit nie gerechnet haben und nach der Lesart anderer (und längst auch der eigenen) gar nicht »dran« gewesen wären. Fragt den Zachäus oder die Frau auch vor dem Tempelplatz – die können euch ein Lied davon singen!

Kleine Pause

Auch zu mir will es rüber, das Schiff mit der Luke. Zu euch auch, zu jedem von uns. Uns mitnehmen will es – auf große Fahrt. Denn noch ist Gottes großer Traum nicht ausgeträumt. Die Verheißung gilt: »Die Gerechtigkeit und der Frieden werden sich eines Tages in den Armen liegen« (Psalm 85.11) und was zerstückelt ist, wird zu einem Neuen und Ganzen gefügt. Das Leben hat seine Zukunft noch vor sich! Die Frage ist, ob es mit mir rechnen kann und – ich sie fasse, die Hand, die Gott mir entgegenhält.

Am Tisch

Liturg(in)

Wenn Christen den Tisch bereiten, dann tun sie es in Erinnerung an den, den sie die »Sonne der Gerechtigkeit« nennen. Jesus von Nazareth. Nicht zu richten: zu heilen und aufzurichten sei er gekommen. Die Würde des einfachen Lebens, die Schönheit unbezwingbarer Hoffnung: an nichts war ihm mehr gelegen. Seine Freiheit: nicht einzugrenzen, geradezu ansteckend. Blinden gingen die Augen auf. Gedemütigte begannen, Gott ihren Vater zu nennen. Keiner sollte umsonst gelebt haben, keiner vergebens gerufen sein, noch der Letzte heimkehren als Sohn. Jesus Christus? Mensch für andere. Mensch wie Brot. Unwiderstehlich.

Hymnus

»Unser Leben sei ein Fest«
(In: Menschenskinderlieder, Frankfurt 1993)

Die Orgel oder Instrumente spielen in die Melodie hinein. Während die Feiernden singen, wird der Tisch in die Mitte des Altarraumes gerückt und mit Gegenständen aus der verschlossenen Kiste festlich geschmückt: Tischtuch aus Bolivien, Terracotta-Krüge, Terracotta-Becher, ein mehrarmiger Kerzenleuchter, zwei Öllämpchen, eine alte Schriftrolle, eine russisch-orthodoxe Ikone (Jesu Überwindung der Hölle). Zum Schluss werden selbst gebackene Fladenbrote aufgetragen, die beiden Krüge mit Wein gefüllt und der gastliche Tisch mit Wiesenblumen geschmückt. Hier wird ein Fest gefeiert!

Einsetzung

Liturg(in)

In der Nacht vor seinem Tod saß Jesus mit denen zusammen, die ihm am nächsten waren. Frauen und Männer. Jüngerinnen und Jünger. Sie feierten Passah: das Fest der Befreiung. Jesus spürte, dass es mit seinem Ende nicht mehr lange hin sein würde. Als der davon sprach, wollten die Freunde nichts davon wissen. Manche ärgerten sich. Andere überkam Angst und tiefe Traurigkeit. Da nahm Jesus das *Brot*, dankte, brach es in Stücke und sprach: Mein Leben, Freunde, ist wie dieses Brot. Stärkung und Abschied. Gebt euch davon und lasst nicht nach, es euch dann zu geben, wenn ich nicht mehr unter euch bin. Dann nahm er den *Kelch* mit dem Wein, dankte noch einmal, reichte ihn im Kreis und sprach: Und nehmt auch davon. Der Wein, den ihr trinkt, ist das Zeichen des neuen Bundes. Nichts soll uns trennen: nicht im Leben, nicht im Tod. Denkt daran und lebt danach!

Anamnese

Im Gedenken, Gott, an IHN, der im Geschrei und in der Sprachlosigkeit dieser Welt deine Stimme verkörperte, für sie eintrat mit seinem ganzen Leben bis zuletzt, wollen wir uns als deine Zeuginnen und Zeugen erweisen – verlässlich, couragiert, gegründet wie ER in dir, Urgrund der Liebe!

Vater Unser

Gemeinsam gesprochen

Zeichen des Friedens

Liturg(in)

Frieden, Schalom! Gebt Zeichen! Schaut um euch! Geht Schritte! Wartet nicht! Fangt an! Mit einem kleinen ersten Schritt – einer Geste – einem Blick – einem Wort!

Gabenteilung

In Gruppen von 12–15 Personen versammeln sich die Feiernden am Tisch im Altarraum, teilen Brot und Trauben. Die Orgel oder die Instrumente spielen die Melodie des Liedes »Wenn wir das Leben teilen wie das täglich' Brot« (In: Gemeinsam unterwegs, Stuttgart 2003) ein. Die Feiernden nehmen die Melodie auf und singen die Strophen.

Brot/Wunder aus Erde, Wasser und Sonne/
Bewahrer des Lebens, Stärker der Geduld,
der Widerstandskraft/
Gut, dich zu teilen.

	Wein/Wunder aus Sonne, Wasser und Erde/ Künder der Freude, Kräftiger der Hoffnung, Feuer in Geist und Sinn/ Gut, dich zu teilen.
	Fürbitten
Sprecher(in)	Gott, ich will das nicht, dass meine Taten meine Gebete Lügen strafen. So lass nicht zu, dass ich so tue, als gingen sie mich nichts an, die Menschen, die fremd sind in dieser Stadt, im Stadtteil, im gleichen Haus oder ein paar Straßen weiter. Gib mir zu begreifen, dass es gut ist, sich zu erkundigen, Fremdheit zu überwinden, den anderen ankommen zu lassen, ihm Anteil geben.
Alle	»Mach mich wahrhaftig, Gott!«
Sprecher(in)	Gott, ich vergesse so schnell. Erinnere mich an Menschen, die ihre Heimat verloren haben: sie verlassen, emigrieren, fliehen mussten. An diejenigen auch, die Fremde durch uns geworden sind und es täglich werden: durch Unkenntnis ins Abseits geraten, durch Unachtsamkeit durch die Maschen fallen, durch eine Moral, die immer nur am eigenen kleinen Ich interessiert ist, auf der Strecke bleiben.
Alle	»Mach mich wahrhaftig, Gott!«
Sprecher(in)	An die Gefangenen, Verjagten, spurlos Verschwundenen erinnere mich, Gott. An die Geächteten und Geschundenen in dieser Welt! An die politisch Verfolgten, religiös Diffamierten, weltanschaulich, künstlerisch Geächteten.
Alle	»Mach mich wahrhaftig, Gott!«
Sprecher(in)	An die Hungernden, Gott, erinnere mich. An die auch erinnere mich, die in ihrem Leben nur immer Gewalt und Krieg erlebt haben und sich Frieden schon gar nicht mehr vorstellen können.
Alle	»Mach mich wahrhaftig, Gott!«
Sprecher(in)	An die Völker, Gott, erinnere mich, ausgeliefert den Interessen fremder Mächte. Lass nicht ab davon, bekannt zu machen, überall auf deiner Welt, dass du es bist, der uns im

Anderen begegnet und spricht: »Wie ihr es den Schwestern und Brüder tut, so tut ihr es mir!«

»Mach mich wahrhaftig, Gott!« Alle

Die Orgel oder die Instrumente warten eine Weile und spielen dann in die Melodie des nächsten (noch nicht so bekannten) Liedes ein. Die Feiernden nehmen auf:

Orgel und/oder Instrumente und Gemeinde

»Gib der Hoffnung ein Gesicht«
(Hans-Jürgen Netz/Holger Clausen in: tvd-Verlag Düsseldorf)

Schluss-Segen

Liturg(in)

Gott umhülle euch, dass euch Luft zum Atmen bleibt, dass euch Feuer zum Wärmen bleibt, dass euch Wasser zum Trinken bleibt, dass euch die Erde zum Leben bleibt. Der Segen des Vaters, des Sohnes, der heiligen Kraft des Geistes sei mit euch und lasse euch selbst zum Segen werden!

Amen Gemeinde

Die Instrumente spielen nach draußen.

Epiphanien II

Zugänge, Meditationen, Predigten

(1) Der 6. Januar

Kleine Kulturgeschichte

Neben Weihnachten ist Epiphanias das zweite Geburtsfest Christi, vermutlich das ältere. Sein Ursprung liegt in Ägypten, wo man in der Nacht vom fünften auf den sechsten Januar die Geburt des Sonnengottes Aion aus der Jungfrau Kore feierte. Dem folgte am Tage der Gang zum Nil, aus dem man heilbringendes Wasser schöpfte. Sonnen- und Nilkult gingen so eine Verbindung miteinander ein. Vermutlich knüpfte die christlich-gnostische Sekte der Basilidianer im 3. Jahrhundert an diesen Brauch an. Sie feierte am 6. (oder 10.) Januar mit einem nächtlichen Gottesdienst die Taufe Jesu im Jordan, die sie als die eigentliche Zeugung und Geburt des Gottessohnes verstand. Die Kirche in Ägypten übernahm dann zu Beginn des 4. Jahrhunderts das Mysterienfest der Basilidianer bzw. setzte ihm ein eigenes entgegen. In der zweiten Hälfte des 4. Jahrhunderts breitete sich das Fest zunächst in den Kirchen des Ostens aus und gelangte über Spanien, Gallien, Norditalien auch nach Rom, wo es dem hier bereits heimisch gewordenen Weihnachtsfest zur Seite trat. Zunächst hat der Tag Jesu Taufe und seine Geburt zum Inhalt. Hinzu tritt das Motiv der Hochzeit zu Kana, auf der sich durch die Verwandlung von Wasser in Wein Jesu Vollmacht erweist (Evangelium nach Johannes 2.1-12). Der Gedanke der »Erscheinung des Herrn« meint also nicht ausschließlich das Ereignis der Geburt, sondern bezieht andere Manifestationen der Gottessohnschaft Jesu mit ein. Im Westen, wo das Motiv der Geburt Jesu mit dem Weihnachtsfest am 25. Dezember verbunden wurde, ordnete man dem 6. Januar die Anbetung der Weisen, die Taufe Jesu und die Hochzeit zu Kana zu. In Spanien und Norditalien traten Jesu Speisungswunder hinzu, in Rom wurde der Motivkreis schließlich in eine Folge gebracht: am 6. Januar stand die Anbetung der Weisen im Mittelpunkt, am 13. Januar (Epiphanie-Oktav) Jesu Taufe, am Sonntag darauf die Hochzeit zu Kana. Epiphanie wird hier (wie im Westen überhaupt) mehr und mehr zum Tag der »Heiligen Drei Könige« und gewinnt den Charakter eines Heiligenfestes. Im Osten zeichnet sich eine andere Entwicklung ab. Nachdem das Motiv der Geburt nach und nach auf das Weihnachtsfest am 25. Dezember überging, wurde der 6. Januar ganz vom Motiv der Taufe Jesu bestimmt. Epiphanie wird in den Gemeinden zum großen Fest der Taufe, auf das man sich mit einer vierzigtägigen Fastenzeit vorbereitet, die bereits am 11. November beginnt. Die Ausdehnung auf fast acht Wochen erklärt sich aus der Tatsache, dass an den Samstagen und Sonntagen das Fasten unterbrochen wird. (Zusätzlich bezeugt ist ein vierzigtägiges Fasten im Anschluss an Epiphanie zum Gedächtnis des Fastens Jesu nach seiner Taufe.) Die evangelische Kirche begeht mit den Sonntagen nach Epiphanias eine eigene Epiphanienzeit. Der letzte Sonntag nach Epiphanias steht im Zeichen der Verklärung Jesu (Evangelium nach Matthäus 17.1-19) und hat sein liturgisches Proprium.

(2) Gottdurchlässig

Kolumne

Epiphanias fordert uns auf, was geschehen ist, geschehen sein zu lassen und die Welt als gottdurchlässig zu betrachten. Ich habe von Evelyn gehört. An Heiligabend ist es ihr so passiert: »Ich besuchte Hilde, meine Tante. Sie war klein geworden. Fremd und doch vertraut. An ihrem Bett hatte man ein weiß lackiertes Brett angebracht, das sie vor dem Herausfallen bewahren sollte. ›Schön dass du kommst‹, sagte sie. Die Geschenke beachtete sie gar nicht. Es war vollkommen still im Krankenhaus. Nur der Wagen mit dem Essgeschirr klirrte irgendwo vorbei. Würstchen mit Kartoffelsalat gab es, einen Grießbrei und ein Gläschen Punsch: Weihnachten. Sie isst mal wieder nicht, so die Bettnachbarin wichtigtuerisch. Die Schwester hat schon mit ihr geschimpft. Die dritte Patientin im Zimmer nickte, ohne von ihrem Buch aufzuschauen. Wie geht es dir? fragte sie. Ich sagte ein paar Sätze, doch es interessierte sie nur für Sekunden, es kam aus einer fremden Welt. Weißt du noch, wie es war zu Hause? fragte sie und fing an zu weinen. Und plötzlich war da eine Welt, wach und lebendig, die es nicht mehr gab, und Menschen, die nicht mehr lebten. Aber sie sprach, als sei das noch alles, man müsse nur hier weg- und dort wieder einziehen. Ihre Verwirrtheit war wie eine Flucht in ihre alte Küche, ihren Garten, zu denen, die in all den Jahren zu ihrer Familie geworden waren. Aber die Vergangenheit verschwand dann auch wieder und nur die Krankheit blieb, die tiefe Einsamkeit. Es wird nur immer schlimmer. Wenn ich doch sterben könnte ... Mein Trost klang arm. Es war wohl ehrlicher, nur dazusitzen und die Hand zu halten, bis sie einzuschlafen schien. Von der Tür aus lag ihr Bett im Halbdunkel, verlassen, trotz der Menschen um sie herum. Sie wandte nicht einmal den Kopf. Nach Weihnachten müssen Sie etwas unternehmen, sagte die Stationsschwester. Von dem letzten Schlaganfall wird sie sich nicht mehr erholen. Hier kann sie nicht bleiben, wir brauchen das Bett für die akuten Fälle. Kommen Sie nach den Feiertagen wieder ...« Heute sind die Feiertage vorüber. Epiphanias steht auf dem Kalender: »Tag der Erscheinung des Herrn«, Fest der Anwesenheit Gottes in der Welt. Wie aber sieht die aus? Und wo finde ich sie? Und was hat sie mit mir zu tun? »Nach Weihnachten müssen Sie etwas unternehmen«, sagte die Stationsschwester. Da wollte man Weihnachten endlich mal die Tür abschließen, vor den stummen Fragen, den leidvollen Blicke der anderen verschont bleiben, es ein wenig behaglich haben im eigenen Ich und Zuhause, da stört jemand das Klima und zwängt sich dazwischen. Und wieder ist von »Fürchte dich nicht« die Rede und so, ein bisschen handfester, dass »ihr es mir tut, wenn ihr es den anderen, den Geringsten meiner Brüder, tut« (Evangelium nach Matthäus 25). Und wieder ist das alles ganz klar und doch so weit fort von mir. Erscheinung des Herrn – hier findet sie statt, in mir und gleich neben mir. Hier, wo gelitten, wo gebetet, wo geflucht, wo das große Wort zur Phrase wird und der Trost in der Kehle stecken bleibt. Wo es an der Zeit ist, sich von so manchem zu trennen und es mit dem wenigen gut sein zu lassen, das trägt. Dort ist der Ort, wo Gottes Gegenwart beginnt – wo sie durchlässig wird, diese Welt, für Gott, zaghaft und tastend, aber klar wie die Nacht voller Sterne.

(3) Auch in mir

Zugang

Ich habe mich auf den Weg gemacht. Wie einer der Könige suchte ich nach einem Lichtpunkt am dunklen Himmel. Wie einer der Hoffnungslosen einen Funken Hoffnung. Wie einer, der nicht weiß wohin, ein Zuhause. Ich suchte Gott. Und fand einen, der mich verstand. Der mir seine Hand reichte, sich Zeit für mich nahm, ein gutes Wort für mich hatte. Ich suchte Gott und suchte ihn lange und suchte ihn bange und fand ihn. Weit draußen, fort von den Fassaden, zufällig fast, gerade noch rechtzeitig, als Kind in der Krippe. Mit nichts/Nur einem Lächeln/Durch alle Zeiten/Das sie durchdrang/Meine Dunkelheiten. Gott fängt ganz klein an. Auch in mir.

(4) Nichts mehr im Fass

Evangelium
nach Johannes 2,1-12

Predigt

Was für ein Fest! Die Leute erzählten noch nach Jahren davon. Niemals, so ihre Erinnerung, habe es in Kana ein ausgelasseneres, überraschenderes, schöneres gegeben. Keiner hatte mit etwas Besonderem gerechnet. Die Eingeladenen wussten, was sie erwartete. So eine rechte Bauernhochzeit, zünftig bis unter die Haarspitzen. Gut zu essen würde es geben. Und gut zu trinken. Und mächtig Spaß würde man haben. Und alle die vielen bekannten und halbwegs bekannten und ganz unbekannten Gesichter, man durfte gespannt sein. Aufs Feiern verstand man sich, seit Generationen schon. Und wenn es denn sein sollte und der Geldbeutel es zuließ, dann würde auch schon mal über Tage und eine ganze Woche gefeiert werden.

Kleine Pause

Nun, der Anfang war wie immer. Im Städtchen blieb die Arbeit liegen. Gäste von nah und fern waren zu begrüßen. X-mal musste man seinen Namen wiederholen, andere sich einprägen, Verwechslungen tunlichst vermeiden.
Der erste Schluck sodann – auf das Wohl des jungen Paares, die nächsten auf das der Eltern und Geschwister, die weiteren auf den Nachbarn zur Rechten und den zur Linken: auf viele Lebensjahre, Gesundheit und Wohlergehen, Schalom. Nichts Besonderes also, ganz wie immer, man kannte sich im aus. Die Zahl der Gäste wollte nicht enden. Nicht geschlossene Gesellschaft, offenes Haus war das Konzept. Wer nicht zum großen Kreis der Geladenen zählte, nun ja, der kam eben doch, auf einen Moment, tat einen Blick ins Haus, wechselte mit dem Brautpaar ein paar Worte, ließ seinen guten Wunsch zurück und trank einen Schluck. So eben war's, und so eben tat man's. Und wenn das dann zu viele waren, dann konnte das zu Problemen führen. Wie damals, als Jesus kam. Er und die anderen. Man kannte die Leute. Warum sie nicht einladen?

Kleine Pause

Wenn das mal gut geht! Schon so manches Fest ist daran gescheitert, dass die Dinge nicht ordentlich berechnet waren. Dann musste die Suppe verlängert werden, Brot und Fleisch ein bisschen dünner geschnitten, der Salat in kleinere Schüsseln verteilt und das Dessert aus Schalen genommen werden, die für ganz andere Zwecke gedacht waren. Vom Wein gar nicht zu reden. Auf einem Fest, ihr könnt es euch vorstellen, ist wohl nichts peinlicher als das, den Gästen sagen zu müssen: »Liebe Gäste, wir sind jetzt schon ein paar Stunden zusammen, und ich hoffe, es gefällt euch, aber im Fass, da ist nichts mehr, die Flaschen sind alle ...« Die Leute also mit einem Schlag in die Nüchternheit zurückholen zu müssen – nein, schlimmer hätte es für die Gastgeber, weiß Gott, nicht kommen können!

Kleine Pause

Und doch, so kam's. Und so wurde das Fest zu einem unvergesslichen Erlebnis, und die Kunde nahm ihren Lauf.
Zu hören war, wie einer die Kellertreppen hinunterging und an die Wände der Fässer klopfte – und wie die auf einmal ganz hohl klangen, eines wie das andere, und die Krüge nicht mehr voll wurden, wie sich der Vater und der Bräutigam und der Kellermeister einander anschauten und in ihren Blicken der Satz stand: »Hoffentlich geht das gut und wird nicht zu einem Riesenfiasko für das Haus und die ganze Familie!« Und wie sich ein paar Gäste am Ärmel zupften und zu flüstern und zu grinsen anfingen und wieder andere unbehaglich auf ihren Bänken hin und her rutschten, als wollten sie sich heimlich davonmachen. Und wie dann auf einmal diese Frau, Maria mit Namen, aus dem Weinkeller zurückkam, einen leeren Krug in der Hand trug und das Wort an die Feiernden richtete – alles würde gut, sie selbst wolle sich darum kümmern, sie sollten ihr einfach ein paar Takte Zeit lassen, sie habe da so eine

Idee ... und sie sich löste von der Stelle, den Krug noch immer in der Hand, hinüberging auf die andere Seite des Saals, nach draußen fast, direkt auf Jesus zu, der dort mit seinen Leuten stand.

Kleine Pause

Merkwürdig, kann ich euch sagen – wie sich die Szene auf einmal völlig verwandelte, sie alle auf einmal auf ihn schauten, den Fremden, von dem man sich manches erzählte, doch kaum etwas wusste, und sahen, wie der den Kopf schüttelte und seiner Mutter widerstand. *»Nein, ich tue es nicht!«* Er lässt sie stehen, tut es nicht. Er lässt die Menschen in ihrer Not, wendet sie nicht, macht auch keine Anstalten.

Durch Mark und Bein ist es mir gegangen. Mein Gott, schoss es mir durch den Kopf: auch mir doch kann passieren, dass ich auslaufe wie der Wein dort in den Fässern, am Ende bin, nicht mehr kann. Die Behältnisse doch auch meines Lebens können diesen dumpfen, leer gelaufenen Klang annehmen »Du, da war mal was, da ist nichts mehr«. Auch ich kann dumm dastehen, dann wieder Gastgeber und der Bräutigam und der Kellermeister, und auch auf meinem Gesicht kann geschrieben stehen »Hoffentlich endet das alles nicht in einer einzigen großen Katastrophe«. Ach, so schoss es mir durch den Kopf – wenn dann doch einer da wäre, sich ans Werk zu machen und das Quantum wiederherzustellen, das Quantum meiner Vorräte, das Quantum meiner Lebensjahre, das Quantum meines Geldes, das Quantum meiner Zeit, das Quantum meiner Kraft, das Quantum meiner Sicherheit, das Quantum meiner Annehmlichkeit und was der Quanten mehr! Wie dumm wir doch dastehen, so dachte ich in diesem Augenblick – der Gastgeber, der Bräutigam, der Kellermeister, die Braut, die Gäste, Maria und ich. Wir alle, denen bei abnehmender Menge nichts weiter einfällt, als dass sie wieder zurückkommt, wieder nachwächst, die frühere übertrumpft und uns der Illusion überlässt, nein, etwas passiert, wirklich passiert ist eigentlich gar nichts – wie es war, kann es weitergehen einfach! »Ich tue es nicht!« An die Stelle des Mangels nur wieder neues Quantum zu setzen: Jesus weigert sich. *Menge, so weiß er, hilft nicht, schafft nur neuen Mangel.*

Aber dann, sag ich euch, ging etwas vor im Saal, wie ich es nie für möglich gehalten hätte und noch heute nicht weiß, wie alles geschah. Es begann etwas, was beginnen erst konnte, weil es das Alte nicht mehr gab. Und während noch Maria zu den Dienern ging, ihnen zuflüsterte: »Was er euch sagt, das tut!« und der Gastgeber und der Bräutigam, dazu der Kellermeister und alle die anderen noch immer nicht wussten, was nun und wie dann, und etliche noch immer dabei waren, vor Scham sich davonzuschleichen – da fingen an Tischen weiter hinten im Saal einige andere an, die Tische zusammenzurücken, sich zusammenzusetzen und an die Reserven zu machen. Und wenn einer mit dazukommen wollte, dann ging das natürlich und wurde lebhaft begrüßt. Und so wurden die letzten Vorräte verteilt – und siehe, er reichte für alle. Und wäre noch weniger vorhanden gewesen, es hätte noch immer gereicht. Und als ich mir einschenkte vom Bisschen, da war mir, als tränke ich Wein zum ersten Mal: Nie hatte ich einen besseren. Und irgendwann tranken alle – und Wein zu wenig oder Wein zu spät oder Wein von der falschen Sorte, das gab es erst gar nicht. Sogar der Kellermeister hatte Zeit, sich an die Tische zu setzen und mitzufeiern – aus Mangel war Fülle geworden!

Kleine Pause

Wie gut für das Brautpaar, sie von sich gewiesen zu haben, die Ideen, den Mangel mit Quantum zu stopfen, sich die Träume nicht mit Plunder zu verderben! Wie gut für einen jeden, eine jede, sich nicht abspeisen zu lassen! Und dass im Vorrat auf einmal doch wieder Wein war, besserer noch als eben, sechs große Speicherkrüge voll, darüber wunderte sich im Saal dann eigentlich kaum mehr einer. Denn jeder wusste – wo das Leben einmal angefangen hat, aus seinen Wurzeln zu leben, da will es sich nicht bremsen lassen.

Kleine Pause

Das Jahr ist noch jung. Aber es wird uns schon bald vor wichtige Entscheidungen stellen. Nach dem Krieg wurden in der Stadt viele Kirchen gebaut. Kirchen, die damals gebraucht wurden, aber heute leer stehen, weil es die Gemeinde nicht mehr gibt, die sie nutzt. Wir werden weniger, müssen uns konzentrieren, uns einfach nur alles leisten, geht nicht mehr. Leicht wird uns das alles nicht fallen, und einige werden damit ganz besondere Mühe haben. Denn die Kirche im Stadtteil, das ist ja nicht nur ein Haus aus Stein. Da kam man nach den Zerstörungen des Kriegs zum ersten Mal wieder zusammen, da feierte man Weihnachten, da ging man zur Konfirmation, da feierte man Hochzeit, brachte die Kinder zur Taufe, verabschiedete sich von seinen Toten. Und alles das einfach zurücklassen, den Altar abdecken, den Schlüssel abziehen, den Verkaufspreis verhandeln? Die Aufgabe ist groß. Wir werden uns alle Mühe geben müssen und den Heiligen Geist bitten, uns hier nicht alleine zu lassen. Aber uns auch daran erinnern dürfen: Die starken Zeiten der Kirche waren beileibe nicht immer diejenigen, wo sie an Menge keinen Mangel hatte. Ganz im Gegenteil. Schon in der Bibel gibt es eine Menge Hinweise darauf, dass es dem Kamel mitunter besser gelingt, »durchs Nadelöhr« zu kommen als ein »Reicher ins Reich Gottes« (Evangelium nach Matthäus 19.24). Die Geschichte ist voller Beispiele. Und die erzählen mir nur immer davon, dass Gott nicht aufhören wird, sich in dieser Welt bekannt zu machen. Und immer werden es Menschen sein, in denen er das tut. Nie besonders große und nie besonders viele, oft ganz wenige. Die »zwei oder drei in meinem Namen« (Evangelium nach Matthäus 18.20), aber stark und unübersehbar ihre Signale. »Schaut doch, dort drüben, die Lilien des Feldes, oder dort, die Vögel am Himmel: sie säen nicht, sie ernten nicht, aber sie leben, weil es ihr himmlischer Vater so will!« Ganz einfach eigentlich, die Mengenlehre des Himmels. Mit wenig Aussicht am Ende nur für die eine – die Angst!

(5) Von einem, der ausbrach

Evangelium nach Lukas 15,3-6

Taufansprache

An einem der Sonntage in der Epiphanienzeit wird Taufe gefeiert. Der Taufstein wurde mit Steinen, Gräsern, Blumen und Pappteilen in einen Brunnen verwandelt, die Ansprache als Brief »verlesen«.

»Immer an der Wand lang ...« Es wird Tage geben, liebe Taufkinder, da werdet ihr es leid sein, nur immer auf dem Bauch oder auf dem Rücken zu liegen. Und euch auch nur immer auf den Knien voranzubewegen, wird euch nicht reichen, sondern die Hand eurer Mutter oder eures Vaters werdet ihr dann fordern, euch auf die Beine zu stellen und Schritt vor Schritt zu setzen. Und irgendwann werdet ihr es, immer an der Wand lang, alleine tun. Mit der Taufe aber ist es so gerade nicht. Wie es ist, das möchte ich euch gleich erzählen. Aber lasst mich zunächst mal was holen – aus der alten Holzkiste dort drüben.

(Geht durch den Altarraum zum geschmückten Taufbrunnen, öffnet die Kiste und holt eine Rolle hervor, geht wieder zurück, nimmt den Lederriemen ab)

Eine Rolle. Mit Geschriebenem drauf. Sätze, die ihr später einmal nachlesen könnt, wenn ihr danach fragt, was das denn war, damals, als ihr noch klein wart und getauft wurdet. Nachher werden eure Eltern eure Taufkerzen geschenkt bekommen. Und daran will ich die Rollen befestigen.

Kleine Pause

Vorhin, liebe Rebecca, lieber Tobias, liebe Isabelle, habe ich eine Geschichte gelesen. Die Geschichte von einem kleinen Schaf. Es war das Hundertste der Herde, lief in die Hecke und wurde vom Hirten erst spät gefunden. Was genau ist da geschehen? Und wie hat es das Tier erlebt? Ich habe mich schon oft gefragt und frage mich auch heute. Die Bibel spricht nicht darüber. Aber vielleicht ja könnte es so gewesen sein, dass es eines Tages genug hatte. Genug davon, ganz einfach, nur immer das Hundertste der Schafe zu sein? Daran dachte, es anders zu machen, es allen einmal tüchtig zu zeigen?

Kleine Pause

Ich kann mir das vorstellen. Denn leicht hatte es das Kleine nicht. Von der Herde war es ja nicht nur das Hundertste, sondern das Letzte auch. Keines wurde von den Anderen leichter und vollständiger übersehen. Keines musste sich so beeilen, auf Kurs zu bleiben und nachzukommen. Keines wusste ehrlicher sein Lied davon zu singen, was es heißt, zur Herde zu gehören. Den Berg hinauf wurde es immer wieder abgehängt und über den Bach zu kommen bei hundert anderen, die das auch wollten, war eine Sache für sich. Und immer wieder musste es den

Laufschritt einlegen, wenn es rechtzeitig zur Tränke kommen wollte: die Anderen waren schneller und das Wasser war knapp. Da konnte einem schon mal der Gedanke kommen: Warum das alles? Wer bin ich denn? Bin ich denn nur mehr »der Rest«?

Kleine Pause

Noch keines der Schafe hatte das vor ihm gedacht. Art der Artgenossen ist das nicht. Doch einmal aus der Art schlagen, raus aus der Rolle – mein Gott, was gäb' ich dafür! Und auf einmal sah es sie so klar wie noch nie, die Gewohnheiten der Anderen, sah sie und durchschaute sie, die feinen und gar nicht so feinen Herrschaftsregeln unter seinesgleichen – und durchschaute auch das: von der sonst so gelobten Tugend, nun ja, war wenig zu sehen. Ganz anderes dafür: Das Gehabe der Großen, ihre Wichtigtuerei und Rangkämpfe. Seltsam, das alles! Warum fangen die nicht einfach bei sich selbst an anstatt nach den Kleinen zu treten? Und irgendwann war die Entscheidung getroffen: mir reicht's, ich mache da nicht länger mit, es kann so nicht weitergehen, ich will es anders, ich nehme mein Ich in die eigene Pfote und gehe! Und bleibe fürs Erste draußen, für eine Nacht erst einmal, fort von der Herde, allein!

Kleine Pause

Gedacht, getan. Doch lange ging das nicht gut. Sein Ausbleiben wurde entdeckt. Der Hund, geübt in solchen Dingen, kam auf die Spur und führte den Hirten zum Versteck. Verloren? Nein, verloren war es nicht. Und verletzt war es auch nicht.
Nicht mal verirrt hatte es sich, und Hilfe brauchte es auch nicht. Und als es den Hirten sah und der nach ihm griff, um es über die Schulter zu nehmen und nach Hause zu tragen, sagte es ihm nur – lass gut sein, ich gehe schon selbst, aber merk dir, ich bin ich. Der Hirt? Er war ordentlich verwundert. Wie es weitergehen sollte – er wusste es nicht. Im Stall starrte es von allen Seiten ungläubige Schafsaugen an. Doch sich davon beeindrucken ließ das »Wiedergefundene« nicht. Im Gegenteil – es erwiderte den Blick, fast ein bisschen frech, sie kannten das gar nicht an ihm, und ihr Interesse an diesem »seltsamen Vogel« wuchs. Sie umringten es. Es musste erzählen. Und einige gingen in sich und begannen unter ihrem dicken Fell etwas höchst Wunderliches zu entdecken – ein Ich und noch ein Ich und noch eins und schon wieder eins und der und die und die und der. Und in demselben Augenblick war da gar keine Herde mehr, keine Neunundneunzig und keine Hundert, sondern lauter Besondere und jeder und jede ein Ich. Und alle probierten es aus. Und alle tummelten sich. Und ans Aufhören mochte in dieser Nacht keines der Schafe mehr denken.

Kleine Pause

Am anderen Morgen verschlief der Hirte. Die Tiere blökten ja nicht wie sonst. Und als er aufwachte, wurde ihm klar warum. Die Schafe waren dabei, ihr Leben in die eigene Regie zu nehmen. Nur immer der Erste an der Tränke zu sein, warum eigentlich? Und die Kleinen, nur weil sie klein sind, aus der Reihe zu schubsen, wieso? Es ist doch genug für alle da. Und irgendwann waren doch auch mal die Großen klein. Und der Hirt geht doch erst dann mit uns weiter, wenn alle genug haben.
Und auch die Hunde konnten die Dinge des Tages deutlich entspannter angehen als sonst. Na ja, zu tun gab es für sie noch eine ganze Menge, denn passieren konnte immer etwas, und dann einen um sich zu haben, der einen findet und herausholt, das ist schon was. Aber vieles schafften sie selbst jetzt ganz alleine.
Sogar der Hirte konnte sich um anderes kümmern. Wenn ihn die Schafe danach fragten – guten Rat mochte er ihnen immer geben. Und wenn sie einmal allzu sorglos waren oder in ihre alte Herdenart zurückfielen, dann war es auch schon mal ein ziemliches »Donnerwetter«, womit er ihnen kam. Nein, wie früher war jetzt gar nichts mehr. Kein oben, kein unten, kein einer gibt die Parole aus und die anderen folgen. Es gab das nicht mehr unter ihnen. Und alle spürten – ich hab das nicht mehr nötig, mich zu verstecken, es unter meinem dicken Fell zu vergraben, ich kann sein und zeigen, wer ich bin und wie ich bin, da spielt sich keiner auf gegen den anderen, da sind wir einfach alle dabei, zur Vielstimmigkeit und Farbigkeit des Anfangs zurückzufinden, wie Gott das Leben einmal gemeint hat als Ausdruck seiner Liebe.

Kleine Pause

Das, liebe Taufkinder, ist sie, die Geschichte, mit der wir eure Taufe feierten. Die Geschichte vom Anfang. Vom Anfang Gottes mit dem Leben, vom Anfang Gottes mit euch und eurem Anfang mit dem, von dem wir das alles wissen: Jesus von Nazareth. Christus genannt. Wenn ihr von Gott wissen wollt, dann lernt ihn kennen. In keinem ist er näher – in der Taufe mit euch auf immer verbunden. »Fürchtet euch nicht!«, so flüstert er euch zu, am Tag, wenn ihr wacht, und am Abend, wenn ihr schlafen geht: »Ich habe euch beim Namen gerufen, ihr seid mein!« Vielleicht ja lernen wir uns einmal persönlich kennen. Es wird noch eine Weile dauern. Und vielleicht ja können wir die Geschichte dann noch mal und weiter erzählen. Ich wünsche euch ein gesegnetes Leben und grüße euch herzlich.

(Fingerabdruck und Unterschrift)

(6) Runter vom Berg

Evangelium nach Matthäus 17,1-9

Predigt am letzten Sonntag nach Epiphanias

Petrus, Jakobus und Johannes. Die Weggefährten der ersten Stunde. Mit dem Nazarener vertraut wie keine anderen. »Die drei Säulen«, wie sie in der Zeit der ganz frühen Gemeinde genannt wurden. Petrus, Jakobus, Johannes. Einfache Leute.
Von Anfang an. Fischer, Tuchmacher, Bauschreiner. Der eine mit einem Stückchen Land, der andere mit ein paar Tieren. Wir wissen nicht viel, die Berichte sind spärlich. Einfache Leute wie die meisten Menschen damals zu Beginn der Zeitrechnung, tagein, tagaus damit beschäftigt, über die Runden zu kommen – zufrieden schon damit, wenn es geklappt hat und Aussicht bestand, dass es nicht schlechter käme. Große Erwartungen hatten sie nicht – sie kannten das Leben: wichtig, die Enttäuschung in Grenzen zu halten.

Kleine Pause

Als er sie ansprach, damals am See – wie aus einer anderen Welt erschien es ihnen. Sie waren gerade dabei, den Morgenfang zu bergen. Groß war er nicht, aber er würde reichen für den Tag und die Familie. Die Netze sahen schlimm aus, doch am Abend müssten sie repariert sein, denn dann würde die Glocke läuten und sie müssten wieder hinaus – zu neuem Glück. Und in eben diesem Augenblick er – der Fremde. Noch nie, so war ihnen, hatten sie einen erlebt, der vom Handwerk weniger verstand.
Und doch – sie folgten ihm, stiegen ins Boot, stießen ab vom Land, warfen ihre Netze aus und taten es, ganz gegen alle Lehre und Erfahrung, am helllichten Tag. Und als sie, Stunden danach, die Netze einholten, mein Gott – da hatten sie den Fang ihres Lebens gemacht. Und der Fremde? Versteht es als Zeichen, so seine Rede. Es ist was unterwegs, wie es die Welt noch nie gesehen hat. Gott selbst. Schon bald werde er da sein, mitten unter ihnen, mit Händen zu greifen, »zu schmecken, zu sehen«. Die Blinden würden sehen, die Tauben hören, die Tränen der Traurigen in das Lachen der Getrösteten sich verwandeln. Und sie und die anderen sollten Gott dabei helfen. Gleich jetzt. Wie sie waren. Zusammen mit ihm. »Jesus mein Name. Aus Nazareth, ihr wisst, gleich dort drüben ...«

Kleine Pause

Was davon halten? Sie wussten es nicht und begriffen erst ganz allmählich. Doch dann in einer Wucht, die sie fort nahm von ihren alten Ufern und nach neuen Ausschau halten ließ. Und egal war ihnen jetzt überhaupt nichts mehr. Und auch ihr Leben war von Stunde an mehr als dieses nur immer gleiche, überraschungsgedämmte, durch nichts zu überzeugende »Nun ja, was soll's, ist doch alles schon dagewesen, wie es kommt, so kommt's« – legte sich ihnen

vor die Füße, wurde fassbar, konkret, wollte aufgenommen, gebraucht, endlich gelebt werden.
Und so ließen sie, was sie hatten. Ihre Netze, ihre Tiere, ihr Stückchen Land, ihren geregelten Tag, ihre Familien – ließen sie liegen und stehen und gingen mit ihm.

Kleine Pause

Nun, wo Menschen zu leben beginnen, da füllen sich die Augenblicke zu halben Ewigkeiten. Und die Jahre vergehen, als sei es erst gestern gewesen. Wie lange es also schon her war, dass sie mit ihm gegangen waren und alles zurückließen – mag sein, sie erinnerten sich manchmal, mag sein auch nicht. Nie jedenfalls hatten sie ihr Leben besser verstanden, es nie intensiver gelebt, sich seinen Wurzeln dichter genähert als in der Begleitung mit ihm, dem »Menschensohn«, wie sie ihn nannten. Als sei ein Stück seines auf ihr Leben übergegangen. Und als sie dann mit ihm an den Fuß des Berges kamen, Petrus und Jakobus und Johannes, und Jesus sie mit sich hinaufnahm, da geschah etwas, mit Jesus und ihnen, was sie in das Geheimnis noch viel tiefer eindringen ließ. Hören und sehen war ihnen vergangen – nein, nicht eigentlich vergangen, sondern überhaupt erst gekommen. Doch lasst mich vor dem Anstieg noch eine letzte Verschnaufpause machen! Leicht ja hatte er es ihnen nie gemacht. Wohin sie auch kamen, was immer er von ihnen erwartete, sie hieß, ihnen zutraute – nach Plan ging es selten. Die Sache mit dem Sabbat zum Beispiel. Nun ja, die mochte noch angehen. Oft ja wanderten sie über Wochen mit ihm durch Dörfer und Landschaften, und der Hunger meldete sich da schon mal übermächtig, und dann konnte es sein, dass sie auch am Feiertag die Körner von den Halmen nahmen. Schlimm die Empörung der Frommen. »Wie kannst du das zulassen? Weißt du denn nicht?« »Natürlich weiß ich ...«, so seine Antwort dann. »Aber was ist denn das für ein Glaube und was für ein Gott, der eifersüchtig über Regeln wacht und Menschen hungern lässt? Was den Sabbat groß macht, das ist doch nicht, dass die Menschen für den Sabbat, sondern der Sabbat für die Menschen da ist!« Wer begreifen wollte, konnte es. Aber viele waren es nicht. Ein Ärgernis auch dies: Danach gefragt, wie es denn sei mit Gott und seiner neuen Welt, erzählte er ihnen die Geschichte vom Hirten. »Ihr wisst doch, wie es ist. Wenn der Hirte merkt, von seinen Schafen ist eines nicht mehr da, dann lässt er die 99 im Stall und geht zurück und sucht das eine und hört zu suchen nicht auf, bis er das verlorene gefunden hat ...« Und immer wieder das – zu den Kranken sei er gesandt, den Arzt bräuchten die »Mühseligen und Beladenen«. Sie konnten ihn da noch so bedrängen, er blieb dabei.

Kleine Pause

Jetzt aber – waren sie droben. Endlich angekommen auf dem Berg. Sie und er und keiner sonst. Die exquisite Gesellschaft – endlich oben, am Gipfelkreuz. Allem entnommen, was ihnen die Zeit über wer weiß wie viel Mühe und Sorge und Entbehrung und Verdruss bereitet hat. Unter den Bedingungen dort drunten – mit Gottes neuer Welt zu beginnen, das geht an die Substanz. Und in ihrer Erleichterung und in ihrer Ankunftsfreude, dazu im Vollgefühl dieser herrlichen Aussicht von ganz hier droben nach ganz dort drunten, war ihnen, als sähen sie den, der sie das alles erleben ließ, in einem jetzt noch mal ganz anderen Licht, einem noch viel helleren, leuchtenden, unbeschreiblich schönen. Und dass ihnen war, als sähen sie nicht nur Jesus, sondern mit ihm Mose und Elia, den Propheten der ersten und den der letzten Tage, das war ihnen Erscheinung und besonderer Augenblick noch einmal zusätzlich. Hütten wollten sie ihnen bauen.

Bleiben wollten sie. Sich ja nicht wieder davonmachen. Verewigen wollten sie ihn, diesen ungeahnten, großartigen Moment. Sich ausstrecken in dieser unübertrefflichen Situation, nach so langer Wanderung mit ihm endlich »zu Hause« sein. »Dies ist mein geliebter Sohn ...« hörten sie sagen. O ja, ihn hören, ihn sehen, ganz bei ihm sein, in dem Gott näher kam als in irgendeinem oder irgendetwas sonst – nichts lieber als das. Doch der, inmitten der beiden anderen, in einem Licht, als sei da etwas an sein Ende gekommen, durch nichts und keinen zu überbieten, Licht der Welt, Gott selbst »oder nur ein klein bisschen weniger« (Psalm 8.6) – rührt sich, geht auf sie zu, rüttelt sie auf aus ihrer Benommenheit, rüttelt ein Mal, rüttelt zwei Mal, rüttelt drei Mal und flüstert ihnen zu: Petrus, Jakobus, Johannes, hört ihr mich? Steht auf! Lasst uns gehen! Fort von hier oben! Hinunter ins Tal! Ihr wisst doch oder seid ihr berauscht und habt es schon vergessen? Gottes Wege in dieser Welt – das sind nicht die über die Dinge hinaus und auch nicht die zu den Palästen und in die Salons und die aus der weltgemachten Not und Gnadenlosigkeit in die Abgehobenheit und Unverbindlichkeit schon zweimal nicht.

Gottes Wege sind anders. Das sind Abstiege und Gratwanderungen und Brückenschläge und Tischbereitungen. Und gemütlich geht es dort nur selten zu. Gottes Wege? Das ist am Anfang der Stall und am Ende der Galgen. Aber kurz dahinter, auch das habt ihr gesehen, wird der Stein, der den Tod bewacht, ins Rollen geraten. Also kommt und fürchtet euch nicht, es bleibt noch was zu tun!

Kleine Pause

Und damit endet die Geschichte. Wie viel Überwindung es brauchte, sich zu verabschieden von dort droben, und wie viel es kostet, heute und jetzt und wieder und wieder, nicht einfach nur weiterzumachen, sondern – es anders zu machen, ich weiß es nicht, ich weiß es nur für mich. Und ahne, dass Gott wohl eine Menge »Arbeit haben wird mit meinen Sünden«. Und ich danke ihm, dass er es noch immer nicht aufgegeben hat, mich noch immer für brauchbar hält, einzustehen für ihn und Zeichen zu geben von seiner Liebe, die sein Schönstes und Stärkstes ist.

Epiphanien III

Liturgische Miniaturen, Gebete, Fundstücke

(1) Wie die Weisen

Prolog

prüfen und abwägen/
beobachten/
berechnen.

staunen und forschen/
auswählen/
verwerfen.

sich aufmachen und dem stern folgen/
nachfragen/
ausprobieren.

den könig suchen und vor dem kind stehen/
nach den sternen greifen/
den menschen finden.

(2) Die Ernte ist groß

Eingangsgebet

Gott, die Ernte ist groß. Und so will ich mich nicht länger verborgen halten, sondern mich finden lassen von dir, um deiner Herrlichkeit meine Stimme und Kraft, meine Hände und Füße, meine Gedanken und Träume zu leihen. Denn so sehr sie im Kleinen beginnt, sie will dort nicht bleiben. Sie will hinaus auf die Gassen und Märkte, in die Redaktionsstuben und Werkshallen, in die Gefängnisse und Krankenhäuser, in die Schulen und Universitäten, in die Banken und Genlabore: überall hin, wo Menschen über Menschen, über Generationen und die Zukunft der Erde entscheiden. Damit sich herumspreche, nein, wie es ist, so wird es nicht bleiben, der Tag wird kommen, wo sich die Klage in Jubel verwandelt. Und lass mich so, Gott, deiner Herrlichkeit Hoffnung sein!

(3) Aber nicht

Kyrie

Gott, wir stehen, aber nicht auf eigenen Füßen. Wir gehen, aber immer die gleiche Schleife. Wir sehen, aber nur bis zum Tellerrand. Wir leben, aber das Leben ist in den Dingen, die wir herstellen und kaufen. Lös die gelenkten Gelenke, Barmherziger. Öffne die verknoteten Sinne. Und hab Geduld mit uns, es geht nicht so schnell, wir müssen alles erst üben. Wir bitten dich, erbarme dich!

(4) Dein Name, Gott

Kyrie und Gloria

Gib, Gott, dass wir das können: deinen Namen ausrufen, ihn hinausrufen in das Treiben der Zeit, ihn ausrufen über denen, die es schwer haben. Dass wir aufhören endlich, angesichts der Abgründe und Wunden dieser Welt nur immer die Zuschauer zu sein, sondern begreifen: Wo wir dem Leben zur Hoffnung verhelfen, da verhelfen wir auch dir zur Hoffnung, und wo wir sie dem Leben verweigern, da verweigern wir sie auch dir. Schau nach uns, wir bitten dich!

»Herr erbarme dich!«
(gesungen oder gesprochen)

»Lass dir an meiner Gnade genug sein, denn meine Kraft ist in den Schwachen eine Macht ...«, so der Apostel (2. Brief an die Korinther 12.9). Gott, so begreife ich, misst mir nicht mehr zu, als ich tragen kann!

»Ehre sei Gott in der Höhe!«
(gesungen oder gesprochen)

(5) Solange du mitgehst

Schlussgebet

Solange du mitgehst, Gott, du Brot, das alle Menschen sättigt, du Wasser, das aller Menschen Durst löscht. Solange du mitgehst, Gott, dessen Treue groß und dessen Barmherzigkeit ohne Ende ist, werden Menschen einander zum Leben verhelfen mit aller Liebe, derer sie fähig sind, mit dem Brot, das sie teilen, mit der Zeit, die sie füreinander bereithalten, mit dem Wort, das sie füreinander haben. Solange du mitgehst, Licht des Lebens, wird dieses Leben sein Ziel nicht verfehlen und »Pflanzung der Hoffnung« (Jesaja 61.3) heißen. So komm uns entgegen und geh mit uns, auf dass wir einander und dieser Welt die Hoffnung nicht schuldig bleiben, ohne die es das Leben nicht gibt!

(6) Sucht ihn dort

Sendung

»Gott ist da, fürchtet euch nicht!«/Sagt es leise weiter/Allen, die sich fürchten/ Macht euch auf und sucht ihn/Nicht in den Sternen/Und auch in den Palästen und Schaufenstern nicht/Sucht ihn von Angesicht zu Angesicht/Im Naheliegenden, Nächsten/Wo ihr traurig seid/Angst habt/Unkenntlich geworden seid für euch selbst und untereinander/Sucht ihn dort/Ihr werdet ihn finden!

(7) Es beschenke euch Gott

Segen

Es beschenke euch Gott mit der Behutsamkeit seiner Hände, mit dem Lächeln seines Mundes, mit der Wärme seines Herzens, mit der Güte seiner Augen, mit der Lebendigkeit Kraft seines Geistes, mit dem Geheimnis seiner Gegenwart. Der Vater, der Sohn, die heilige Kraft des Geistes.

(8) Spieglein, Spieglein*

Liturgische Skizze zu 1. Korinther 13,8-12

Beginn

Als Leitmotiv des Gottesdienstes bietet sich ein Spiegel an. Er könnte an einem Ort im Eingangsbereich des Kirchraums aufgestellt sein, wo er Aufmerksamkeit erregt und dazu verleitet, noch rasch einen Blick hineinzuwerfen. Der Blick in den Spiegel wird im weiteren Verlauf mit dem Blick von Angesicht zu Angesicht, das »Bruchstückhafte« mit dem »Vollkommenen« in Beziehung gebracht.

Reflexion

Das Bild zeigt, was der Spiegel nicht kann: etwas Verborgenes widerzugeben oder die Perspektive zu ändern.

Zwei Stimmen

Der Spiegel sagt: Ich bin unbestechlich/
Die Liebe spricht: Ich seh etwas, was du nicht siehst.

* Die Skizze geht auf Anregungen im Materialheft 77 »Zugänge zum Kirchenjahr« (Zentrum für Verkündigung, Frankfurt 1996, 113ff.) zurück

Der Spiegel sagt: Wie du in mich hineinschaust, so schau ich zu dir heraus/
Die Liebe spricht: Wie du mich anschaust, bei mir bist du schön.

Der Spiegel sagt: Du bist alt geworden/
Die Liebe spricht: Dein Gesicht erzählt Geschichten.

Der Spiegel sagt: Dein verheultes Gesicht passt nicht/
Die Liebe spricht: Deine Tränen machen dich menschlich.

Der Spiegel sagt: Bitte lächeln/
Die Liebe spricht: Mach mir bitte nichts vor.

Der Spiegel sagt: Mach was aus deinem Typ/
Die Liebe spricht: Ahnst du eigentlich, was wirklich in dir steckt?

Der Spiegel sagt: Keiner ist objektiver als ich/
Die Liebe spricht: Du bist groß in meinen Augen und niemand ist mir wichtiger als du!

René Magritte
(La réproduction interdite, 1937)
Öl auf Leinwand,
Museum Boymans van Beuningen,
Rotterdam

(Die beiden Stimmen können auch als Dialog gesprochen werden. Die eine könnte dabei hinter einem großen Spiegel reden, während die Stimme der Liebe aus dem Off kommt.)

Lied für unauffällig Begabte

»Es sind nicht immer die Lauten stark, nur weil sie stark sind.
Es gibt so viele, denen das Leben ganz leise viel echter gelingt.
Die stehen nicht auf Bühnen, füllen keine Feuilletons.
Die kämpfen auf den schwereren Plätzen.
Die müssen sich zum Beispiel in Großraumbüros
der Unmenschlichkeit widersetzen.
Die schützt kein Programm und kein Modedesign.
Die tragen an sich etwas schwerer.
Die wollen ganz einfach nur anständig sein und brauchen dazu keine Belehrer.
Die schreiben nie Lieder.
Die sind Melodie.
So aufrecht zu gehen lerne ich nie.«
Konstantin Wecker

Notabene

»Ich schaue nicht mehr so viel in den Spiegel,
denn die Augen, mit denen man sich selber anschaut, sind nicht die,
in denen man am besten aufgehoben ist.«
Hanna Schygulla

Notabene

»Jesus ist einer, der alles von mir weiß und trotzdem nicht irre wird an mir, sondern mir sagt, ich bleibe. Das ist der Trost, der uns zugesprochen wird, ich bin durchschaut, aber von einem, der mich liebt.«
Helmut Thielicke

(9) Weihnachten abfeiern

Was festlich angefangen hat, soll auch festlich abgeschlossen werden. Zwar wird Weihnachten und der Weihnachtsfestkreis in Deutschland inzwischen zu ganz unterschiedlichen Zeitpunkten abgeschlossen, manchmal schon am Abend des Zweiten Weihnachtstages. Aber es gibt noch zwei Bundesländer (Baden-Württemberg und Bayern), die an Epiphanias (Dreikönigstag) arbeitsfrei haben. Folgende Beispiele lassen sich denken:

Baumplündern

Die Familie und Freunde am Abend zum »Baumplündern« einladen. Lichter hatten die Bäume ja ursprünglich nicht, dafür süße Sachen zum Naschen. Warum diese nicht an Epiphanias (Dreikönigstag) von Kindern abschütteln und den Baum plündern lassen?

Restetafel

Freunde einladen und mit den Resten von Weihnachten eine »Restetafel« (mit Nachtisch) feiern.

Ein letztes Mal

Die Krippenfiguren zusammentragen. An einzelne Geschichten oder Szenen der Weihnachtsgeschichte erinnern, sie nachspielen, weiterspielen. Die Figuren dann wegpacken.

Plätzchen würfeln

Eine Schale Plätzchen steht auf dem Tisch. Wer eine Eins oder eine Sechs würfelt, darf ein Plätzchen nehmen. Wer eine Drei würfelt, muss eines zurücklegen. Es wird mit zwei Würfeln gespielt.

Weihnachtskartenpuzzle

Alle Weihnachtskarten dieses Jahres werden zerschnitten, dann als Puzzle noch einmal zusammengesetzt. Danach werden die Puzzleteile verbrannt und die Asche in die Blumentöpfe gestreut.

Nadelschätzen

Schätzen, wie viele Nadeln an einem bestimmten Zweig des Weihnachtsbaumes noch vorhanden sind. Dann wird nachgezählt. Vielleicht ist ein kleiner Preis zu gewinnen.

Baum zerlegen

Mit anderen den Weihnachtsbaum zerlegen, sodass er entsorgt werden kann. Die Nadeln werden in kleine Beutel gesammelt und im frühen Frühjahr über die Blumenbeete zerstreut.

Kerzenreste schmelzen

Die Kerzenreste werden eingeschmolzen und eine große Kerze daraus gegossen. Beim kommenden Fest steht sie im Eingang der Wohnung oder des Hauses und begrüßt die Feiernden.

Nüsse knacken

Alle noch vorhandenen Nüsse werden geknackt und das Jahr über in der Wohnung versteckt.

Noch einmal die Kerzen

Noch einmal werden am Baum die Kerzen entzündet, einzelnen Jahreswünschen zugeordnet und mit einem Weihnachtslied verabschiedet.

Quellen

Seite 22: Anton Rotzetter, Du, aus: ders.: Gott, der mich atmen lässt, Gebete des Lebens. © Verlag Herder GmbH, Freiburg i. Br., 17. Gesamtauflage 2002.

Seite 26f.: Wilhelm Willms, alle knopsen springen auf, aus: ders.: Alle Nächte werden hell. © 1991 Butzon & Bercker GmbH, 47623 Kevelaer, S. 20f, www.bube.de.

Seite 42f.: Wilhelm Willms, advent. Aus: ders.: meine schritte kreisen um die mitte. © 1984 Butzon & Bercker GmbH, Kevelaer, S. 83f, www.bube.de.

Seite 77f.: Kurt Marti, Und Maria, aus: ders.: Namenszug mit Mond. Gedichte. © 1996 Nagel & Kimche im Carl Hanser Verlag München.

Seite 91: Fulbert Steffensky, Das Paar ..., aus: ders.: Wo der Glaube wohnen kann. © 2008 by Radius-Verlag, Alexanderstraße 162, 70180 Stuttgart.

Seite 97: Hinrich C.G. Westphal, Schrittweise, aus: Der Andere Advent 2005, Verein Andere Zeiten Hamburg. www.anderezeiten.de.

Seite 100: Anton Rotzetter, Allen, die keine Heimat haben, aus: ders.: Gott, der mich atmen lässt, Gebete des Lebens. © Verlag Herder GmbH, Freiburg i. Br., 17. Gesamtauflage 2002.

Seite 106: Rose Ausländer, Lichtkraft (Aus dem Himmel), aus: dies.: Im Aschenregen die Spur deines Namens. Gedichte und Prosa 1976. © S. Fischer Verlag GmbH, Frankfurt am Main 1984.

Seite 106: Ernst Jandl, Viele Wege. Aus: ders.: poetische Werke, hrsg. von Klaus Siblewski. © 1997 by Luchterhand Literaturverlag, München in der Verlagsgruppe Random House GmbH.

Seite 134: Dorothee Sölle, In dieser Nacht, aus: dies.: Meditationen, © Wolfgang-Fietkau-Verlag Kleinmachnow.

Seite 143: Ingeborg Pacher, Wenn du vor dem Kinde stehst, aus: Detlev Block (Hg.), Ihr werdet finden, Gedichte und Lieder der Gegenwart zu Advent, Weihnacht und Jahreswechsel, © Vandenhoeck & Ruprecht GmbH & Co. KG, Göttingen 1982.

Seite 161f.: Elisabeth Bernet, Himmel, berühre. © bei der Autorin.

Seite 164: Wolfgang Dietrich, Geboren, aus: ders.: Der Anstoß, Band 1, Burckhardthaus Verlag, Gelnhausen.

Seite 174ff.: Dietrich Mendt, Hans, aus: ders.: Von der Erfindung der Weihnachtsfreude, Evangelische Verlagsanstalt, Leipzig 1999.

Seite 186: Rudolf Otto Wiemer, Was ich mir wünsche (gekürzt), aus: ders.: Ernstfall. Gedichte, Steinkopf-Verlag Kiel.

Seite 187f.: Karl-Heinrich Bieritz, Und noch viel, viel mehr ..., aus: Hans-Christoph Schmidt-Lauber/Karl-Heinz Bieritz (Hg.), Handbuch der Liturgik, Liturgiewissenschaft in Theologie und Praxis der Kirche, 2. Auflage 2003, © Vandenhoeck & Ruprecht GmbH & Co. KG, Göttingen.

Seite 188: Detlev Block in: »Ihr werdet finden«, aus: ders. (Hg.), Ihr werdet finden, Gedichte und Lieder der Gegenwart zu Advent, Weihnacht und Jahreswechsel, © Vandenhoeck & Ruprecht GmbH & Co. KG, Göttingen 1982.

Seite 188: Rudolf Otto Wiemer, Ihr werdet finden das Kind ... aus: ders.: Ernstfall, Steinkopf-Verlag Kiel.

Seite 208: Das deutsche „Benediktionale", aus: Heute segnen. Werkbuch zum Benediktionale, hrsg. von Andreas Heinz und Heinrich Rennings, S. 166f. © Verlag Herder GmbH, Freiburg i. Br., 1987.

Seite 219: Max Feigenwinter, Wach sein, aus: ders.: Einander Engel sein. Inspirationen, Verlag am Eschbach der Schwabenverlag AG, Eschbach/Markgräflerland, 8. Auflage 2008.

Seite 239: Isabella Schneider, Licht wird wieder wachsen, aus: dies.: Zwischen Stroh und Sternen, © 2006 Verlag am Eschbach der Schwabenverlag AG, Eschbach/Markgräflerland.

Seite 243f.: Helmut Thielicke, In der Neujahrsnacht. © Erbengemeinschaft Helmut Thielicke.

Seite 244: Fulbert Steffensky, Hoffnung, aus: Der Andere Advent 2001, Verein Andere Zeiten Hamburg. www.anderezeiten.de.

Seite 247: Sabine Naegeli, Schmerzlich entbehre ich, aus: Antje Sabine Naegeli, Die Nacht ist voller Sterne, Gebete in dunklen Stunden. © Verlag Herder GmbH, Freiburg i. Br., 21. Gesamtauflage 2009.

Seite 250: Sabine Naegeli, Wanderer du ..., aus: Antje Sabine Naegeli, Die Nacht ist voller Sterne, Gebete in dunklen Stunden. © Verlag Herder GmbH, Freiburg i. Br., 21. Gesamtauflage 2009.

Seite 250: Peter Klever, wie ein haus, aus: ders.: Hoffnung findet Wege, Verlag Ernst Kaufmann. © Autor.

Seite 295: Konstantin Wecker. © Palmyra-Verlag, Heidelberg.

Seite 295: Helmut Thielicke, Jesus ist einer ... © Erbengemeinschaft Helmut Thielicke.

Für freundlich erteilte Abdruckgenehmigungen danken wir allen Autorinnen, Autoren und Verlagen. Trotz intensiver Bemühungen war es leider nicht bei allen Texten möglich, den/die Rechtsinhaber/in ausfindig zu machen. Für Hinweise sind wir dankbar. Rechtsansprüche bleiben gewahrt.

Bildnachweis

S. 64: Rostocker Altar; Die Heimfahrt der Könige

S. 67: Noach mit der Taube

S. 85: Pachamama; Jane Ray, London

S. 157: Miroslav Koscielniak (1944), Radierung aus dem Konzentrationslager Auschwitz

S. 197: Jan Rembrandt, Flucht nach Ägypten

S. 253: Taube mit Zweig

S. 294: René Magritte, La réproduction interdite, 1937; Rotterdam, Museum Boymans van Beuningen, Öl auf Leinwand, 81 x 65 cm. © der Vorlage: 2010. BI/ADAGP, Paris/Scala, Florenz. © VG Bild-Kunst, Bonn 2010.

Alle Bilder aus dem Innenteil des Buches sind als Datei auf der CD-ROM abgespeichert.

Außerdem finden Sie noch die Abbildung Max Liebermann, Jesus im Tempel. © akg-images, Berlin auf der CD-ROM, die Sie für den Gottesdienst »Wie die Sonne« (ab Seite 230) benötigen.